해방 이후 민족 공통성
유지와 분화의 **80**년
Korean National Commonality
since Liberation: Continuity
and Divergence over 80 Years

해방 이후 민족 공통성 유지와 분화의 80년
Korean National Commonality since Liberation:
Continuity and Divergence over 80 Years

초판 1쇄 인쇄 2026년 3월 13일
초판 1쇄 발행 2026년 3월 20일

엮은이   허은, 이상혁
발행인   공경용

발행처   공앤박 주식회사
주소   05116 서울시 광진구 광나루로56길 85, 프라임센터 3411호
전화   02-565-1531
팩스   02-6499-1801
전자우편   info@kongnpark.com
홈페이지   www.kongnpark.com

ISBN 978-89-97134-82-3 (93700)

Korean
National Commonality
since Liberation:
Continuity and
Divergence
over 80 Years

해방 이후 민족 공통성
유지와 분화의
80년

허은, 이상혁 편

국제고려학회 서울지부·고려대학교 민족문화연구원

출간에 부쳐

2025년 광복 80주년을 맞이했다. 수십 년간 이어진 일제 식민 통치에 수많은 선열의 치열한 고투와 헌신, 민중의 저항으로 힘들게 얻은 광복은 그 무엇과도 바꿀 수 없는 너무나 귀중한 성취였다. 한반도(조선반도)의 해방은 단지 식민 통치의 끝이 아니라 억눌렸던 민족의 언어와 역사, '우리'라는 정체성을 되찾은 거대한 복원의 시작이었다.

그러나 광복과 함께 온 미국과 소련의 한반도 분할 점령, 남과 북의 균열은 분단이라는 불행한 역사를 잉태하였다. 광복 80년을 기념하면서도 분단의 질곡을 풀어내지 못한 결과, 우리는 오래된 질문이자 지금 훨씬 더 복잡하고 엄중해진 질문에 직면했다. 남과 북은 여전히 하나인가, 아니면 서로 다른 길을 걷는 타자의 두 주체인가?

이 오래된 질문에 답하고 분단의 벽을 넘어서기 위해 남과 북의 학자들은 분단이 낳은 대립과 고통 그리고 다양한 제약을 직시하며, 서로의 학문 연구에 대한 관심을 놓지 않았다. 2000년 이후 남북 교류 협력이 활발하게 전개되던 시기에 언어, 문학, 역사학계를 중심으로 남과 북의 학자들은 공통성과 각자의 변화를 확인하기 위한 학술 활동과 공동 작업을 진행하였다. 그 동력은 다른 학문 분야로 파급되어 민속, 정치, 경제, 사회, 과학 및 의학 분야로 확산되었다. 남북 교류 협력이 중단된 이후 어려운 여건에도 국내외 여러 학술 기관과 단체가 새로운 민족공동체 형성을 위한 기반을 마련하려는 노력을 지속하고 있다.

고려대학교 민족문화연구원은 남북관계의 변동에 구애받지 않고 제자리를 지키며 지속되는 분단을 넘어서기 위한 학술적 노력을 기울여 왔다. 국제고려학회 역시 한반도 탈냉전이 본격적인 시동을 걸던 1990년에 창립하여 지속적인 학술 활동을 통해서 민족 공통성의 형성과 유지를 위해 요청되는 새로운 패러다임을 제안하는 등 노력을 다해 왔다. 공간적으로 한반도 남과 북에 국한되지 않고 지구적인 차원의 다양한 코리안의 경험과 문제의식을 흡수하고, 학술적으로 한국학과 조선학의 공동 발전과 새로운 민족 공통성의 형성을 추진하기 위한 코리아학을 발전시켜 온 국제고려학회의 노력은 매우 뜻깊다. 고려대학교 민족문화연구원도 '민족'의 범주를 전통 속에 가두지 않고, 남과 북 그리고 다양한 지역에서 코리아학을 이끄는 연구자, 단체와 활발하게 소통하고 있다.

2025년 6월 고려대학교 민족문화연구원과 국제고려학회 서울지부가 개최한 공동학술대회, '해방 이후 한국학과 민족문화 80년: 민족 공통성 유지와 분화 사이의 시간들'의 성과를 담은 이 책은 한반도 평화·통일을 위한 '한국학'의 재성찰 필요성을 제기하고, 새로운 민족 공통성 형성의 가능성을 확대하기 위한 인식과 방안을 탐색한 결과물이다. 이번 학술대회 발표 가운데 8편의 글과 들어가는 말 및 나가는 말을 추가하여 《해방 이후 민족 공통성 유지와 분화의 80년》이란 단행본으로 재구성하였다. 민족 공통성의 유지, 분화, 통합이라는 질문에 답하기 위해 지난 80년 시간을 현재 시선에서 다시 직조한 소중한 학술적 성과다.

국제고려학회 서울지부와 고려대학교 민족문화연구원의 공동학술대회 발표를 조금 더 정치하고 체계적으로 다듬은 이 연구가 모쪼록 한반도 평화·통일에 이바지하는 인문학의 활성화에 일조하기를 진심으로 기대한다. 경직된 남북 관계의 회복을 갈망하고 남과 북의 연구자 그리고 한국학을 전공하는 해외 연구자들이 모두 함께 격려하고 성원하고 있다는 사실을 공동 저자들은 잊은 바 없다. 학술 분야에서 함께 걸어온 모든 연구자를 대신하여 분단 80년을 넘어 이 소중한 결실이 다시 통일의 시대를 잇는 밑거름이 되길 간절히 기원한다.

광복 80주년을 맞은 2025년 끝자락에, 저자 일동

차례

들어가는 말

우리의 한국학은 어디로 가고 있는가?

허은   현재 고려대학교 한국사학과 교수로 재직하며 한국현대사를 전공하고 있다. 내일을여는역사재단 이사이다. 2024년부터 고려대학교 민족문화연구원 원장을 맡고 있다. 주요 논저로 《미국의 헤게모니와 한국 민족주의》(2008), 《냉전과 새마을》(2022), 《평화를 향한 통일의 여정》(공저, 2024) 등이 있다.

지난 80년에 걸쳐 남과 북에는 커다란 변화가 있었다. 특히 남한에서는 한류가 세계적인 대중문화로 자리를 잡고, 전 세계 생활문화에도 큰 영향을 끼치고 있다. 다른 한편으로 한국의 방위산업체가 생산한 최신 무기를 한때 선진 문명을 상징한 유럽의 국가들이 앞다투어 구매하는 역설적 현실을 목도하고 있다. 1945년 8월 15일 일제의 식민 지배 억압에서 벗어난 조선인들은 이러한 상황이 전개되리라고 상상조차 할 수 없었을 것이다. 또한 1990년대 후반에 한류라는 문화적 현상이 일어나기 시작했을 때, 한국인 중 누구도 한류가 세계인의 문화에 커다란 영향을 미칠 정도로 성장하리라고 예견할 수 없었다.

그러나 다른 한편에서는 광복과 동시에 열강의 한반도 분할 점령, 이후 동족상잔과 국제전이 뒤섞인 3년간의 잔혹한 전쟁, 정전 이후 개개인의 일상과 의식에 깊게 고착된 분단은 남북의 주민을 구속하며 새로운 시대를 향한 역사적 전환을 가로막고 있다. '정전 체제'에 기반한 분단국가라는 조건이 대한민국의 눈부신 성취를 한반도 평화와 번영으로 이어지지 못하게 하고 있다. 한국이 정치적·경제적·문화적 약소국에서 강소국으로 발돋움한 지금 상황이 남과 북의 갈등과 전쟁 위기를 낮추지 못하고, 결과적으로 한반도 평화와 통일이란 과제 달성을 인식의 사각지대로 내몰고 만다면, 그간 이룬

성취와 앞으로 나아갈 방향에 관한 근본적인 성찰이 필요하다.

1989년 11월 베를린장벽이 붕괴한 뒤 한반도에서도 1991년 12월 남과 북이 〈남북 사이의 화해와 불가침 및 교류·협력에 관한 합의서(남북기본합의서)〉를 발표하며 탈냉전이 본격적으로 전개되었으나, '비대칭 탈냉전'으로 귀착되었다. 그 결과 남과 북은 탈냉전을 거쳤음에도 여전히 정전 체제를 평화 체제로 전환하지 못하고 있다. 해방 이후 지금까지 지속되는 분단은 가려질 수도, 외면할 수도 없는 현실이다. 리영희 교수가 날카롭게 지적한 바처럼 "오늘의 현실을 수정하지 않으면 내일의 현실이 우리를 구속할 것"이라는 반성적 성찰이 있을 때, 또 다른 민족사의 불행을 예방할 수 있다.

탈냉전기 남북 교류 협력이라는 역사적 자산을 기반으로 '지속되는 분단'을 극복하기 위해서는 무엇보다 남과 북 각자가 냉전시대와 탈냉전기를 거치며 형성된 상대방의 삶의 방식과 지향을 총체적으로 이해하려는 노력이 요구된다. 이를 위한 시도와 노력이 국내외에서 다층적이고 다각적으로 쌓이지 않는다면 한반도 평화와 통일에 관한 모든 논의는 공론(公論)이 아니라 공론(空論)에 그치는 양상을 반복적으로 보여 줄 가능성이 매우 크다.

〈남북기본합의서〉에서 남북이 합의한 평화통일을 지향하는 특수한 관계는 여러 내적·외적 요인이 맞물리며 진전보다 지체와 퇴행을 거듭하고, 남북은 적대적 대립에서 벗어나지 못하고 있다. 1991년 이후 강산이 변한다는 세월이 세 번이나 지났으나, 현재가 새로운 분단시대의 초입인지 아니면 통일시대의 서막인지 가늠하기 쉽지 않다. 조바심과 안타까움을 잠시 뒤로하고 거시적인 관점에서 보면 전쟁과 증오 그리고 불신이 지배한 야만의 냉전·분단시대를 해체하고 인간답게 살기 위한 모든 열망이 뭉쳐 거대한 변화를 만들어 왔음을 분명히 알 수 있다.

서로를 '괴뢰' 취급하던 남과 북의 정상이 2000년 역사적인 남북정상회담을 가진 이래 2018년 문재인·김정은의 세 차례 남북정상회담까지 여러 차례 정상회담이 열렸다. 여기에 남북의 학계·농민·노동자 단체와 지방자치단체도 주도적으로 남북 교류 협력에 나섰다는 사실은 주목해야 한다. 하지만 국제적 차원, 남북관계 차원, 두 분단국의 내적 차원 문제가 맞물리며 교류와 협력을 통한 민족 공통성 유지와 변화 모색은 지체와 퇴행을 반복했다. 그럼에도 남과 북은 계속 가능성을 찾았다.

중단과 재개, 진전과 퇴보를 거듭하며 이어지고 확장된 남북 교류는 식민 지배와 전쟁이 낳은 이산의 아픔을 겪으며 평화통일을 염원하던 세대와 다른 정서 속에서 한반도의 평화와 통일을 지향하는 이들이 형성되는 과정이었다.

이러한 흐름은 코로나19 팬데믹이라는 외생적 조건과 남한의 극우 정권 탄생과 맞물리면서 다시 교착상태에 직면하였다. 모든 분야의 교류가 중단되었고, 학술 분야에서도 공식적·공개적으로 어떤 활동을 함께 하거나 성과를 공유하는 것은 불가능한 일이었다. 이미 진행되던 겨레말큰사전 편찬을 비롯한 남북 공동 사업 역시 일부는 중단되거나, 예산 삭감 등으로 공전 양상이 반복되었다.

남북 학술 교류가 불가능한 정치적 상황 등에 휘둘려 연구자가 제 역할을 못 하는 현실에 안주하며 학술적 문제 제기와 성찰을 하지 않는다면 새로운 동력이 만들어지지 않을 것이다. 이러한 고민과 실천을 공유한 연구자가 모여 언어, 역사, 문학, 과학과 의학 분야에서 민족 공통성 유지, 분화 그리고 통합의 가능성을 탐색한다.

총론적 성격으로서 〈교차로의 한국학〉이 진정한 도약을 위해 반성적 성찰이 그 어느 때보다 필요함을 강조하고, 새로운 분기점을 맞이한 한국학의 질적인 향상과 장기적 발전에 제언하고자 한다.

남북 문학 분야에서는 통일과 통합이라는 당위를 강조하는 개념 대신 분리와 통합이 길항하는 '이합(離合)' 개념을 도입할 필요성을 공유하고자 한다. 남북 코리아 문학의 조급한 당위적 통합을 지양하고, 현실적 이합의 엄존함을 겸허하게 인정해야 새로운 문학사를 전망할 수 있음을 역설한다. 역사 분야 역시 장기간 지속된 분단을 극복하기 위한 비판적 한국학/한국사가 크게 진전되어 왔음에도 불구하고, 역사 연구는 여전히 분단이라는 근본적인 구조적 제약에서 벗어나지 못하고 있음을 지적하며 북한, 중국, 러시아, 일본 등에서 수립된 '복수의 한국학/조선학'의 맥락에서 고찰할 필요성을 강조하고자 한다. 언어 연구와 관련하여 남북의 문법에서 '단어'를 통해 품사분류와 체계의 차이와 특징을 상세히 검토하고, 그것이 언어를 바라보는 인식론적 관점에 대한 근본적 태도 차이에 기인한다는 점을 논하고자 한다.

과학 분야에서는 광복 이후 남한의 과학기술사가 식민주의, 서구 중심주의를 극복하며 나아가 남과 북을 아우르고, 역사학과 상보적인 관계를 형성하는 과정을 계보학적으로 보여 줄 것이다. 의학 분야에서는 북한의 전통의학에 주목하여 한의학, 동의학, 고려의학으로 명명해 온 북한의 전통의학 발전 과정과 '고려의학'의 분야별 특징을 상세히 고찰하고 남과 북의 전통의학이 기존의 틀과 한계를 극복하기 위해서는 교류와 협력이 필요함을 역설하고자 한다.

또한 언어와 의료 분야의 융합적 연구로 남북 용어를 통합하여 의료 협력의 효율성과 안정성을 확보하기 위한 기초적인 작업으로 우선 남북의 보건의료 용어를 정리하고, 통합·관리하는 작업에 대하여 실제 의료 현장에서 쓰이는 언어 사용 실태를 분석하고 궁극적으로 의료 인프라 통합을 지향하는 전망을 제시할 것이다. 이러한 연구의 구체적인 성과로 2021년 《남북의료용어집-내과》에 이어 2025년 《남북의료용어집-외과》가 발간된 의의를 밝히고, '통합 데이터베이스'를 구축의 성과를 강조할 것이다.

끝으로 연구 성과를 갈음하는 차원에서 우리가 다룬 언어, 역사, 문학, 과학, 전통의학, 남북 의료 용어 통합과 데이터베이스 구축 등 융합적 주제를 통해서 얻은 학술적 성과를 개괄한다. 그리고 한국학의 여러 주제를 다시 상기하고 한국학과 조선학을 넘어 코리아학을 위해 어디로 가야 하는지 전망을 제시하고자 한다.

1장

교차로의 한국학

조성택 1995년 UC Berkeley 대학에서 철학박사 학위를 받고, 1995년 9월부터 2002년 2월까지 뉴욕주립대학 스토니부룩 비교종교학과에서 조교수로, 2002년 3월부터 2023년 2월까지 고려대학교 철학과에서 교수로 재직하였다. 2015~2017년 고려대학교 민족문화연구원 원장을 역임하고, 2017년 AAS-in-Asia 조직위원장으로 고려대학교에서 대회를 개최하였다. 2012~2014년 한국철학회 편집위원장, 2011~2019년 영문 학술지《Cross-Currents: East Asian History and Culture Review》(IEAS: U.C. Berkeley) 공동편집위원장을 역임했다.

1. 들어가는 말: 교차로에 선 한국학

한국학은 '한국학'이란 용어가 등장한 이래 최대 호황이다. '한국학' 이전과 비교하더라도 마찬가지다. 1930년대 일제의 관학(官學)에 대응하는 조선학, 해방 이후 특히 1970~1980년대 한국 역사와 문화 연구의 주축이 된 국학(國學)과 비교하더라도 오늘날 한국학의 발전은 괄목할 만하다. 민주화와 경제성장 등 한국사회의 발전이 국제적으로 주목받기 시작한 1990년대에 들어서자 한국에 대한 관심이 해외에서 크게 일어났으며, 최근 소위 'K-culture'의 확산에 따라 한국문화에 대중적 수요가 크게 늘고 있다.

한국문화에 대한 국내의 관심도 크게 늘고 있다. 삶의 질 향상에 따른 시민들의 문화적 욕구가 증대되면서 한국인으로서 문화적·역사적 정체성에 대한 관심이 날로 커 가며, 이러한 대중적 관심이 관련 분야 연구를 더욱 촉진하는 계기가 되고 있다. 여기에 문화국가로서 한국의 국가 이미지를 제고하고 소프트 파워를 강화하기 위한 정부의 다양한 지원 정책이 더해져, 한국학은 그야말로 해방 이후 최대 활황을 맞고 있다.

한국학의 외형적 성장과 국내외 우호적 환경에도 불구하고 한국학의 질적인 향상과 장기적 발전을 위해서는 해결해야 할 과제가 적지 않다. 지금까지 한국학이 발전해 온 데는 학문적 축적 같은 내적인 동력이 아니라, 외부적 환경요인이 더 크게 작용한 면이 있다. 무엇보다 해외한국학 진흥을 통해 한국의 발전을 적극적으로 홍보하고 한국에 대한 긍정적 이미지를 제고하려는 정부의 노력이 주효했으며, 2000년대 이후 한국 대중문화의 급성장과 해외 진출, 이른바 한류 현상이 해외에서 한국학에 대한 대중적 수요를 불러일으킨 측면이 있다.

국내에서든 해외에서든 한국학의 장기적 발전을 위해서는 학문 자체의 발전이 더 긴요하다. 장기적 전망에서 볼 때 대중적 관심이 학문의 발전으로 이어지는 데는 한계가 있을 수밖에 없으며, 학문적 발전이 뒷받침될 때 대중의 관심을 지속적으로 견인할 수 있기 때문이다. 이제 한국학은 지금까지 외형적 성장을 질적인 변화로 이끌어 또 한 번 도약을 준비해야 할 지점에 와 있다. 그런 점에서 한국학은 지금 교차로에 서 있다. 교차로란 분기점을 뜻하며 지금까지와 다른 길을 선택해야 한다는 것을 의미한다.

먼저 해방 이후 지난 80년 한국학의 전개 양상을 살펴보고자 한다.

2. 국학, 한국학 그리고 해외한국학: 1945년 이후 한국학 80년의 전개 과정

2.1. 국학: 해방 이후 1980년대까지

국내에서 한국의 역사와 문화에 대한 근대적 연구의 연원을 밝히자면 다양한 의견이 있을 수 있지만, 대체로 1930년대 진보적 민족운동의 하나로 시작된 조선학에서 찾고 있다. 해방 이후 조선학은 국학으로 계승되어 한국에 관한 연구 일반을 뜻하는 용어로 사용되었으나 그 핵심은 한국문화의 고유성과 독자성을 규명하는, 이른바 민족문화 연구에 있었다. 국학 연구가 한국의 전통문화를 주로 하고 그 내용이 민족주의적 성격을 띠게 되는 것은 어찌 보면 당연한 일이기도 하였다. 한국학중앙연구원의 전신(前身)으로 1978년 설립된 정신문화연구원의 설립 목적에도 '한국문화의 정수'를 연구하고, '주체적 역사관'을 정립하고, '민족문화 창달'에 기여한다고 명시하여 당시 국학의 연구 이념이 어떠한 것이었는지 잘 알 수 있다. 1980년대 말 이후 국학

해방 이후 민족 공통성 유지와 분화의 80년

이란 용어는 점차 한국학이란 용어로 바뀌게 되지만, 국학이 본래 지향한 전통문화 연구와 민족주의적 연구 경향은 한동안 지속되었으며 지금도 일정한 범위에서 영향력을 유지하고 있다.

2.2. 한국학 그리고 Korean Studies: 1980년대 말부터 1990년대 말까지

'한국학'이란 용어가 국내 학계에 등장한 것은 1980년대 말 즈음이다. 한국학 연구 공간이 지리적으로 한국을 넘어 해외로 확대되면서 'Korean Studies'의 번역어로 한국학이란 용어가 사용되기 시작하였다. 국학으로서 한국학과 해외한국학이 단순한 지리적 경계로 구분되는 것이 아니라 내용적으로 구분되고 일정한 긴장 관계를 형성하게 된 것도 이때부터다.

국학 전통으로 시작된 국내 한국학의 입장에서 해외한국학이란 타자의 시선으로 한국을 대상화하는 식민주의(colonialism)의 유산이자, 1960년대 냉전 시대 미국에서 본격화되기 시작한 지역학(area studies)의 산물이었다. 이러한 관점에서 보자면 국내 한국학의 역할이란 한국을 대상화하지 않고 스스로 주체로서 한국을 연구하는 것이었다. 한국학을 둘러싼 국내와 해외의 이러한 긴장 관계는 역사 분야, 특히 한국의 근대화에 대한 해석 문제를 둘러싸고 첨예하게 대립하였으며 지금도 이에 관한 논쟁은 일정 범위에서 지속되고 있다. 그러나 이 논쟁을 해외한국학과 국내 한국학 양자의 대립과 갈등으로 구획하는 것은 문제를 너무 단순화하거나 문제의 본질을 호도할 수 있다. 국내 연구자들 내에서도 근대화 문제에 대한 시각차는 존재하기 때문이다. 그런 점에서 해외한국학을 일컬어 '외국인 관점'의 한국학으로, 국내 한국학은 '한국인끼리' 연구하는 한국학으로 이해하면서 국내 한국학과 해외한국학이 연구 내용이나 관점이 서로 다르다고 전제하는 것은 오늘날 확대된 한국학의 현실을 도외시하는 것이라고 볼 수 있다.

2.3. 한국 연구의 새로운 지평: 2000년대부터 현재까지

국학으로서 국내 한국학 그리고 지역학으로서 해외한국학의 연구 내용과 방법의 차이는 1990년대 이후 거의 해소되었다고 할 수 있다. 20세기 초 식민주의적 관점의 아시아학 그리고 1960년대 냉전의 산물인 지역학은 시대적 흐름과 당대의 관심을 좇아가면서 많은 변화를 겪어 왔다. 아시아를 바라보는 서구 중심주의의 일방적 관점은 탈식민주의 그리고 포스트모더니즘 등 소위 '포스트' 담론이 일반화된 1990년대부터 거의 자취를 감추었다. 적어도 학계의 주류 담론에서 아시아는 더 이상 타자나 대상이 아니었다. 이에 관한 가장 상징적인 사건으로 2014년 이래 매년 아시아에서 개최되는 아시아학 대회인 AAS-in-Asia를 들 수 있다. 북미 지역의 대표적인 아시아학 학회인 AAS(American Association for Asian Studies)는 지역학이란 범주에 갇힌 아시아학의 낡은 틀을 깨고, 아시아 현지의 목소리에 귀 기울이며 아시아 연구자들과 더 적극적으로 소통하고자 연례학회를 아시아 지역으로 확장하여 아시아 안팎의 연구자들이 직접 만나 소통하는 기회를 만들었다. AAS-in-Asia는 새로운 아시아학 연구의 흐름을 상징적으로 보여 주는 자리라고 할 수 있다. 2014년 싱가포르에서 처음 개최된 이 학회는 2015년 대만, 2016년 교토 그리고 2017년 서울에서 열렸고, 이후 지금까지 지속되며 성공적인 학술대회로 평가되고 있다. 아시아학을 둘러싼 이런 흐름을 감안할 때 해외한국학을 두고 그 지역학적 한계를 비판하는 것은 더 이상 유효하지 않다고 생각한다.

국내 한국학에 대한 일부 해외학자들의 편향된 시각도 마찬가지다. 한국학은 국학에 그 연원을 두고 있으며, 발생 당시의 역사적 맥락을 보더라도 국학 연구가 민족주의적 시각을 띠는 것은 자연스럽고 어찌 보면 당연하기도 하였다. 그리고 한국 등 아시아에 대한 서구 학계의 일방적 시각이 세계 학계의 주류를 이루는 환경에서 한국의 지식인이 자국(自國)의 관점에서 역사와 문화를 바라보고자 하는 것 또한 자연스러운 일이었다. 그러나 1990년대 이후 국학이 내재하고 있는 자기중심적이고 과거지향적 경향을 탈피해야 한다는 것은 한국학계가 꾸준히 만들어 온 하나의 큰 흐름이었다. 일례로 조동일은 '국학'을 세계화하는 학문이 '한국학'이라고 주장하면서 "지금껏 민족사적 요구에 부응해 온 20세기 한국학과 달리, 21세기 한국학은 인류를 위해 봉사하는 세계학이 되어야 한다"고 했다.[1]

이러한 변화의 배경으로 해외한국학의 등장이 있었다. 이제 한국학은 한국인끼리 하는 연구 활동이 아니라 외국인과 함께하는 것으로 그 외연이 확장되었으며, 우리만의 관점이 아니라 타자의 눈으로도 봐야 할 필요성을 공감하게 된 것이다.

해외한국학의 등장 외에도 국내 인문·사회과학계의 학문적 성숙과 발전이 한국학의 이러한 변화를 가져온 것이라고 생각한다. 특히 1980년대 한국에 본격적으로 소개되기 시작한 탈식민주의 등 포스트 담론은 근대 학문의 제국주의적이며 패권적인 학문적 자장에서 벗어날 기회를 제공하였고, 그간의 방어적이며 자족적인 한국 연구의 관성적 틀을 벗어던질 수 있는 이론적 근거를 제공하였다. 한국 연구에 대한 국내 학계의 성장과 자신감 그리고 이를 통해 확보하게 된 넓은 시야는 자국 중심의, 민족주의적 경향에서 벗어

---

[1]   조동일. 2002. 〈한국학 연구의 새 방향〉. 《한국학 논집》. 29.; 〈한국학 발전의 제도적 기반 확립을 위한 종합계획보고서〉(연구책임자 조성택). p. 6에서 재인용.

나 학문의 보편성을 확보하고 세계적 관점으로 한국을 바라보는 객관적 거리를 확보하게 되었다. 그런 점에서 국내 한국학 전체를 싸잡아 '민족주의적 경향'의 한국학이라 비판하는 것은 적절하지 않을 것이다.

아시아를 바라보는 서구 학계의 변화 그리고 국내 학계의 성장으로, 이제 국내 한국학과 해외한국학을 연구 내용의 차이로 구분하는 것은 유효하지 않다. 더구나 해외와 국내를 단순한 지리적 경계로 구분해서 국내 한국학과 해외한국학으로 나누는 것 또한 모호해지고 있다. 오늘날 국제화된 고등교육체계와 학문 환경이 그러하다. 한국인으로서 미국에서 박사학위를 취득해 미국 대학에서 가르치고 연구하는 한국학 학자가 있는가 하면, 미국인으로서 한국에서 학문적 훈련을 받고 미국 대학에서 가르치고 연구하는 학자도 있다. 한국학을 두고 국내와 해외를 나누는 기준이 무엇일까? 인종, 학위 취득 대학, 소속 연구기관, 무엇을 근거로 국내 한국학과 해외한국학을 나눌 것인가? 한국을 연구하고 바라보는 다양한 학문적 입장이 존재하지만, 그것을 국내와 국외로 나누는 것은 더 이상 유효하지 않다.

한편 해외한국학 'Korean Studies' 등장이 가져온 한국학의 또 다른 변화는 학문적 외연의 확장이다. 1980년대까지 한국학의 주된 연구는 문학, 역사, 사상, 종교 등 인문학의 한 분야로 이루어졌다. 그러나 해외에서 인문·사회과학을 포괄하는 Korean Studies가 등장하면서 한국학은 인문학뿐만 아니라 사회과학의 한 분야가 된다. 한국학의 외연이 사회과학으로 확대되면서 한국의 경제학자, 정치학자 등 사회과학 전공자는 '복수국적자'가 된다. 한국에서는 자신의 정체성을 '한국학 연구자'가 아니라 '경제학자'로 자처하면서, 국외에서는 '경제학자'이면서 '한국학 연구자'로 자처한다. 이러한 점은 한국 내에서 '한국학'의 위상이 그다지 높지 못한 측면도 있지만, 해외에서 한국학의 수요가 사회과학 쪽에 더 많기 때문이다.

일반적으로 해외한국학은 크게 '인문학 중심의 한국학(humanities Korean Studies)'과 '분과 학문을 기반으로 한 한국학(discipline based Korean Studies)'으로 구분하고 있다. 전자는 국내 한국학의 내용과 크게 다르지 않으며 후자는 경제학, 사회학, 정치학, 인류학 등 분과 학문 고유의 방법론을 '한국'이라는 지역 혹은 사례에 적용하는 일종의 필드워크(fieldwork) 성격의 연구라고 할 수 있다. 그러나 국내 한국학에서 사회과학을 기반으로 한 한국 연구를 '한국학'의 한 영역으로 받아들이는 데 아직은 인색하다. 국내 한국학 진흥기관에서 연구비 배분이 소극적이며, 학계의 일반적 인식도 마찬가지다. 사회과학자를 한국학의 '복수국적자'로 인정하고, 인문학과 사회과학을 포괄하는 종합적인 한국학을 정립할 때 한국의 '전체상'을 이해하는 한국학으로 발전하는 것이 가능할 것이다.

3. '민족문화'와 Korean Studies의 분화 과정

오늘 학술대회의 주최 기관인 국제고려학회(서울지부)는 개최의 취지에 대해 다음과 같이 말한다.

"한반도 민족문화가 남북분단과 적대의 지속 가운데 민족 공통성을 유지하고자 했던 노력(이 좌절되고) 및 분단의 제 조건들이 민족문화와 Korean Studies로 분화하여 나아간 양상을 살펴보고자 합니다."[2]

흥미롭게도 오늘 학회의 공동주최 기관인 고려대학교 민족문화연구원의 성장 과정은 '민족문화'와 'Korean Studies'의 분화 과정을 잘 보여 주는

---

[2] 괄호 안의 '이 좌절되고'는 필자가 이해한 내용에 따라 부가한 것임.

사례라고 할 수 있다.

민족문화연구원(이하 민연)은 1957년 한국고전국역위원회로 출범하였으며 1963년 민족문화연구소로 개칭하였다. 이후 1980년대까지 민연은 그야말로 '민족문화' 연구의 산실 역할을 다했다. 1964년 학술지 《민족문화연구》 창간, 1972년 《한국문화사대계》 7권 완간, 1980년 《한국현대문화사대계》 5권 완간, 1982년 《한국민속대관》 6권 완간 등이 바로 그 성과다. 이들 명칭도 그러하거니와 모든 기획의 배경과 목적은 '민족문화'를 규명하는 데 있었고, 규명의 범위는 전통과 현대를 아우르는 것이었으며, 시야는 가능한 범위에서 남과 북을 포괄하는 것이었다고 평가할 수 있다.

그럼 민연 연구활동의 중심이 바뀌게 되는 1990년대와 그 이후 민연의 활동을 살펴보자. 1995년 민연은 한국 최초로 '한국어 코퍼스(corpus, 말모둠)'를 구축하였고, 이어서 1998년에는 더 확장된 말모둠 프로젝트인 '21세기 세종계획'에 참여하였다. 그 구축 범위는 현실적으로 대한민국/남한 사람의 언어활동에 한정될 수밖에 없었다.

한편 2005년 고려대학교 개교 100주년을 기념하기 위해 당시 민연이 주최한 학술대회 '한국학의 정체성 대토론회: 민족학, 지역학 또는 해체'는 토론의 성과 이전에 제목만으로도 한국학의 정체성과 관련하여 그 이전과 이후를 분기하는 중요한 사건이었다고 생각한다.

민연의 연구 내용과 범위가 1990년대를 기점으로 변화하는 과정과 함께 그 영문 명칭에도 변화가 있었다. 2008년 민연은 오랫동안 써 오던 'Institute of Korean Ethnic Culture'라는 영문 명칭을 'Research Institute of Korean Studies, RIKS'로 개칭하였다. Korean Ethnic Culture를 Korean Studies로 변경하는 일은 단순히 세련된 영어 표현의 문제가 아니라, 민연의 정체성과 활동반경의 변화를 보여 주는 상징적인 일이었다. 당시 한국사회는 이러한 변화를 '세계화(globalization)'라 하였고, 세계화란 한국을 글로벌 스탠더드에 맞추는 일이었다. 그 하나가 '국내용' 영어를 '해외용' 영어로 바꾸는 일이었다. 기업의 경우 대표적 사건이 금성사의 TV 상품명이 Gold Star에서 LG로 바뀐 일이었다. 그것이 국내용 가전 기업에서 세계시장을 겨냥한 기업으로 변신을 의미하듯, Korean Ethnic Culture가 Korean Studies로 바뀐 것은 한국학의 내용과 활동반경이 바뀌었음을 상징적으로 보여 주는 '사건'이라고 생각한다.

한편 2016년 시작된 민연의 '젊은 한국학아카데미(RIKS Academy)'는 한국학 세계화의 또 다른 방향이라고 할 수 있다. 당시까지 세계화가 한국이 해외로 진출하는 '아웃바운드'의 세계화라면, RIKS Academy는 '인바운드'의 세계화라고 할 수 있다. RIKS Academy는 외국의 소장 학자를 민연의 'post-doctor'로 초청하고, 외국 대학의 한국학 관련 대학원생을 한국으로 '불러들여' 한국의 학자, 대학원생과 함께 발표하고 토론하는 프로그램이다. 한국학 본산이라는 자신감, 한국의 학문 후속 세대의 학문적 역량과 잠재력, 여기에 한국 기업의 재정적 지원이 있어 이러한 프로그램이 가능하였다고 생각한다.

이상과 같은 민연의 발전 과정은 한국학의 발전 과정과 마찬가지로 학문적 축적의 결과라기보다 학문 외적인 요인, 곧 경제성장과 정부 주도의 학문 진흥과 해외/한국학 진흥 정책 등에 힘입은 바 크다.

지금까지 논의를 바탕으로 민족문화와 Korean Studies의 '분화' 과정을 요약하면 다음과 같다. 국내에서 한국에 관한 연구는 민족문화 연구로 시작되었으며, 적어도 1980년대 말까지 그 기조가 대체로 유지되었다. 그러나 1990년대 이후 적어도 다음 세 가지 요인이 복합적으로 작용하면서 소위 '분화'가 시작되었다. 남북분단의 장기화에 따른 현실적 제약과 연구 관심의 다변화, 정부 주도의 한국학 진흥 정책이 본격화되면서 한국학의 연구 범위는 지리적으로 '남한', 곧 대한민국으로 한정되어 왔다.

그러나 엄밀히 보면 이 과정을 분화(分化)라고 말하기는 어렵다. 하나의 '민족문화 연구'가 전개되어 민족문화 연구와 Korean Studies라는 두 형태로 전개·변화한 것이 아니기 때문이다. 필자가 보기에는 '민족문화'라는 나뭇가지에서 '한국학'이라는 새로운 가지가 파생되어 나온 형국이다. 더구나 민족문화는 고사목(枯死木)의 가지처럼 오랜 형태가 있을 뿐이다. 이러한 필자의 관찰은 민족문화에 대한 '가치'가 아니라 지금 우리의 '현실'을 말하는 것이다. '민족 공통성'으로서 민족문화를 상상하는 것은 가능하겠지만, 그것은 '토끼의 뿔'을 상상하듯 관념적 허구일 뿐이다. 민족 공통성이란 사실에 대한 '기억'이 아니라 '기억에 대한 해석'의 문제이기 때문이다. 그렇다고 탈(脫)민족적 한국학을 주장하고자 하는 것은 아니다. '민족'이란 개념에서 '벗어나자'는 것이 아니라 '넘어서자(beyond)'는 것이다. '넘어선다'는 것은 부정(否定)의 의미가 아니라, 일인칭적 경험을 인식의 차원을 달리하여 객체화해서 조망하는 것을 의미한다. 다음 장에서 이를 구체적으로 살펴보자.

4. 열림과 소통의 한국학

지금까지 논의를 바탕으로 21세기 바람직한 한국학 그리고 해외한국학의 진흥 방향에 대해 논의하자.

먼저 지적할 사항은 '고유성'과 '독자성'의 관점에서 한국문화를 규명하려는 연구 방법의 한계다. 고유성과 독자성은 한국문화의 정체성에 관한 '본질주의'적 관점의 산물이며, 그 비교 대상에 따라 달라지는 일종의 상대적 자기상(自己相, self-image)일 뿐이다. 따라서 특정 시기의 문화적 '특징'으로 의미가 있을 뿐, 한국문화 전체를 관통하는 정체성을 규명하는 방법론으로는 한계가 있다. 한국사는 우리의 역사이자 세계사의 '일부'다. 마찬가지로 한국문화 연구는 한반도에서 한국인의 삶과 사유에 관한 연구이면서 세계문화 차원에서 '사례연구(case study)'다. 이러한 두 차원의 조망을 가지고 한국의 역사와 문화를 바라볼 때 비로소 한국학은 고유성과 독자성이라는 협소한 연구 방법의 한계를 극복할 수 있을 것이다.

그런 점에서 한국문화를 보다 '동태적' 관점에서 연구할 필요가 있다. 오랜 한국의 역사에서 등장한 한국문화의 다양한 모습을 한국적인 고유한 실체의 변용으로 이해하거나 몇 개 '특징'으로 환원하여 설명하고자 하는 것은 문화연구에서 금기시되는 대단히 '정태적'인 연구 방법이다. 보다 입체적이며 동태적인 한국문화 연구를 위해서는 한국문화 변천의 양상(dynamics)을 파악하고, 그 변천을 통해 한국의 문화적 패턴(cultural patterns)을 찾는 것이 중요하다.

한국의 역사는 외래문화와 끊임없는 교섭과 대응의 역사다. 우선 지역별로 보면 가장 멀게는 중앙아시아 문화권과 교섭, 그 이후 한족(漢族)을 중심으로 한 중국문화권과 다양한 교섭과 갈등, 가깝게는 일본 그리고 일본을 통한 근대 유럽문화와 교섭, 해방 이후 미국을 중심으로 한 서구문화와 교섭과 갈등이 있었으며 최근에는 전 지구적 문화와 교섭이 이루어지고 있다. 문화 유형별로 보면 고대 무속신앙부터 불교, 도교, 유교, 기독교 등 다양한 기원의 여러 종교사상, 근대 이후 자유주의와 사회주의 등 유럽을 기반으로 한 정치 이념에 이르기까지 한국인의 삶과 사유에 미친 문화는 거의 전 문명적이라 해도 과언이 아니다.

적극적이냐 소극적이냐의 차이는 있지만, 이질적인 외래문화가 그대로 한국문화가 되지는 않았다. 반드시 한국적인 수용과 변용의 과정을 거치면서 '한국화'가 완성되었다. 또한 새로운 문화의 유입이 기존의 문화를 전적으로 대체하기보다 한국문화의 또 다른 지층을 이루게 되는, 중첩적이며 복합적인 발전과 축적의 과정이었다. 한국문화의 단면(斷面)이 보여 주고 있는 다양한 층위와 복합적이며 중층적 구조는 한국문화 형성 과정을 잘 드러낸다.

이렇게 볼 때 한국문화의 정체성은 독자성과 고유성으로 환원되는 것이 아니라 '형성 과정' 자체가 한국적 정체성이며, 또한 변천의 양상을 통해 반복적 성격을 띠게 되는 한국의 문화적 패턴이 한국문화의 정체성을 규명하는 결정적 열쇠가 될 것이다.

다양한 외래문화와 교섭과 대응, 갈등과 화해, 연속과 불연속, 수용과 변용 과정에서 이루어지는 '형성(becoming)'의 역사로 한국을 바라볼 때, 독자성과 고유성으로 환원되는 민족문화 연구를 넘어 한국적 경험의 세계사적 의미를 발견·발신하는 한국학으로 나아갈 것이다. 이것이 진정한 한국학의 세계화가 될 것이라고 생각한다.

한편 해외한국학의 동향을 살펴보자. 2017년 6월 24일부터 26일까지 3일간 서울에서 열린 AAS-in-Asia의 마지막 날 한국국제교류재단의 후원으로 개최된 한국학 스페셜 라운드 테이블은 '교차로에 선 한국학'의 의미를 잘 보여 주는 행사였다. 당시 라운드 테이블의 주제는 'Korean Studies Past, Present, and Future: Moving Beyond Boundaries Toward Multi-Disciplinary, Transnational, and Alternative Approaches(한국학의 과거, 현재 그리고 미래: 분과 학문과 국가의 경계를 넘어 다양한 접근을 위하여)'였다. 주제에 맞추어 참석자의 연령과 전공, 국적도 매우 다양하였다. 우선 마르티나 도이힐러(Martina Deuchler) 교수는 1960년대부터 한국의 유교사상을 연구한 한국학 제1세대에 속한 원로교수다. 신기욱 교수는 사회학을 전공한 중견교수로 현재 스탠퍼드대학교에서 가르치고 있다. 시어도어 휴즈 (Thedore Hughes) 교수는 컬럼비아대학교 교수로 한국 근현대문학을 가르치고 있다. 카시와자키 치카코(柏崎千佳子) 교수는 일본 학자로서 게이오대학교에서 경제학을 가르치고 있으며, 주디 한(Ju Hui Judy Han)은 재미 한국인 2세로 당시 토론토대학교 지리학과 조교수로 재직한 소장학자다. 라운드 테이블을 조직하고 진행한 리엔 유(Leighanne K. Yuh) 교수는 UCLA에서 한국 근대사를 전공하였으며, 당시 고려대학교 한국사학과에서 가르치고 있었다. 신기욱 교수를 한국학 2세대라 한다면, 나머지 참석자는 한국학 3세대에 속하는 비교적 젊은 학자들이었다.

이날 라운드 테이블은 필자가 미국에서 활동하던 1990년대 중반의 한국학 학회와 전혀 다른 모습이었다. 우선 한국문학부터 사회학, 지리학 그리고 경제학에 이르는 다양한 전공자가 한자리에서 한국학을 논의하는 모습 자체가 다른 모습이었으며, 연령대와 전공, 출신 국적에 따라 한국학을 바라보는 시각도 다양하였다.

도이힐러 교수와 UC Davis에서 한국영화를 가르치는 김규현 교수의 대화는 한국학의 변화된 모습, 앞으로 한국학이 나아갈 방향에 많은 시사점을 주었다. 도이힐러 교수는 1960년대 아직 한국학이 해외에서 학문 영역으로 대접받지 못하고 한국에서는 '국학'으로 이해되던 시기를 회고하면서 최근 달라진 한국학의 위상에 대해 높이 평가하였다. 하지만 도이힐러 교수는 "These days everything goes to Korean Studies(요새는 뭐든지 한국학이라고 한다)"라고 불평 아닌 불평을 하면서, 한국문화와 한국역사를 제대로 공부하지 않으면서 한류 등 한국의 대중문화에 열중하는 학문 후속 세대의 '얕은 한국학'을 비판하였다. 그러자 청중석에 있던 김규현 교수가 손을 들어 자신의 경험을 소개하였다. 김 교수는 자신의 수업에 들어오는 한 학생에게 왜 한국영화에 관심을 가지냐고 물어보았더니, 그 학생이 "지드래곤이 멋있어서"라고 한 대답을 소개하면서 대중문화에 대한 관심을 '얕은 것'으로 무시해서는 안 된다고 하였다. 그러자 도이힐러 교수가 정색하면서 "누구? 지드래곤이 뭐지? 누구지?"라 발언해서 자리에 모인 300여 명이 웃음을 터뜨렸다.

이 해프닝은 상징적이다. 한국학 1세대 도이힐러 교수는 당연히 지드래곤이 뭔지, 누군지 모른다. 도이힐러 교수가 보기에 지드래곤은 한국학과 상관이 없기 때문이다. 도이힐러 교수에게 한국학은 '학문'이며, 따라서 한국의 역사와 문화 등 인문학적 토대가 매우 중요하다. 도이힐러 교수가 1967년 하버드대학교에서 박사학위를 받은 뒤 풀브라이트재단의 도움으로 처음 한국을 방문했을 때, 한국은 미지의 나라이며 동양의 전통이었다. 복사기도 없던 시절이라 동숭동의 서울대학교 도서관 규장각에서 하나하나 베껴 가며 자료를 수집하였다. 그리고 한국어를 익히고, 한국의 역사와 문화를 몸으로 익혀 갔다. 그러나 지금 해외 대학교 학부에서 한국학 수업에 들어오는 학생들, 어쩌면 한국학 4세대가 될지도 모르는 그들은 한국의 '과거' 역사에 관심이 없다. 지드래곤 같은 한국의 아이돌 가수에 대한 관심이 그들을 한국학 수업으로 이끌었지만, 한국의 역사와 전통문화에는 관심이 없다. 장차 그들의 관심이 확장될지는 아무도 알 수 없다. 그들은 도서관보다 대학로와 신촌, 홍대 앞에 관심이 많다.

서두에서 언급한 대로 지금 한국학은 교차로에 서 있다. 한편으로 국내 한국학과 해외한국학의 경계가 허물어지고, 인문학과 사회과학의 학제적·융합적 연구가 요청되고 있다. 더불어 한국학이라는 '학문' 영역과 '비학문' 영역으로 여겨지던 대중문화의 경계 또한 다시 설정되어야 할 시점이다.

교차로에는 두 가지 의미가 있다. 하나는 길이 나뉘는 기로(岐路)를 의미하고, 다른 하나는 모든 길로 이어지는, 열림과 소통의 사통팔달(四通八達)이 시작되는 지점이다. 기로의 교차로가 한국학의 현재라면, 열림과 소통의 한국학은 지금부터 우리가 만들어 가야 할 한국학의 미래다. 이것이 지구촌 시대에 요구되는 개방성이며 한국학이 세계에 기여하는 길이 될 것이다.

2장

분단과 통합의 길항관계,
코리아 이합(離合)문학사 전망

\- 통일문학운동과《통일문학선집》분석

김성수 성균관대학교 국어국문학과에서 박사학위를 받고 성균관대학교 학부대학 교수를 역임하였다. 정년 퇴임 후 현재 성균관대학교 초빙교수로 재직하며 교육부 우수학자지원사업을 하고 있다. 주요 저서로《북한 주체문예론 체계 연구》(2026 근간),《김정은 시대 북한 문학사》(2024),《북한문학비평사》(2022),《미디어로 다시 보는 북한문학》(2020),《한국 근대 서간 문화사 연구》(2014),《통일의 문학, 비평의 논리》(2001) 등이 있다.

1. 들어가며: 코리아 개념의 분단과 이합 담론

필자는 한국 현대문학을 전공한 국문학자이자 북한 문학예술을 공부하는 북한학자다. 2000년 이후 통일문학론을 제창하고 환희(2005~2006년)와 좌절(2020~2023년)을 경험한 바 있다.[1] 2016년을 기점으로 분단된 남북(코리아=남한국+북조선)의 문학 문화가 통일·통합해야 한다는 기왕의 당위성에 의문을 품고 통일문학론을 근본부터 반성하기에 이르렀다.[2] 그 결과 회자정리, 이합집산, 분리와 통합이 길항(拮抗)하는 '이합(離合)'이란 조어가 포함된 코리아 이합문학사론을 새로이 구상, 제안하고자 한다.

그동안 Korean Studies는 서울의 한국학과 평양의 조선학이 합쳐진 개념이거나 서울, 평양, 옌볜, 오사카, 블라디보스토크, 타슈켄트, 로스앤젤레스 등지에서 한국인, 조선인, 차오시엔주(朝鮮族), 자이니치(在日), 카레이스키(고려인), 코메리칸 등 코리안 디아스포라가 모여서 머리를 맞대고 '우리'가 누구이며 어떤 사회적·역사적·문화적 자기 정체성을 가졌는지 생각을 나누고 마음을 통하는 학문적 길이라고 생각하였다. 그러나 코로나19 팬데믹 이후 최근에는 남북 코리아의 통일과 통합이란 당위 대신 한국과 조선의 분단과 전 세계 코리안의 이산이라는 현실을 더 이상 외면할 수 없는 것이 아닌가 하는 근본적인 반성이 생겼다. 거기서 분리와 통합이 길항하는 '이합(離合)'이란 개념이 떠올랐다. 이합이란 통일과 통합의 당위와는 구별되면서 어쩌면 통일과 통합과는 거리가 먼 반대 개념이기도 하다. 남북이 통일되어야

---

[1] 김성수. 2001. 《통일의 문학, 비평의 논리》. 책세상.
[2] 金成洙. 2016. 〈남·북·중의 코리아문학사 비교와 통합서술방안(韓國朝鮮中國朝鮮族學者的KOREA文學史比較級統合敍述方案)〉. 《두만강포럼图们江论坛 2016: 國際學術會議 발표문집》. 한국고등교육재단, 延边大学아세아센터.; 김성수. 2016. 〈한반도 통합 문학사(1953~1967) 구상―《조선문학》《문학신문》의 '통일/문학' 담론 분석을 중심으로〉. 《한반도국제포럼 KGF 2016 통일·북한 학술대회 발표문집》. 신라호텔.; 김성수. 2018. 〈'코리아문학'의 통일·통합 (불)가능성: 남북 문학 교류의 역사와 과제〉. 《통일과 평화》. 10(2). 서울대 통일평화연구원.; 김성수. 2022. 〈남북 문학사의 소통과 '통일/문학'이란 개념―북한 《조선문학》, 《문학신문》(1945~1967)의 기사 제목 분석을 중심으로〉. 《통일과 담론》. 1(2). 국립통일교육원.

하며 Korean Studies가 통일에 기여해야 한다는 당위에 의문을 품고 근본부터 다시 보려는 의도가 담긴 용어이기도 하다.

코리아 남북관계를 '한조(韓朝)관계'로 다시 보자는 이합론 발상의 전환은 역설적이게도 통일문학의 실체를 데이터로 확인하는 실증적 문헌 분석 과정에서 나왔다. 이합문학론은 지난 80년간 남북 문학의 소통과 통합을 (구호나 담론이 아니라) 실천했던 실제 통일문학(운동)의 공과를 《통일문학선집》 2종과 문예지 《통일문학》 3종의 콘텐츠 데이터베이스로 조사·분석·평가하는 작업에서 착안하였다. 이를 통해 기왕의 '통일문학론'이 대중 정서에 호응하는 감성적 차원이나 정치 구호, 탁상공론이나 사변철학으로 흐를 것을 경계하였다. 통일문학과 관련된 데이터베이스 구축 작업을 오랜 기간 수행한 바 '통일문학의 (불)가능성'에 대한 중간보고를 할 수 있게 되었다. '우리의 소원은 통일'이라는 감성적 구호나 자기중심적 흡수통일론을 '반만년 역사를 공유한 민족 통일'식 미사여구로 감싸거나 대체할 수 없다는 사실을, 통일문학운동사의 실사구시 분석 중에 확인하였다(김성수, 2018: 5-38).

필자가 처음 통일문학론을 주창한 것은 6·15남북공동선언에 힘입은 2000년의 상호상승식(win-win) 문학사 통합론이었다(김성수, 2001: 41-42). 통합 문학사론의 핵심은 '낮은 단계의 민족공동체'로서 민족문학 이념과 사실주의 창작방법이라는 공통항으로 남북 코리아문학의 긍정적 성과를 합치자는 주장이었다. 가령 근대 리얼리즘 역사소설의 원류인 《임꺽정》(1940)의 남북 후손이 《두만강》, 《갑오농민전쟁》, 《토지》, 《장길산》, 《태백산맥》 등으로 보아 통일문학사의 미학적 기준을 리얼리즘으로 삼자고 하였다. 문학사 통합 서술의 논리는 각각의 체제가 지향하는 국가주의(남의 자유민주주의, 북의 사회주의와 주체사상)적 이념보다 다소 느슨한 이념적 연합 개념인 '낮은 단계의 공동체'로서 민족문학 이념을 내세우면 어떨까 제안하였다. 통합 서술의 미학적 기반으로는 각기 고유한 주체사실주의와 선군 담론, 모더니즘과 비(非)사실주의 담론보다 우리 문학의 근대 이전 시기부터 근현대까지 공분모가 가장 큰 공통 자산이었던 광의의 리얼리즘(사실주의, 現實主義) 미학부터 시작하면 좋다고 하였다.

남북의 문학사 통합 서술 대상 시기는 아직 남북의 월북·월남 작가들이 활발하게 활동했고 어느 정도 물밑 교류도 상상으로나마 가능했던 1945~1967년이 좋을 것이다. 시기적으로 대상을 지칭할 때 남북이 실제로 사용하지 않는 '당대문학'이란 명명을 새로 한 것도 남북이 지칭하는 '근대/현대문학'의 내포와 외연이 매우 다르기 때문이다. 다만 상호상승식 문학사 통합론은 '겨레말큰사전 공동편찬사업'(2004~)과 민족작가대회(2005), 6·15민족문학인협회 결성(2006) 등 통일문학운동 성과를 과잉 해석한 낙관적 발상이라고 반성하게 되었다. 2008년 이후 본격적인 통일문학론이 남북에서 본격화하지 않았/못했던 사실도 그러한 비관적 자기반성의 객관적 근거였다.

2025년 현재 새로운 가설은 남북 코리아문학의 조급한 당위적 통합이 아니라 현실적 이합이 엄존함을 겸허하게 인정해야 비로소 새로운 안목이 트일 것이라는 생각이다. 서울과 평양 학자는 그동안 '남한국+북조선=코리아'가 아니라 '남조선+북한=우리'를 표방/자임했다는 개념의 분단사를 간과하지 않았을까 반성할 필요가 있다.

그나저나 문제는 늘 자료다. 필자는 남북이 그동안 통일문학의 명분으로 쌓아 올린 담론과 행사, 매체, 작품을 데이터베이스로 만들고 있다. 데이터가 스스로 말하게 할 것이다. 무엇이 통일문학, 문학적 통합의 진실인지. 이 글은 이러한 문제의식을 가지고 남북 코리아에서 그간 수행했던 통일문학(운동/사)론이 지닌 분단과 이산의 쟁점을 비판적으로 살펴본다.

우선 '통일문학' 개념부터 따져보자. 한반도 남북은 한겨레 민족이라는 동일한 혈연과 한반도의 반만년 역사를 공유한다. 전 세계 어디와도 비교할 수 없게 통번역이 필요 없는 한국어(조선어), 한글이라는 동일 문자로 소통 가능한 공동체이기도 하다. 하지만 분단 이후 이북문학을 조선민주주의인민 공화국의 문학, 약칭 '조선문학'으로 호명하기 쉽지 않으니 문제다. 이북문 학은 분단 이전 우리 문학을 조상으로 공유한다. 하지만 혁명가극 〈피바다〉 등 '항일혁명문학예술'을 문학사적 전통으로 절대시하며 최고 지도자인 수 령에 대한 충성을 강조하는 점에서 이남과 많이 다르다. 적대적 상호의존 관 계가 거울처럼 비추는 개념과 용어의 분단사를, 그 불편한 현실을 확인할 수 있다.

이에 개념의 분단사적 접근법이 필요하다. 특히 J. 페레즈(João Feres Junior)의 '비기본개념의' 비판적 개념사론을 원용하여, 남북의 비대칭 개념 으로 민족과 통일, 문학과 학문을 발화할 때 동일한 외연과 내포가 아닐 수 있다고 전제해야 생산적 논의가 가능하다. 가령 남북 주민이 외국에서 각각 자신을 "나는 한국인이다", "나는 조선인이다"라고 소개한다고 가정하자. 둘 다 "I am Korean"이라 발화할 것이다. 그런데 누군가 "I am a great Korean" 이라 자부심 넘치는 자기소개를 하면 어떨까? 발화자의 머릿속엔 각각 "나 는 자랑스러운 대한민국 국민이다"와 "나는 위대한 조선민주주의인민공화 국 공민이다"로 달리 해석될 아이디어가 떠오를 것이다. 남북 장관급 회담 을 할 때, 남측은 '남북 장관급 회담'이라 하지만 북측은 '북남 상급 회담' 이라 한다. 심지어 자국 방송용 보도를 위해 두 개의 플래카드를 따로 걸기 도 한다. 이렇듯 '통일'이란 용어와 개념의 활용 자체가 정치적·이념적 지향 을 달리하기에 개념사적 분단과 그로 인한 갈등이 커진다. 이렇게 '개념의 분단사'를 감안해야 영어 같은 국제 소통어(교통어)로 해명하기 힘든 현안

을 논리적으로 해명하고 함의를 분석할 수 있는 이론이 '비기본개념의 개념
사'(Feres, 2005: 5)다.

'비기본개념의' 비판적 개념사론을 원용하여 코리아반도 남북의 국호부
터 언어, 문학까지 비대칭적 개념과 용어를 정리하면 다음과 같다(김성수,
2021: 109-110).[3]

호칭	공식 국호(국기, 국가)	남의 호칭	북의 호칭	중립/적대 호칭
남	대한민국(한국) ROK (태극기, 애국가)	남한	남조선	이남, 남측/ (남조선)괴뢰
북	조선민주주의인민공화국(조선) DPRK (인공기, 애국가)	북한	북조선	이북, 북측/ 북괴(북한괴뢰)
전체	**코리아 Korea** **(한/조선 반도기, 아리랑)**	남북한	북남조선	**북측/남측,** **평양/서울**

호칭	일상 국호	외국의 호칭	주민	학문 정체성	근현대 구분
남	한국	사우스코리아 SK	국민, 민중	한국학	근대 1876/1894 현대 1945~
북	조선	노스코리아 NK	공민, 인민	조선학	근대 1866 현대 1926
전체	**코리아**	(One) 코리아	주민, 민족	코리아학	근대+현대 당대/동시대

조선-대한제국의 전통을 이은 코리아는 1948년 이후 대한민국과 조선
민주주의인민공화국으로 분단(분열)되어 대외적으로는 하나의 코리아(One
Korea)가 아니라 사우스코리아와 노스코리아로 불린다. 이 표를 문학영역에
대입하면 다음과 같다.

---

[3] 이번에 언어와 문자, 코리아학과 시대구분론까지 표를 확대한다. 볼드체는 남북이 합의한/했던 개념이다.

호칭	문자	문학 언어	문학 호칭	문학 주체	문학가 조직 (상부조직)	이산과 통합의 언어
남	한글	한국어 (표준어)	한국문학 (문화예술)	문인 작가	한국문인협회(예총), 펜클럽 한국지부, 한국작가회의(민예총)	한국어권
북	조선문	조선어 (문화어)	조선문학 (문학예술)	작가	조선작가동맹(문예총)	조선어권
전체	겨레말 한글	겨레말	민족문학 민족문화	문학인	6·15민족문학인협회	코리아어권 (Koreanphone)

그런데 코리아반도 남북의 학문 정체성을 비교할 때 문제가 있다. 남북이 각각 영향을 받거나 참조한 근대적 개념이 대부분 그렇듯이 독자적 용어 개념으로서 한국학 또는 조선학이 호명되는 순간, 자유민주주의 체제와 사회주의 주체 체제라는 차이 때문에 코리아학이라는 용어나 개념이 이중 개념으로 활용된다는 사실이다.[4] 통일문학 대신 분단과 통합의 길항관계로서 이합문학사란 생경한 개념을 대안으로 고민하게 된 이유이기도 하다.

---

[4] 코리아니스트 바바라 월(Barbara Wall, 코펜하겐대학교 한국학과 교수)이 2018년 독일 베를린자유대학 Korean Studies FU Berlin에서 'Feierliche Eröffnung des neuen Institutsgebäudes에 참석 중'이라는 페이스북 글을 올렸다. "Institut fuer Koreastudien der Freien Universitaet Berlin이 우리 연구소의 공식명칭이다. 남쪽에서는 우리를 한국학과로 부르고 북쪽에서는 조선학과라고 부른다. 어떻게 부르든 우리는 독일 국민의 세금으로 운영되는 공공기관이다." 이것이 바로 남북 발화자가 애써 외면하지만 코리아학의 지구적 진실이다. 유광석. 〈주독 北 대사, "핵무기 없는 한반도 위해 남북 같이 노력"〉. KBS 뉴스(온라인). 2018.10.3.(http://news.kbs.co.kr/news/view.do?ncd=4045464).

2. 통일문학운동사의 비판적 분석

2.1. 통일문학운동의 은폐된 기원,
6·25전쟁기의 통합 문예총(1951)

6·25전쟁 중인 1951년 3월 10일 평양에서 임화, 김남천, 이태준 등 조선 문학가동맹 출신 남로당계 작가들이 중심이 된 남조선문화단체총연맹과 한설야, 이기영, 조기천, 김사량 등 북조선문학예술총동맹의 '남북조선 문학예술총동맹 중앙위원회 련합회의'가 열렸다.

> 남북조선 문학예술총동맹 중앙위원회 련합회의가 지난 3월 10일, 11일 량일간 평양시에서 개최되었다. 미 제국주의 강도배들의 식민지 략탈정책에 의하여 8·15해방 후 5년 동안 남북이 량단된 정치정세 하에서 남북으로 분리되었던 우리의 문학예술운동은 오늘 이 력사적 련합회의를 통하여 완전히 통일된 단일 단체로 조직되게 되었다. (중략) 한설야 동지는 해방 후 5년 동안 남북 조선의 정치정세와 남북반부의 문학예술운동의 정형을 진술하면서 조선 문학예술운동이 새로운 계단에 들어서게 된 필연성과 남북 량 단체가 합동할 계단에 들어섰다는 것을 말하였다.[5]

---

[5]   미상, 〈조선문학예술총동맹 합동 조선문학예술총동맹으로 신 발족〉, 《로동신문》, 1951.3.13.

한설야는 회의 보고에서, "오늘 우리는 오랫동안 남북 조선에서 분립하여 사업해 오던 문예총과 문련의 중앙위원회 련합회의를 가지게 되었습니다. 민주조국 창건의 기치를 높이 들고 우리나라의 옳은 문학과 예술의 발전을 위하여 투쟁하여 오던 전 조선의 문학예술가들이 처음으로 한자리에 모이게 되었습니다. 이것은 참으로 의의 깊은 일입니다"라고 하였다.[6]

이를 통일문학운동사에서 어떻게 볼 것인가? 임화가 주도한 남북 문화 단체 연합대회를 통한 문예총 결성은 조직 자체가 역사적 실체임에도 불구하고 그동안 남북 당국이 공식적으로 외면하였다. 이남은 월북한 좌파의 이북으로 흡수통합이기에 부인하고, 이북은 미제 간첩이자 종파분자인 남로당계 문학예술인들의 헤게모니가 관철된 통합 조직이기에 묵살하였다. 그런데 남북 작가의 통합 대회와 통합 조직 결성 사실이 당시 신문에 보도되고, 기관지 《문학예술》을 1951년 4월호(실제 간행일 5월 20일)로 복간해서 통합 문예총의 간부와 주요 구성원 명단이 실렸는데도 이 조직은 남북에서 외면·축소·은폐되었다.[7] 오늘날 수령론과 주체사관이 지배하는 북한의 어느 문학사나 교과서에도 이 조직의 존재는 나오지 않는다. 북한 당국은 1950~1960년대까지 전시 통합 문예총을 자랑스러워하였다. 심지어 종전 후 열린 전국작가예술가대회(1953.9.26~27)에서 문예총을 해체할 때도 통합 자체의 의의는 존중하였다. 전쟁기 문학 성과를 총화한 보고에서도 1951년의 남북 문예단체 통합을 높이 평가하였다.[8] 하지만 1952년 말부터 시작되어 1956년 절정에 오른 부르주아미학사상과 반종파투쟁 결과, 1960년대 들어 통합 문예총의 존재가 사라졌다. 이런 연유로 전시 통합 문예총[9]은 오랫동

6   한설야. 1951. 〈로동당 중앙위원회 제3차 정기회의 총화와 문학예술인들의 당면 과업(요지)〉. 《로동신문》. 1951.3.20.
7   김성수. 2024a. 〈6·25전쟁기 북한 문예운동사 연구―통합 '조선문학예술총동맹'의 결성(1951.3)에서 해체(1953.9)까지〉. 《한국학연구》. 73. pp. 531-560. 인하대학교 한국학연구소.; 김성수. 2024b. 〈북한 조선문학예술총동맹의 역사적 변천(1946~53)〉. 《통일정책연구》. 33(1). pp. 209-236. 통일연구원.
8   한설야. 〈전국작가예술가대회에서 한 한설야 동지의 보고〉. 《로동신문》. 1953.10.14.

안 남북 공식 당국에 의해 은폐되었다. 이제 당위론에 빠져 교착상태에 놓인 막연한 통합 문학사가 아닌 이산과 통합의 길항관계를 예의 주시하는 이합 문학사 관점에서 문제를 다시 보면, 남북 공식 당국이 정무적 판단으로 지워 버린 역사를 복원하는 의미에서라도 1951년의 전시 통합 문예총을 통일문학 운동의 주요한 기원이자 전통으로 재조명할 수 있다.

하나 더 짚고 넘어가자. 통일문학사를 거시적으로 보면 전시 통합 문 예총이 통일문학운동의 은폐된 기원이자 전통으로 재조명될 수 있는데도, 2005~2006년에 실행된 남북 작가의 대화-교류-협력-조직화에 나섰던 작가들이 1951년의 과거사를 외면한 사실이다. 2005년 '민족작가대회'(평 양)와 2006년 '6·15민족문학인협회' 결성(금강산)의 앞선 전통으로 전쟁기 통합 문예총의 존재를 복원·복권하여 평가할 수도 있었다는 뜻이다.

2005년 당시 남북 대화를 추진했던 양측 작가들 모두가 왜 이를 몰랐 거나 외면했을까? 남북대화를 통해 통합 작가 조직(6·15민족문학인협회, 2006.10)을 만들려던 양측이 통일문학운동의 기원이자 전통으로 전시 통합 문예총(1951.3)을 내세우기 어려웠던 정치적 고려가 있었을 것이라 짐작된 다. 2005~2006년도 그렇고 2025년 지금도 남북 당국은 임화, 이태준, 김남 천 등을 '불편한 존재'로 여길 것이다. 우리가 이들을 통일문학운동의 은폐· 소거된 선배로 거론하면 북한 당국이 소통 자체를 거부할 수 있다. 그래도 과거에 분명히 있었던 '사실'과 그들의 염원을 이렇게 오래 묵살해도 되는지 의문이다.

---

9 전시 연합조직인 조선문학예술총동맹은 3월 23일 제1차 중앙상무위원회를 개최하였다. 회의에는 한설야, 이 태준, 김남천, 조기천, 임화와 장르별 예술가들이 참가하였다. 회의에서는 북조선문예총과 남조선문련의 연합 회의 결정을 실천에 옮기기 위한 제반 대책을 토의·결정하였다. 특히 문학동맹의 창작사업을 활발히 전개하 기 위하여 소설, 시, 평론, 희곡, 시나리오, 아동문학, 외국문학별 하위분과를 구성하였다. 각 장르 분과위원회에 서는 창작 계획을 수립하고 월 1회 합평회를 가질 것을 결정하였다. 《제1차 중앙상무위원회 개최》.《로동신문》. 1951.3.26.

학자라면 정무적 판단보다 사실을 우선해야 할 터다. 1951년 3월 평양에서 북조선문예총과 남조선문화단체총연맹의 연합대회가 열린 후 통합 문예총이 결성된 역사적 사실을 '통일문학운동의 은폐된 기원'으로 재조명할 수 있다. 그것은 남북 작가의 '소통-대화-교류-협력-연합' 단계를 넘어선 일종의 통합조직인데, 지금은 남북이 외면하니 문제가 아닐 수 없다. 한때 통일문학의 상징적 사건이었던 민족작가대회(2005)와 6·15민족문학인협회 결성(2006)의 전사(前史) 중 분단 후 처음으로 남북을 하나로 묶었던 1951년 통합 문예총[10]을 현재 남북 당국이 금기시하는 임화, 이태준, 김남천, 이원조 등으로 상징되는 불편한 존재 때문에 정무적 판단으로 괄호 속에 봉인해도 되는지 의문이다. 북이 불편해하기에 남이 실상을 알면서도 굳이 외면·간과하는 것이 통일문학인지 문제로 남는다.

2.2. 좌절된 통일문학운동,
남북작가회담의 추진과 무산(1961, 1989)

지난 70년간 남북 작가의 교류 제안이 이루어진 것은 1961년과 1989년이었다. 실제 연합 조직(협회)까지 실현된 것은 2005~2006년이었다. 1960년 4·19혁명 이후 이듬해 5·16군사정변 이전까지 북한 작가들은 이남과 대화와 교류를 끊임없이 요구하였다. 가령 1961년 3월 조선문학예술총동맹 재결성대회의 한설야 보고를 보면, 전시였던 1951년 북조선문예총과 남조선문화단체총연맹의 연합대회 후 통합 문예총이 결성되었기에 남북 연합의 전통

---

[10] 문예총 결성(1951.3.10) 후 중앙상무위원회 명단을 보면 한설야, 이태준, 김남천, 조기천, 임화 등 5인이다. 이들 중 종군 폭사한 조기천을 빼면 임화 계열의 헤게모니가 크다는 점을 확인할 수 있다. 미상. 〈조선문예총 제1차 중앙상무위원회 개최〉. 《로동신문》. 1951.3.26.

위에서 당금의 문예총이 재창립되었다는 '조선반도 대표성'을 명분으로 내세웠다.[11] 때문에 '남조선 작가 예술가들에게' 남북 문화교류와 평화통일을 호소하는 후속 조치가 자연스럽게 이어질 수 있었다.

이를 두고 문예총 재결성대회에서 한설야가 의례적인 구색 갖추기로 남북 교류를 제안한 것은 아니라고 본다. 조선문학예술총동맹 중앙위원회 명의의 공개서한 〈남반부 작가 예술인들에게 보내는 편지〉를 채택[12]하고, 김상오가 〈그렇다, 그것이다, 만나야 한다〉(1961.5.16)에서 대화를 제안한 것이 실상이다.

> 그렇다, 그것이다, 청년 학생들이여,/ 바로 그것이다, 남북 학생들이여,/ 그대들은 만나야 한다, 만나야 한다!/ 그렇게 정다웁게, 그렇게도 반갑게,/ 만나서 손을 잡고 껴안아야 한다./ 만나서 어깨도 서로 툭 치고/ -여어, 친구!- 껄껄 웃기도 하고/ 얼싸안고 눈물도 흘려야 한다.//
>
> 그렇다, 그것이다, 청년 학생들이여,/ 그대들은 만나야 한다, 만나야 한다!/ 사투리야 조금씩은 서로 다르겠지만/ 하나의 피를 이은 우리들은 한겨레,/ 툭 털어놓고 가슴 활짝 헤치고/ 같은 모국어로 이야기해 보면/ 조국을 사랑하는 마음이야 같지 않으리.//[13]

그러나 남북 문화 교류에 대한 1961년 3월 문예총의 제안은 공개편지나 위 시에 대한 이남의 무반응으로 별다른 반향이 없었다. 이남 문학(자)이 이

---

[11] 한설야. 1961. 〈천리마 시대의 문학예술 창조를 위하여—조선문학예술총동맹 결성대회에서 한 한설야 동지의 보고〉. 《조선문학》. pp. 13-29. 조선작가동맹출판사.

[12] 조선문학예술총동맹 중앙위원회. 1961. 〈남반부 작가 예술인들에게 보내는 편지〉. 《조선문학》. pp. 8-12. 조선작가동맹출판사.

[13] 김상오. 〈그렇다, 그것이다, 만나야 한다(4·19 1주년 기념시)〉. 《문학신문》. 1961.5.16.

북 문학(자)의 대화와 교류의 선제적 제안 자체를 무시하거나 아예 없던 일로 넘긴 것은 1980년 조선작가동맹 제3차 대회 때도 마찬가지였다.[14] 군부독재 정권 치하의 이남 문학이 자유롭게 이북과 대화하거나 소통·교류한다는 것 자체가 국가보안법, 반공법이 지배하는 분단/냉전체제, 파시즘체제의 공안통치 아래서는 가능하지 않았다.

이남에서 통일문학운동이 본격화된 것은 1987년 6월 민주화운동 이후라고 할 수 있다. 1988년 7월 2일, 7·4남북공동성명 16주년을 맞아 민족문학작가회의(현 한국작가회의) 회장단(회장 김정한, 부회장 고은·백낙청)이 남북작가회담을 제안한 바 있다. 1989년 2월 17일 이북의 조선작가동맹 중앙위원회가 평양방송을 통해 남북 작가뿐만 아니라 해외동포 작가까지 포함하는 '범민족작가회의'를 열 것을 역제안하였다. 민족문학작가회의는 회담 준비위원회를 구성하고 예비회담 대표를 5명 선정하여 판문점 예비회담에 참가하려 했으나 당시 문공부와 통일원, 한미연합사에서 불허하여 무산되었다.[15] 이때 북측 작가들은 판문점 북쪽지역에서 남측 작가들을 맞을 준비를 하고 있었다.[16] 당시 월북 시인 오영재가 즉흥시 〈전해 다오〉를 낭송했다고 한다.

> 자리가 비어 있구나/ 고은, 신경림, 백락청, 현기영, 김진경/ 그리고 간절히 우리를 청해 놓고/ 오지 못하는 사람들/ 허나 우리는 나무라지 않으마/ 그것을 나무라기에는/ 가슴이 너무도 아프고/ 터지는

---

[14] 조선작가동맹 제3차 대회. 1980. 〈남조선작가들에게 보내는 호소문(성명)〉. 《조선문학》. pp. 31-32. 조선작가동맹출판사.

[15] "3월 24일 문공부장관은 기자회견을 통해 민족문학작가회의의 문단 대표성과 관계법령 미비를 들어 남북작가회담 예비회담을 허가할 수 없다고 발표하였고, 이어서 당일인 27일에는 항의성 시위의 뜻으로 임진각을 향해 가던 대표단 등 회원 26명이 마포서로 연행되는 동시에 며칠 뒤에는 준비위원장 고은 씨가 구속되기에 이르렀다." 염무웅. 1990. 〈남북 문화교류에 대하여〉. 《실천문학》. 20. pp. 22-24. 실천문학사.

[16] 《로동신문》. 1989.3.28. 〈북과 남, 해외동포작가회의 소집을 위한 북남대표들의 예비접촉이 실현되지 못하였다〉, 〈북과 남, 해외동포회의 예비접촉 우리측 대표단 성원들이 판문점에서 시를 발표〉, 〈"남북작가회담을 허용

듯 분하구나//

지금쯤/ 어느 저지선을 헤치느라/ 온몸이 찢기어 피를 흘리고 있
느냐/ 애국의 뜨거운 가슴을 열고/ 그들이 달려오는 길을/ 그 누가
가로막았느냐/ 아, 분계선을 자유로이 넘나들며/ 오가는 바람아/ 떠
가는 흰 구름아/ 우리의 이 목소리를 실어 가다오//

그리고 전해 다오/ 오늘은 우리 돌아서 가지만/ 마음만은 여기
판문점/ 이 회담장의 책상 위에 얹어 놓고 간다고/ 정의와 량심의 필
봉을 높이 들고/ 통일의 길을 함께 갈/ 그날을 기어이 함께 찾자고/
바람아, 구름아, 전해다오.[17]

〈전해 다오〉는 북에서 활발한 시작(詩作) 활동을 하고 있는 진도 출신 시
인이 1989년 3월 27일 '남북작가회담' 예비회담이 남한 당국과 한미연합사
에 의해 무산되자 판문점 북측지역에서 남측 대표단을 기다리다 즉흥적으
로 낭송한 작품이다. 북측 대표단의 일원으로 판문점에서 남측 대표단을 기
다리다 접촉 자체가 통일로 출발지부터 원천봉쇄로 끝나고 고은, 신경림 등
5명이 관계당국에 연행되었단 소식을 듣게 되자 이 시를 낭송했다고 한다.
이 작품은 1990년 창간된 무크지 《녹두꽃》 3호 '통일 염원 남북 다섯 시인의
통일 낭송시' 기획에 수록되어 세상에 알려졌다.

1989년의 통일문학운동이 구체적 현실성을 띤 또 다른 근거는 〈북과 남
이 민족문학예술을 통일적으로 발전시킬 데 대한 합의서〉(1989.4.23)라는

하라"—남조선의 민족문학작가회의 성원들이 판문점을 향해 서울을 출발, 민족문학작가회의와 북남작가들의
예비접촉 남측 단장이 성명〉, 〈남측 대표들의 복행길을 그 누가 가로막았느냐—이루어지지 못한 북남작가들의
판문점 상봉을 두고〉, 〈파쑈도당이 북남작가들의 예비접촉 남측 대표들을 련행〉 등 일련의 기사를 보면 후일 염
무웅, 황석영 등의 회고와 사실이 부합된다.

17 오영재. 1991. 〈전해 다오〉. 《녹두꽃》. 3. pp. 73-74. 도서출판 녹두.; 《로동신문》. 1989.3.28. 〈북과 남, 해외동포
회의 예비접촉 우리측 대표단 성원들이 판문점에서 시를 발표〉에 박세옥의 〈그날은 오리와 오영재의 〈전해 다
오〉가 실려 있다. 《로동신문》에 수록되었던 시가 황석영의 중개로 〈녹두꽃〉에 실렸는데, 재수록 자체가 남북 교
류의 한 획을 긋는 의미가 크다.

합의문이다.[18] 남북작가회담의 무산과 황석영의 방북, '합의서'의 실효성과 무관하게 1990년대 초 한반도 남북 문예지에서 상대 문학작품을 다루어 소개한 점도 특기할 만하다. 한국의 《실천문학》, 《노둣돌》, 《녹두꽃》 등에 수록된 '북한문학' 작품과 통일 담론 열풍, 북조선 문예지 《조선문학》, 《통일문학》의 '남조선문학' 소개가 동시적으로 진행된 것이다. 1988~1992년 이남 문예지의 통일 담론 열풍과 '북한문학' 소개는, 이남에 제대로 알려지지 못한 1961년, 1980년 이북 작가들의 '북남 문학 교류' 제안에 대한 남측의 뒤늦은 화답이라고 해석·의미 부여할 수 있다.

2.3. 통일문학운동의 정점, '민족작가대회'(2005)와 '6·15민족문학인협회'(2006)

통일문학운동사에서 가장 주목할 것은 '민족작가대회'(2005)와 '6·15민족문학인협회'(2006) 결성, 기관지 《통일문학》 발간이다. 2006년 10월 30일 결성된 6·15민족문학인협회는 남북 교류사에서 분단(1948) 이후 최초로 조직된 민간인의 단일조직이라는 의의를 갖는다. 해방 후 처음으로 구성된 문학인 조직이자 문학적 성향 차이를 초월하는 범문단 조직이다. 남측에선 한국문인협회와 민족문학작가회의 대표가 공동회장단에 포함되고 북측에선 조선작가동맹 대표가 회장을 맡았으니, 남북 문인을 대표하는 통합단체로 일컬을 만하다.

남북 작가들은 2005년 첫 만남 이후 1년 만에 통합단체를 결성하였다. 80년 통일운동사와 남북 교류 사상 최초의 남북 민간인 단일조직이다. 덕분

---

[18] 최영화, 황석영. 1989. 〈북과 남이 민족문학예술을 통일적으로 발전시킬 데 대한 합의서〉. 《통일문학》. 1. p. 418. 평양출판사.

에 한겨레의 문학 영토 확장이라는 상상적 개념이 가능해졌다. 북한문학도 우리 근대 혹은 현대문학이자 코리아문학의 일부인 이북 지역/지방문학으로 받아들일 수 있기 때문이다. 물론 남북의 문학관·세계관 차이가 크다는 사실을 외면할 수는 없다. 작가 교류의 실무자였던 소설가 정도상의 언급처럼 '통일이 아니라 통이(通異)'가 그제야 간신히 이루어진 셈이기 때문이다.

통일운동사 시각에서 보면 문학 등 사회·문화 분야 관계 개선이 정치·군사·경제 분야 교류와 협력의 종속변수에 머무는 것은 아니라는 사실을 실증하였다. 냉전적 시선으로 보면 남북 작가의 연합조직 자체를 북한의 통일전선 전술에 순진한 남한 작가가 말려들었다는 반북파의 비난에서 자유로울 수 없다. 문학 교류가 정치적·군사적으로 경색된 위기, 갈등, 적대 국면을 평화와 화해의 국면으로 바꾸어 가기 위한 '민족애를 확인하는 민간 지식인 행사'(2007.10.24. 남측준비위원회의 성명에 나온 표현)를 표방했으나, 그러한 선의의 의도가 관철되기엔 2006년 10월 제1차 핵실험 후 경색 정국의 현실적 장벽이 너무나 강고하였다. 그럼에도 불구하고 문화예술인 사이의 '영혼의 대화'는 지속될 수 있고, 역으로 그를 통해 정치적·군사적 긴장을 완화할 수 있다고 본다.[19]

통일문학운동의 다음 단계로 2008년 2월과 7월에 기관지 《통일문학》 창간호와 2호가 간행되었다. 《통일문학》에 수록된 북측 소설을 보면, 주민들의 사회주의적 일상이 생활 속에 드러난 작품들이 선정되었다는 추정을 할 수 있다. 이는 양측이 자신의 이념에서 완전히 벗어나진 못했지만 그래도 주민들의 실제 삶을 다룬 작품을 선정했다는 의의를 가진다. 남측 독자들에게 북측 작품은 그들의 현실을 유추할 수 있는 '각주 역할'을 하며, 개인의 세속적

---

[19] 당시 6·15민족문학인협회의 공식 입장이다.

욕망이 표출된다는 점에서 '주체사상과 미묘하게 갈등하는 문학'이라 할 수 있다.[20]

하지만 문학 교류는 거기까지였다. 2009년 《통일문학》 3호가 배포 중단된 후 교류도 중단되었다. 기관지 편집 과정에서 갈등과 그보다 엄혹한 현실 정치의 압력 속에 남북관계가 악화되며 조직 부활과 기관지 복간은 요원해졌다. 그럼에도 불구하고 작가의 직접적 '인적 교류와 연합조직'이라는 점에서, 2000년대 초 남발된 일회성 이벤트 공연이나 전시성 교류 협력사업에 비해 상당히 진전되었다고 평가할 수 있다.

더욱이 2000년 이후 남북의 정치적·군사적 긴장 완화 분위기 형성에 민족작가대회와 6·15민족문학인협회, 《통일문학》이 일정한 기여를 한 것도 사실이다. 냉전체제로 분열·분단된 서로의 문화를 실제 눈으로 접하게 됨에 따라 그동안 막연하던 적대감이 사라지고 호기심을 충족해 주민 실상에 좀 더 감성적으로 접근할 수 있었다. 교류 과정에서 남북 작가들이 친분을 쌓고 신뢰관계를 형성할 수 있었다. 반면 오랜 분단과 냉전으로 남북 작가 간 이념적·심리적·문화적 거리도 만만치 않음을 확인하였다. 그럼에도 불구하고 어떻게든 정서적 공감을 확보하려고 상호 배려한 '내면의 교류, 무의식의 교류'(정도상·김형수의 대회 보고 중)도 부인할 수 없다. 문제는 작가 교류 협력사업이 그것으로 끝났다는 현실이다.

지금까지 신문·잡지 기사와 문예지 자료로 확인된 한반도 (남)한국-(북)조선의 통일문학운동을 간략히 정리하면 다음과 같다. (이남, 이북, 남북 공동으로 주체를 구분한다.)

---

[20] 고인환. 2008. 〈서로를 의식하는 소통의 물꼬를 트다—《통일문학》에 실린 북측의 단편소설들〉, 《창작과비평》. 141. 창비.

1946.1   이남 조선문학가동맹 결성(서울)

1946.3   이북 북조선예술총련맹 결성

1946.10   이북 북조선문학예술총동맹 결성

1951.3   남북조선 문예총 연합대회와 조선문학예술총동맹(통합 문예
          총)[21] 결성(평양)

1953.9   이북 전국작가예술가대회(제1차) 문예총 해체와 조선작가동맹
          으로 기구 축소

1960.5   이북 조선작가동맹 4·19혁명 직후 대남 대화 제의

1961.3   이북 조선문학예술총동맹 재결성

1961.12   이남 한국문인협회 결성

1974.11   이남 자유실천문인협의회(민족문학작가회의 전신)

1980.3   이북 조선작가동맹 제3차 대회, 대남 대화 제의

1987.9   이남 민족문학작가회의 결성

1989.3   이남 민족문학작가회의 남북작가회담 추진, 조선작가동맹의
          화답에도 무산

1989.6   이북 조선작가동맹 《통일문학》 창간(~75호 종간)

2002.7   이남 서울평양문화교류협회 《통일문학》 창간(~9호 종간)

2003.11   이남 〈통일문학전집〉(시디롬) 발간

2005.7   남북 공동 민족작가대회(평양)

2006.10   남북 공동 6·15민족문학인협회 결성(금강산)

2008.2   남북 공동 편집위의 《통일문학》 창간(2009년 3호 이후 무기
          휴간)

---

[21] 김성수. 2006. 〈북한 현대문학 연구의 쟁점과 통일문학의 도정〉. 《어문학》. 91. pp. 67-98. 한국어문학회.; 김성
수. 2024b. 〈북한 조선문학예술총동맹의 역사적 변천(1946~53)〉. 《통일정책연구》. 33(1). 통일연구원.

3. 한국의 〈통일문학전집〉[22]과 북한의 《통일문학작품선집》 비교

2025년 현재 남북관계의 전면적 단절(2023.12)[23]로 통일(문예운동)은 과거사가 되었다. 역으로 과거의 통일운동과 통일문학을 평가할 학문적 거리를 확보할 수 있다. 통일을 현재진행형 운동 차원으로 긍정적 희망적으로 봐야 했던 당위가 아니라, 학문적으로 공과를 냉정하게 평가할 비판적 거리가 가능해졌다. 어쩌면 통일(統一)이 아니라 통이(通異)라도 해야 할 때다. 성급하게 통일, 통합을 앞세울 것이 아니라 이질성을 인정하고 상호 이해와 소통이라도 진정성 있게 재개할 필요가 있다. 이에 미래지향형 당위적 명제인 '남북 통합 문학사' 논의와 서술을 유보한다. 대신 과거 70년간 '통일문학'이란 이름으로 수행된 문예운동과 작품집, 문예지를 전수조사·분석하여 과거를 '역사화'하고 대신 이합문학사를 구상·전망한다.

3.1. 한국 〈통일문학전집〉(한국문화예술진흥원, 2003)의 자기비판

먼저 한국의 〈통일문학전집〉(시디롬, 2003)부터 논의한다. 2003년 11월, 한국문화예술위원회(당시 한국문화예술진흥원, 원장 현기영)는 1945년 해방 이후 2000년까지 55년간의 남북 문학작품을 집성한 〈통일문학전집〉을 시디롬으로 제작·발간하였다. 실제로 배포·유통되었다면 일반인을 위한 통

---

[22] 〈통일문학전집〉(시디롬)은 책이 아니기에 〈통일문학전집〉으로 표기한다.
[23] 2023년 12월 26~30일에 열린 조선로동당 제8기 제9차 전원회의에서 김정은은 "북남관계는 더 이상 동족관계, 동질관계가 아닌 적대적인 두 국가관계, 전쟁 중에 있는 두 교전국 관계로 완전히 고착되었습니다"라고 하였다. 〈조선로동당 중앙위원회 제8기 제9차 전원회의 확대회의에 관한 보도〉. 《로동신문》. 2023.12.31. 이후 남북관계는 최악의 단절 상태가 고착화되었다.
[24] 통일부 북한자료센터에도 시디롬은 구비하였으나 구동되지 않아 '이용 제한' 상태로 20년째 방치되어 있다. 관련 규정에 따르면 북한 작품이 포함되었기에 특수자료 취급 인가기관에 배포된 후 '열람'만 가능하다. 그것도 예술위 서버에서 암호키를 열어 줄 경우만 열람할 수 있다. 20년이 훌쩍 지난 당시 신문 보도자료(2003.11.18. 기

일의 정서적 공감대를 마련하기 위해 남북 문학 교류가 가시적인 성과라 할 만하다. 이는 남북 문학예술 교류의 기념비적 성과라 아니할 수 없다. 나아가 통일문학의 구체적인 토대 구실을 함은 물론, 사회적·문화적 통합 노력에 실질적인 힘이 실릴 수 있었다. 그러나 당시 매스미디어와 세간의 관심은 의외로 싸늘하였다. 일반인이나 문인 심지어 관련 학자와 전문가에게조차 발간 사실이 제대로 알려지지 않았다. 시디롬 자체가 관련 기관에 널리 배포되지 않았고, 16년이 지난 지금까지 제대로 구동되지 않았던 탓이다.[24]

〈통일문학전집〉은 1999년 4월에 기본계획을 수립하고, 같은 해 5월 이선영, 김윤식, 임헌영, 유민영, 서연호, 최동호, 권영민, 김재용 등 8인을 위원으로 하는 기획위원회를 발족하여 전집 발간에 따른 전반적인 사항을 논의하고, 기초과제 연구위원 5인, 편집위원 9인 등이 참여하여 공청회,[25] 남북한 수록 대상 후보 작품 조사·연구 및 선정, 남북한 문학의 흐름 기초 연구과제 집필 등을 추진하였다.

전집 수록 작가는 남측이 746명, 북측이 258명, 총 1004명이다. 수록 작품은 남측 작품 4406편, 북측 작품 972편, 총 5378편이다. 원고 분량도 200자 원고지 41만여 장으로 단행본 400여 권에 이르는 엄청난 분량이다.[26] 단일 전집으로선 가장 방대한 작품 수를 자랑한다. 무엇보다 분단 50여 년 만에 처음으로 남북 작가의 작품 다수를 나란히 실었다는 통일문학사적 의의가 있다.

전집 기획위원 김윤식 교수는 "작가라는 이름이 붙은 사람과 그들의 작품이라면 모든 것을 싣자는 각오로 자료를 모았다"며 "이 때문에 예상보다

자 간담회)와 목록만 보고 글을 작성할 수밖에 없다. 사업 참여자(편집위원)이자 북한학자인 필자에게조차 배포하지 않은 무용지물로 만든 국가보안법, 분단 현실이 안타깝다. 이것이 역설적으로 이남-한국판 〈통일문학전집〉의 성격과 위상을 말해 준다.

[25] 김윤식, 이선영, 임헌영 외. 1999. 〈남북통일문학전집', 어떻게 만들 것인가〉. 한국문화예술진흥원. 1999.11.25 개최.

[26] 관계자에 따르면 중·장편소설은 부분 발췌해서 수록했다고 한다. 오양열(당시 한국문화예술진흥원 실무자) 인터뷰. 한국문화관광연구원 회의실. 2003.12.16.

분량이 크게 늘어나 책이 아닌 시디롬 형태로 전집을 만들게 됐다"고 하였다.[27] 전집은 시와 소설, 희곡, 평론 등 4대 장르 작품과 장르별 해제집으로 구성돼 있다. 장르별 남북 문학의 50년 성과를 다룬 총론은 이선영과 임헌영이, 장르별 해제는 정호웅(남한 소설), 김윤식(북한 소설), 서연호(남한 희곡), 이상우(북한 희곡), 신두원(북한 평론)이 집필하였다. 안타까운 점은 이 모든 과정에서 이북 작가와 학자의 자문이나 조선작가동맹 같은 이북 당국과 협의가 없었다는 사실이다.

남북 문학의 장르별 작가를 보면 남에선 시인이 월등 많고, 북에선 소설가가 훨씬 많다. 이는 장르 실상이 아니라 선정위원의 자의성에 따른 것이다. 희곡의 경우 남한에서는 연극대본인 희곡만 실었는데, 북한은 가극대본과 영화문학(시나리오)도 함께 실었다. 북에서 남한식 연극보다 가극이나 영화가 상대적인 강세지만, 통일전집인 만큼 남한에도 가극과 시나리오를 일부 싣는 등 장르적 일관성이 있어야 했다. 아마도 선정위원에게 북한 공연예술인 〈피바다〉식 가극', 〈성황당〉식 연극'의 성격과 위상을 남한식 연극과 차별적으로 인식하는 장르 인식이 결여된 결과인 듯하다.

2003년 판 〈통일문학전집〉은 분단 70년 동안 이남에서 나온 어떤 전집보다 양과 질에서 전례 없는 기념비적 성과라고 할 수 있다. 하지만 남북 문학을 최대한 아우르겠다는 '전집'을 표방했고 제작 비용과 간행 편이성을 감안하여 디지털 자료를 만들었던 터에, 분량 한계를 극복할 만큼의 대표 작가와 대표작 선정의 의문점은 여전히 남는다.

관련 보도에 따르면 한국문화예술진흥원과 기획위원회에서는 작품 선

---

[27] 미상. 〈남북 작가 1004명 '통일문학전집' CD 나온다―해방～2000년 말 작품 5382편 담아…단행본 300권 분량〉. 《조선일보》. 2003.3.24. 그해 11월에 나온 전집 보도자료에선 수록 작품 총 편수에서 미 확보작 4편을 뺀 5378편, 400여 권 분량으로 최종 제작되었다.

정 기준으로 "남한 문학작품의 경우 문학사나 문학평론, 연구논문에서 다룬 작품, 분단 현실을 고려한 작품, 남북 화해에 도움이 되는 여부 등을 작품 선정 기준으로 삼았고 이북 작품 역시 비슷한 기준이 적용됐지만 북한 숙청 작가는 제외했다"고 밝혔다. 1945년 이전 일제강점기 작품은 월북 작가의 작품이라도 대부분 공개됐다는 이유로 제외됐으며, 임화와 김남천, 이원조 등 북한에서 숙청된 문인들의 작품과 이념적 편향성으로 인해 '남북 화해에 도움이 되지 않는' 작품도 수록되지 못했다고 한다.[28]

　문제가 무엇일까? 이남의 대표 작가 이문열, 황석영의 경우 장편소설 《황제를 위하여》,《무기의 그늘》한 편씩만 수록돼 있고, 남북 화해에 도움이 되지 않는다는 이유로 많은 이북 작품이 수록되지 못했다. 이북 문학의 정전인 《조선문학사》,《현대조선문학전집》,《문예사전》,《문학예술사전》, 각급 국어 문학 교과서 등에서 빠짐없이 강조하는 '불멸의 력사 총서' 등 수령형상문학이나 〈피바다〉,〈꽃 파는 처녀〉 등 항일혁명문학예술 작품이 원천봉쇄된 것이다. 편집진에서 이념적 편향성으로 인해 '남북 화해에 도움이 되지 않는다'고 했는데, 차라리 이남-한국 독자만을 위한 통일 표방 기준으로 한정하는 것이 낫지 않을까 한다. 이들 이북 '조선의 문화정전'[29]이 남한 독자, 연구자의 거부반응을 일으킬 것은 분명하지만 이북 작가, 독자에게는 중요한 문학으로 각인되어 있다는 엄연한 현실을 외면해도 그만일까. 남북 화해를 위해 북에서 껄끄러워하는 남로당계 숙청 작가를 배제한 논리라면 그들이 중시하는 수령형상문학이나 항일혁명문학도 당연히 부분적으로 수록해야 할 것이다.

---

[28] 조이영. 〈남북 작가 1004명 5378작품 CD롬 담은 '통일문학전집' 발간〉.《동아일보》. 2003.11.18. A16(https://www.donga.com/news/Culture/article/all/20031117/8001992/1).; 최홍렬. 〈'통일문학전집' CD롬 5년 만에 완성—남북 작가 1004명 작품 5378편 수록〉.《조선일보》. 2003.11.19. A23(https://www.chosun.com/site/data/html_dir/2003/11/18/2003111870392.html).

[29] 강진호 외. 2009.《북한의 문화정전, 총서 '불멸의 력사'를 읽는다》. 소명출판.

그 외에 전집이라면 꼭 들어가야 할 작가와 작품이 누락된 경우도 없지 않다. 남한의 경우 박경리의 《김약국의 딸들》, 황석영의 《장길산》과 《손님》, 이문열의 《영웅시대》와 《변경》, 김주영의 《객주》 같은 작품이 〈통일문학전집〉 수록작(654편)에 끼지 못한 이유를 알기 어렵다. 북한의 경우 대표작 선정 기준과 전문성에 의문이 가는 대목이 적지 않다. 2003년 당시 대표 시인 김만영, 장혜명, 오영재 등이 아예 없고 조기천, 강승한의 서사시 〈백두산〉, 〈한나산〉 등이 빠졌다. 최고 소설가 천세봉, 석윤기의 문학적 우수성이나 문학사적 대표성을 감안할 때 성혜랑 같은 주변 작가보다 작품 수가 적고 대표작이 누락된 채 엉뚱한 작품이 수록된 것은 전문성 부족이라 아니할 수 없다.

마지막으로 실증적인 오류 문제를 지적하지 않을 수 없다. 이를테면 남북한 문학의 성과를 통합한 〈통일문학전집〉에 남북한이 분단되기 이전인 일제강점기 작품이 실리면 안 된다. 그런데도 해방 전 문학작품으로 김영랑의 《영랑시선》에 수록된 시(1930)와 엄흥섭의 단편 〈흘러간 마을〉(1926) 등이 〈통일문학전집〉에 버젓이 실려 있다. 해방 전 발표된 작품의 해방 후 시집, 소설집 수록 판본을 보고 전집에 수록한 것은 서지사항을 확인하지 못한 사소한 오류에 불과할 수도 있다. 하지만 김현승, 박두진, 신석정, 조지훈 등의 1930년대 시를 남북한 통일문학 작품으로 올리는 것은 여전히 문제다. 이런 식으로 작가의 약력이나 대표작 등을 잘못 거론하는 오류의 반복 가능성이 특히 북한 작가 작품의 경우엔 적지 않다.

이를 해결하기 위해서는 종이책으로 간행되지 않은 디지털 자료의 장점을 최대한 발휘해서 지속적인 버전업 작업이 이루어지는 시스템을 갖추었으면 한다. 한번 종이책을 내고 끝내는 기존의 일회적 작업이 아니라 관련 전문가와 독자에게 디지털 자료를 유튜브 등 새로운 플랫폼에 개방하면 가능하다. 전 세계 한겨레 디아스포라 누리꾼이 〈통일문학전집〉 콘텐츠를 끊임없이 수정·보완하는 위키백과 같은 열린 시스템을 마련하는 마인드와 노력이 필요하다.

중요한 것은 2025년 현재 이 자료가 은폐·사장되다시피 했다는 사실이다. 세간의 관심이 아니라 통일문학을 주창해 온 전공 학자조차 배제하니 문제다. 문제 해결은 최소한 온라인 열람, 인쇄나 출력을 통한 공급·배포가 가능케 하는 것이다. 북한 작품을 공개할 법적 근거가 없으니, 북한자료센터 외에는 일반인 누구나 볼 수 없다. 그렇다면 차라리 남한 작품만이라도 분리해서 열람·출력을 가능하게 하고, 나아가 일반인과 독자가 기관에 가지 않고도 기관 회원으로 가입하면 열람할 수 있게 만드는 온라인 공급·배포를 해야 할 것이다. 나아가 북한 작품은 관련 전문가에게 출력 가능한 수준으로 개방해야 할 것이다. 그렇지 않다면 적잖은 비용과 인력을 들여서 기념비적인 사업을 해 놓고 '그림의 떡'처럼 창고에 처박는 우를 범하는 것과 다를 바 없다.[30]

〈통일문학전집〉 자료를 앞으로 어떻게 (재)활용할 수 있을지 복구·개선·신설 방향을 모색할 필요가 있다. 무엇보다 먼저 기존 시디롬 자료를 온라인에 활성화해 관련 문인, 학자, 비평가, 일반 독자 등에게 널리 읽히도록 개방적 자세를 가지고 학문적·교육적·문화적 활용 방안과 사이버공간 독서 현장에서 하이퍼텍스트로 활성화 방안을 공모해야 할 것이다. 디지털 자료의 온라인 서비스와 학술적 데이터베이스 작업은 정보화시대의 중요한 지적

[30] 참고로 한국문화예술위원회 문화나눔부의 내부 자료 '〈통일문학전집〉 APP 개발 보급을 통한 수익사업'(2010)을 일부 인용한다.: ○ 예술위원회의 전신(前身)인 한국문화예술진흥원은 1999년 1월부터 〈통일문학전집〉 발간사업을 의욕적으로 추진하여 만 4년 만인 2003년 11월에 CD-ROM 한 장짜리로 발간함. ○ 7~8억원이라는 막대한 문예진흥기금을 들여 〈통일문학전집〉이라는 이름으로 콘텐츠를 개발하고 CD-ROM 1000부를 발간했으나, 전국 250-300여 곳의 각 연구기관 특수자료실과 개발 참여 관계자에게 1부씩 기증하고 사업이 종료됨. ○ 〈통일문학전집〉을 배포한 전국의 연구기관이라는 곳이 북한의 정치·군사·경제·사회·문화를 연구하는 북한 연구기관이고, CD-ROM에 lock(인증 key 번호를 입력해야 인스톨이 가능하게 되어 있음)이 걸려 있기 때문에 현재는 거의 활용이 되지 않고 있는 상태임. ○ 현재 (재)국립예술자료원(구 아르코예술정보관) 자료보관실(지하 창고)에 〈통일문학전집〉 CD-ROM 배포 잔여분 700-750여 부가 방치된 채 사장(死藏)되어 있는 상황임.

기반인 만큼 다양한 문화콘텐츠로 활용 방안을 찾아야 할 것이다. 그러한 부가가치의 예로 문인사전, 문학어사전, 고유명사 등의 어휘 해제 남북 문학의 비교·통합방안 연구의 기초자료 등으로 활용하고 나아가 학생과 일반인을 위한 통일교육 자료로도 제공해야 한다. 앞으로 이 점을 상세하게 규명하여 전집 편찬의 공과를 재평가하고 문학사적 자리매김을 해야 한다.

3.2. 북한《통일문학작품선집》(평양출판사, 2015~2023)의 비판적 분석

'서울 중심주의' 〈통일문학전집〉 시디롬(2003)도 문제가 많지만, '평양 중심주의' 시각으로 간행된 《통일문학작품선집》(평양출판사, 2015~2023)도 문제를 적지 않게 찾아볼 수 있다. 2015년 조선작가동맹 통일문학분과 소속 평론가 김성희 박사가 편찬한 제1권이 나온 이래 2023년까지 나온《통일문학작품선집》 제1~32권을 검토한다. 선집 목록은 다음과 같다(괄호 안 숫자는 원작 발행 연도).

> 리찬 외 저. 김성희 편. 2015.《통일문학작품선집 1 시가집: 통일되는 날에》. 평양출판사.
> 엄흥섭 저. 김성희 편. 2015.《통일문학작품선집 2·3 장편소설: 동틀 무렵 제1·2부》. 평양출판사. (1958·1960년 작)
> 김영석 저. 김성희 편. 2015.《통일문학작품선집 4 장편소설: 폭풍의 력사》. 평양출판사.
> 김현구. 2015.《통일문학작품선집 5 장편소설: 불타는 항구》. 평양출판사. (1972년 작)

석인해 외. 2016.《통일문학작품선집 6 단편소설집: 상봉》. 평양출판사.

함세덕 외. 2016.《통일문학작품선집 7 희곡집: 봄소나기》. 평양출판사.

윤진우. 2016.《통일문학작품선집 8 장편소설: 비애의 바다 너머》. 평양출판사. (1974년 작)

진우석. 2017.《통일문학작품선집 9 장편소설: 4월의 성좌》. 평양출판사. (1966년 작)

전주설, 정창윤. 2017.《통일문학작품선집 10 중편소설집: 빛을 따라》. 평양출판사.

리정숙. 2017.《통일문학작품선집 11 장편소설: 투쟁의 노래》. 평양출판사. (1972년 작)

리정숙 외. 2018.《통일문학작품선집 12 단편소설집: 고향사람들》. 평양출판사.

리진경. 2018.《통일문학작품선집 13 장편소설: 반항》. 평양출판사. (1977년 작)

오중일. 2019.《통일문학작품선집 14 장편소설: 3대》. 평양출판사. (1965년 작)

정윤모, 전설주. 2019.《통일문학작품선집 15 장편소설집: 수난기》. 평양출판사.

정서촌 외. 2019.《통일문학작품선집 16 시집: 우리의 념원》. 평양출판사.

리지용 외. 2019.《통일문학작품선집 17 희곡집: 푸른 잔디》. 평양출판사.

신홍섭. 2020.《통일문학작품선집 18 장편소설: 거센 파도》. 평양출판사. (1973년 작)

김일우. 2020.《통일문학작품선집 19 장편소설: 한나산》. 평양출판사. (1982년 작)

김재학. 2020.《통일문학작품선집 20 장편소설: 열흘낮 열흘밤》. 평양출판사. (1982년 작)

고일선. 2021.《통일문학작품선집 21 장편소설: 남산 지하실》. 평양출판사. (1978년 작)

리진경. 2021.《통일문학작품선집 22 장편소설: 돌아보는 얼굴》. 평양출판사. (1986년 작)

김상오, 조정호. 2021.《통일문학작품선집 23 장편소설: 통일이 언제 됩니까》. 평양출판사. (1989년 작)

김오. 2021.《통일문학작품선집 24 장편소설: 교수의 증언》. 평양출판사. (1988년 작)

석남진. 2022.《통일문학작품선집 25 장편소설: 해뜨는 수평선》. 평양출판사. (1974년 작)

허춘식, 최승칠. 2022.《통일문학작품선집 26 중편소설집: 사슬과 심장》. 평양출판사.

량창조. 2022.《통일문학작품선집 27 장편소설: 분화구》. 평양출판사. (1990년 작)

전설주. 2022.《통일문학작품선집 28 장편소설: 새벽길》. 평양출판사. (1991년 작)

신진순. 2023.《통일문학작품선집 29 장편소설: 고향으로 가는 길》. 평양출판사. (1992년 작)

김병훈. 2023. 《통일문학작품선집 30 장편소설: 개이지 않는 하늘》. 평양출판사. (1994년 작)

길태복, 리일영. 2023. 《통일문학작품선집 31 중편소설집: 두번째 이야기》. 평양출판사.

림종엽. 2023. 《통일문학작품선집 32 장편소설: 해외에서 온 편지》. 평양출판사. (1999년 작)

《통일문학작품선집》에는 시(가사 포함) 245편, 단편소설 27편, 중·장편소설 29편, 희곡 19편 등 총 320편이 수록되어 있다. 김정은 시대 9년째 간행되고 있는 《통일문학작품선집》의 데이터베이스 구축과 함께 내용 분석과 평가가 향후 연구과제다. 만약 선집이 원래 기획대로 계속 간행된다면 논의를 미루어야 하겠지만, 2023년 말 남북관계 단절 선언[31]으로 선집 간행사업이 전면 중단 내지는 폐기되었을 것이 확실하다.

남한판 〈통일문학전집〉(2003) 수록 작품 5,000여 편에 대한 전수조사와 분석·평가를 병행해야겠지만, 이재명-김정은 시대인 2025년 현 시점에서 볼 때 북한이 '통일문학'이란 잣대로 높이 평가하는 이른바 《통일문학작품선집》은 진정한 통일문학이라 하기 어렵다. 왜냐하면 한(조선)반도 전체 문학을 대표하는 통일 염원의 문학도 아니고, 그렇다고 (남)한국문학의 전체나 대표성을 띤 것도 아니기 때문이다. 북한 당국의 이념적 기준에 맞춰 이른바 '남조선의 진보적 문학, 참여문학, 민족문학, 민중문학'만 따로 골라낸 것이다. 이는 그들이 보고 싶어하는 '남조선문학'이지 '한국문학'의 전체 실상이나 대표성을 가진 작품이라고 하기 어렵다.

---

[31] 북한은 당 제8기 제9차 전원회의(2023.12.26~30) 이후 대남관계를 절연하고 통일론을 폐기하다시피 하였다. 게다가 반동사상문화배격법(2020), 청년교양보장법(2021), 평양문화어보호법(2023)을 통해 청년세대 중심으로 은밀하게 퍼진 '한류, 양풍'을 엄금하고 있다. 따라서 《통일문학작품선집》 간행도 전면 중단되었을 것이다.

마치 우리 (남)한국이 높이 평가하는 북한(조선) 문학작품이, 실은 그들이 자랑하는 개인숭배와 자기중심성이 극심한 주체사상과 수령론이 지배적인 '조선문학', '주체문학'을 뺀, 주민 생활상이 부분적으로 담긴 '북한문학'인 것과 거울처럼 상동적인 원리다. 가령 리찬의 〈김일성 장군 찬가〉와 백인준의 〈벌거벗은 아메리카〉가 왜 평양판 《통일문학작품선집》 제1권의 대표작인지 의문이다. 또한 2025년 지금은 역사의 한 페이지로 넘어간 저 1980~1990년대 전두환-노태우 군부독재 시절의 '반미, 노동, 자주' 통일운동이 활발했던 시대상을 담은 낡은 이념의 좌파 작품만 '선별'해서 통일문학으로 내세우니 선뜻 이해하기 어렵다.

남북의 통일문학을 비교할 때 쉽게 알 수 있는 것은 양측 기획·편집진의 통일문학에 대한 인식의 차이가 의외로 크다는 사실이다. 남한판 〈통일문학전집〉(시디롬, 2003)은 편찬위가 선정한 남북한의 4대 장르별 대표작 모음이라 하지만, 기실 속내는 수령형상문학을 비롯한 주체문학과 북한 당국이 불편해할 임화, 이태준, 김남천 등 숙청 작가의 작품을 제외한 '사회주의 현실 주제' 세태문학이 주류다. 이에 반해 북한판 《통일문학작품선집》(2015~2023)은 북한에서 대외 간행물을 전담하는 평양출판사가 선정한 이른바 '통일 주제'의 3대 문학 장르 작품집이다. 그들이 말하는 '통일 주제'는 평양 중심주의적 시각으로 미국과 남조선을 비판하고, 북한과 김일성·김정일을 찬양하는 내용으로 일관되어 있다. 이찬, 엄흥섭, 함세덕, 오영재 등 월북 작가의 통일 염원과 남조선 비판 주제의 작품뿐만 아니라 신원을 확인하기 어려운 진우석, 김오 등 이른바 '남조선' 작가의 '반미, 반남, 친북, 찬김(讚金)' 주제 문학을 통일문학으로 규정하고 있어 문제라 아니할 수 없다.

이상에서 남북의 '통일문학'을 내세운 작품 선집(anthology)을 어렵게 찾아내 목록을 정리하면서 내용을 간략히 살펴보니 문제가 적지 않음을 확인할 수 있었다. 남북의 통일문학(선)전집이 '민족, 민족문학, 통일문학'을 표방하지만 실제로는 상대를 배려하지 못한/않은 채 자기중심적으로 일방적 전유를 하고 있음을 확인하게 된다. 제대로 된 통일문학(선)전집의 기획과 편찬, 간행이 절실하게 필요한 이유이기도 하다.

4. 나가며: 탈정전 이합문학사 전망

2025년 현재 남북한은 냉전과 분단체제 70년 사상 초유의 전면 단절 상태에 있다. 남북 대화 창구는 절멸되었다. 남북 코리아와 동북아시아의 안정적 평화를 위한 남북관계의 소통 재개가 절실하다. 지금처럼 북한학, 통일론의 위기의식이 극심할 때는 새로운 논의가 쉽지 않다. 통일문학이나 문학 통합 논의는 더더욱, 과거 사례를 감안하면 지금은 때가 아니라고 할 수 있다.

그럼에도 불구하고 왜 통일, 문학, 사인가? 남북관계가 좋아지면 그때 가서야 남북 문학의 소통과 교류를 말하고 통일문학사 서술을 정책 보고서처럼 쓰면 되는 게 아니다. 남북관계가 최악이고 동아시아 평화를 위협하는 지금 같은 위기에 역설적으로 비정치 영역인 문화적 소통 방략부터 구체적으로 준비하고 후일을 도모하자는 역발상이 가능하다. 오히려 이런 시기일수록 남북의 소통을 재개하고 교류와 협력, 평화적 공존을 준비하는 지혜가 절실하다.

(남)한국이 김일성·김정일의 수령형상문학, 항일빨치산문학을 받아들이고 (북)조선이 임화, 이태준 등 숙청 작가의 작품과 포스트모더니즘·페미니즘·퀴어 문학을 받아들일 수 있어야 진정한 코리아 통합 문학이 될 터인데, 현재로선 불가능하다. 이는 자유주의/사회주의 작품이든 월북/월남 작가든 빨갱이/부르주아 반동 작가든 상관없이 분단 코리아의 이념적 잣대로 문학

적 존재 자체를 부정하지 말고 '통일된 민족문학사'와 '한겨레 이합문학사'의 기초를 다지자는 뜻이다.

분단과 이산의 한국문학을 넘어 '코리아 이합문학사'를 새롭게 전망할 때 떠오르는 쟁점이 몇 가지 있다.

첫째, '한국학/한국문학'이란 용어 개념을 국제적으로 거론할 때 발화 주체의 국적과 사용 언어에 따라 외연과 내포의 차이가 있다는 사실이다. 한마디로 서울 중심주의의 무의식적 전제가 자명한가 하는 의문이다. 가령 조선족이나 자이니치의 문학적 정체성을 논할 때, 서울 중심 '코리안 디아스포라 문학'으로 모든 콘텐츠를 포섭하는 관행을 반성하자는 뜻이다. 그렇다고 조선족의 〈혈해지창〉 같은 항일 레지스탕스 문학을 김일성이 주도했다는 '항일혁명문학예술'이나 중국의 '항전(抗戰)·항미원조(抗米援朝) 문예'로만 보는 것도 문제다. 이런 접근법은 모두 문화제국주의의 자기중심적 팽창주의, 문화적 패권주의에 빠질 위험이 있다.

필자가 '분단과 이산의 코리아문학'을 공부한 애초의 문제의식은 그들 문학을 이념적 잣대로 재단하지 말고 실사구시로 접근하여 탈분단 통일문학의 기반을 다지겠다는 뜻이었다. '(남)한국-(북)조선-(중)조선족-(일)재일-(구미)코리안'을 초국가적(transnational)으로 보는 것이다. 그런데 분단과 이산의 코리아문학을 깊이 공부하니 기대와 실상이 달랐다. 가령 중국 조선족 문학, 재일동포 문학 등을 '코리안 디아스포라 문학의 일부'이자 남북 '통일'문학의 매개자로 전제하고, 그렇게 보고 싶은 것만 보고 '골라 읽기'를 한 게 아닌지 반성하였다. 코리아문학을 통합해야 한다는 이념적 당위가 실사구시가 중요한 학문적 접근을 가로막는 걸림돌이 될 수는 없다.[32]

---

[32] 김성수. 2021b. 〈코리아문학 통일과 디아스포라 담론의 욕망—연변 문예지의 매체사적 쟁점〉. 《대동문화연구》. 115. pp. 315-349. 성균관대학교 대동문화연구원.

분단과 이산의 문학이라면 떠나온 모국과 고향에 대한 그리움과 관심, 월남·월북을 포함한 이주 국가에서 정착 과정과 갈등, 충돌하는 여러 문화적 배경에 적응하는 이산의 삶 그리고 삶의 균형을 유지하는 중간자의 자리매김 등을 형상화할 것이다. 분단과 이산의 상대를 고려하지 않고 '코리안 디아스포라 문학', '한국문학의 세계화'라는 서울 중심의 일방적인 시각에서 북한과 중국, 일본, 미국, 중앙아시아 등지의 한겨레가 쓴 한글문학을 통합하려 서둘렀던 관행을 반성한다. 남과 북 나아가 전 세계 코리안 디아스포라까지 포용하는 코리아 문화 통합 또는 통일문학론을 성급하게 내세웠던 조급증은 자기중심적인 학자의 욕망에서 비롯한 산물이 아닐까 돌아본다. 무의식중에 서울 중심주의와 문화제국주의를 당연시한 것은 아닌지.

대안으로 탈분단 통합 시각을 꾀하려고 서울 중심주의적 호명인 '한국'을 괄호에 넣고 '한겨레, 배달민족, 백의민족'의 '한글문학, 겨레말문학' 등 통합 지향적 용어와 개념을 찾기도 하였다. 또 다른 차원의 대안으로 이산문학 논의에서 흔히 한국어권을 뜻하는 'Koreanphone'을 북한의 '조선어, 조선문'과 해외동포의 한글 콘텐츠까지 포괄하기 위하여 '코리아어권'이란 범칭(汎稱)을 쓰면 어떨까 한다.[33]

둘째, 문화제국주의의 폐해인 여러 국가/문명/문화권의 개별적 다양성을 그 자체로 존중하지 않고 서열화하는 일이다. 코리아 이산문학이 이주 국가에 따라 차별화되었다는 점이다. 코리안 디아스포라 문학의 기원은 100여 년 전으로 거슬러 올라간다. 러시아의 조명희와 아나톨리 김, 독일의 이미륵, 미국의 강용흘과 김은국, 일본의 김석범 같은 이산 작가의 문학작품은 영어와 독일어, 일본어, 러시아어로 출간되었고, 이주 국가에서 명성에 따라 번

---

[33] Koreanphone 개념은 Sinophone(華语语系), Anglophone(英语语系), Francophone(法语语系)과 유사하다. 이해영, 임명걸. 2019. 〈방법으로서의 코리아어 어계 문학(Koreanphone) 연구—화어어계문학(華語語系文學) 담론이 주는 계시〉. 《한국현대문학연구》. 57. 한국현대문학회.; 스수메이 저. 고혜림, 조영경 역. 2021. 《시각과 정체성—태평양을 넘어서는 시노폰 언술》. 학고재.

역·소개되어 주목을 받았다. 최근 드라마(2022)로 제작되면서 널리 알려진 코메리칸 이민진의 베스트셀러 영어 소설 《파친코》(2017)에 쏟아진 관심은 대단하였다.

반면 북한과 옌볜, 중앙아시아 이주민의 문학은 한글로 표기했는데도 애써 외면하거나 상대적으로 폄하되었다. 재일동포 문학의 경우 허남기, 이회성, 양석일, 이양지, 유미리 등 친남 민단계 작가의 작품은 일본어로 써도 상을 받는 등 이름이 나면 번역·소개되어 각광받았다. 반면 정화수, 김정수, 남시우, 허옥녀, 오정숙 등 친북 조총련 재일본조선문학예술가동맹(문예동) 소속 작가와 기관지 《문학예술》,《조국》에 실린 한글문학은 친북이라는 이유로 거의 소개되지 않았다. 옌볜 지역 한글 문예지를 살펴보니 김학철, 김창걸, 리근전, 리욱 등 1998년 이전의 《연변문예》,《아리랑》의 한글 조선족 문학은 친북이라 외면되고 1999년 이후의 《연변문학》만 우리에게 널리 소개된 사실을 확인할 수 있다. 이는 상업적 시장논리로만 설명될 수 없는 일종의 문화제국주의적 차별이 아닌가? 이를 극복하는 것이 코리아 이합문학사의 과제라 아니할 수 없다.

셋째, 이와 관련하여 통일/통합 문학에서 이합문학으로 인식 전환과 연관된 문제가 있다. 출세한 권력자나 명망가, 유명인, 공인이 아니라 후손 덕을 전혀 볼 수 없는 이름 없는 분단 피해자(분단 직후 전향자, 보도연맹, 전쟁기 잔류파=부역자, 월북 후 숙청, 월남 후 피란민=난민 등)는 어찌할 것인가? 일반인, 무명용사야말로 진정 국가와 민족의 이름으로 그들이 분단 피해와 지워진 존재, 가려진 공적을 되살려야 하지 않을까? 학자, 문인, 예술가, 문예 미디어, 출판사, 지자체와 후손이 주도하는 각종 문학제와 문학상에도 '해당 사항 없음'인 무명 월북/월남자도 복원, 복권, 신원이 필요하다고 본다. 정치적·경제적 피란처로 상대 체제, 다른 나라를 택한 남북한, 중국, 러시아, 일본, 미국, 중앙아시아 등 지구 전체의 이산(離散, 디아스포라) 한겨레를 문화적·정치적 난민으로 재규정하여 그들 모두를 복권, 나아가 신원(伸寃)·해원(解寃)해야 하는 이유가 여기 있다. 이것이 진정한 문명국가, 포용국가의 길이다.

나아가 기존의 남북한 문학 실체를 외면하고 자기가 보고 싶은 것만 골라낸 '북한문학/남조선문학'을 통일문학이라 호명하는 것은 자기중심적 선택과 재배열을 통한 분단체제의 정전화를 꾀한 것이라는 비판적 해석이 필요하다. 분단과 이산의 '북한문학+남조선문학'을 통일문학이라 했던 기왕의 정전을 해체하고 '한국문학+조선문학'을 있는 그대로 포용하는 '코리아 이합문학사'로 용어 개념을 확장해야 문화제국주의적 서열화와 서울/평양 중심주의에서 벗어날 수 있다. 통일의 당위와 디아스포라 담론의 숨겨진 욕망을 지양한 '코리아 이합문화'의 지평을 열자는 의도다.

이합문학사론이 기존의 통일문학론이나 디아스포라 담론과 차별화된 점은 '중심과 통합에 대한 욕망'을 버린 데 있다. 혈연과 역사적 공통성을 지닌 코리안 디아스포라와 코리아어권 문학을 공유한 전 세계 한글 사용자[34]가 현재는 남북과 해외에 이합집산 처지지만 앞으로 회자정리를 기대하되, 굳이 통일·통합해야 한다는 당위를 내세우거나 강요하지 말자는 뜻이다. 통일과 통합의 문학사가 아니라 이합과 회자정리의 문학사를 상상할 수는 없을까 한다. 이념과 국적, 혈연의 벽을 넘어 한글-코리아어 사용자 간 최소한의 상호 이해, 소통, 교류 협력을 e게임처럼 즐기는 데서 출발하자. 어떤 중심(으로 회귀)을 전제한 구심력보다 소통의 극대화, 무한 파생성과 원심력 등 미래로 열린 가능성을 두는 것이다.

---

[34] 코리아어권 문학 담당층이 기존의 코리안 디아스포라와 다른 점은 국적과 혈연이 아닌 한글 사용자라는 공통점만 갖춘 비(非)코리안도 코리아문학의 담당층일 수 있다는 착상에서 나왔다. 가령 영어로 시조를 창작하는 미국인, 한류 열풍으로 케이팝 스타인 방탄소년단 찬가를 한글로 인터넷에 올리는 전 세계 소녀팬 아미(ARMY)까지 외연을 확장할 수 있다. 박미영. 2011. 〈미주 발간 창작영어시조집에 나타난 시조의 형식과 그 의미〉.《시조학논총》. 34. 한국시조학회.

참고 문헌

강진호 외. 2009. 《북한의 문화정전, 총서 '불멸의 력사'를 읽는다》. 소명출판.

고인환. 2008. 〈서로를 의식하는 소통의 물꼬를 트다―《통일문학》에 실린 북측의 단편소설들〉, 《창작과비평》. 141. 창비.

김성수. 2001. 《통일의 문학, 비평의 논리》. 책세상.

김성수. 2006. 〈북한 현대문학 연구의 쟁점과 통일문학의 도정〉. 《어문학》. 91. 한국어문학회.

金成洙. 2016. 〈남·북·중의 코리아문학사 비교와 통합서술방안(韓國朝鮮中國朝鮮族學者的KOREA文學史比較級統合敍述方案)〉. 《두만강포럼图们江论坛 2016: 國際學術會議 발표문집》. 한국고등교육재단, 延边大学아세아센터.

김성수. 2016. 〈한반도 통합 문학사(1953~1967) 구상―《조선문학》《문학신문》의 '통일/문학' 담론 분석을 중심으로〉. 《한반도국제포럼 KGF 2016 통일·북한 학술대회 발표문집》. 신라호텔.

김성수. 2018. 〈'코리아문학'의 통일·통합 (불)가능성: 남북 문학 교류의 역사와 과제〉. 《통일과 평화》. 10(2). 서울대 통일평화연구원.

김성수. 2021a. 〈작가〉. 《한(조선)반도 개념의 분단사: 문학예술편 8》. (주)사회평론아카데미.

김성수. 2021b. 〈코리아문학 통일과 디아스포라 담론의 욕망―연변 문예지의 매체사적 쟁점〉. 《대동문화연구》. 115. 성균관대학교 대동문화연구원.

김성수. 2022. 〈남북 문학사의 소통과 '통일/문학'이란 개념―북한 《조선문학》, 《문학신문》(1945~1967)의 기사 제목 분석을 중심으로〉. 《통일과 담론》. 1(2). 국립통일교육원.

김성수. 2024a. 〈6·25전쟁기 북한 문예운동사 연구―통합 '조선문학예술총동맹'의 결성(1951.3)에서 해체(1953.9)까지〉. 《한국학연구》. 73. 인하대학교 한국학연구소.

김성수. 2024b. 〈북한 조선문학예술총동맹의 역사적 변천(1946~53)〉. 《통일정책연구》. 33(1). 통일연구원.

김윤식, 이선영, 임헌영 외. 1999. 〈'남북통일문학전집', 어떻게 만들 것인가〉. 한국문화예술진흥원.

박미영. 2011. 〈미주 발간 창작영어시조집에 나타난 시조의 형식과 그 의미〉. 《시조학논총》. 34. 한국시조학회.

염무웅. 1990. 〈남북 문화교류에 대하여〉. 《실천문학》. 20. 실천문학사.

이해영, 임명걸. 2019. 〈방법으로서의 코리아어 어계 문학(Koreanphone) 연구―화어어계 문학(華語語系文學) 담론이 주는 계시〉. 《한국현대문학연구》. 57. 한국현대문학회.

한설야. 1951. 〈로동당 중앙위원회 제3차 정기회의 총화와 문학예술인들의 당면 과업(요지)〉. 《로동신문》. 1951.3.20.

한설야. 1961. 〈천리마 시대의 문학예술 창조를 위하여―조선문학예술총동맹 결성대회에서 한 한설야 동지의 보고〉. 《조선문학》. 조선작가동맹출판사.

Feres, João Junior. 2005. "The Expanding Horizons of Conceptual History: A New Forum". *Contributions to the History of Concepts*. 1(1). Rio: International Conference on Conceptual History, the History of Political and Social Concepts Group.

스수메이 저. 고혜림, 조영경 역. 2021. 《시각과 정체성―태평양을 넘어서는 시노폰 언술》. 학고재.

3장

남북 역사학의 '분단'과
한반도 북부지역 연구의 방향 모색
- 한국학에 대한 제언을 겸하여

조형열 고려대학교 한국사학과에서 박사학위를 받고, 현재 동아대학교 역사문화학부 사학전공 교
수로 재직하고 있다. 일제강점기 학술사, 사회운동사와 마르크스주의 사상사에 관심을 두고
연구하며, 〈식민지 조선의 사회주의 독서회 교재에 담긴 두 개의 사회주의〉, 〈1930년대 민
간 한글신문에 조선역사문화 연구는 어떻게 게재되었나?〉 등의 논문을 썼다.

1. 역사학과 '한국학'의 분석 대상 단위로서 지역

'한국학(조선학)'의 형성과 전개에 역사학 연구가 수행한 역할은 적지 않다. 근대적 한국학의 형성이 정다산(丁茶山) 서세 100년제를 계기로 일어난 1930년대 조선학 수립 시도에서 시작되었다고 할 때, 당시 조선학의 수립은 '조선의 역사를 알자'는 요구와 함께 제기되었다. 정약용 기념사업을 전개한 이유도 다산이 조선의 학문을 집대성하고 과거를 재인식하려고 한 인물이라고 보았기 때문이다.[1]

《여유당전서》간행과 강연회 등의 활동을 이끌었던 신조선사(新朝鮮史)는 '조선의 유일자(唯一者)'를 조명하기 시작했다면서 스스로 흥분을 감추지 못했고, 조선 말기의 다산처럼 조선을 알기 위한 노력을 펼쳐 나가자고 다짐했다.[2] 신조선사를 주축으로 조선학 수립을 열망했던 정인보와 안재홍은 이 시기 조선사 연구에 몰두했고, 조선의 역사 가운데 '조선의 얼'과 '다사리' 정신이 면면히 흐르고 있다는 점을 강조하면서 조선 정신의 회복을 조선사와 조선학 연구의 목적으로 삼았다.[3]

한편 조선학 수립 주장이 갖는 관념성과 학문적 방법론으로서 문제점을 지적하며 '과학적 조선학'을 제기했던 백남운이나 김태준은 조선사의 발전적 전개 과정을 찾아내고 세계사와 조선의 상호작용을 조명하는 것이 조선학의 역할이 되어야 한다고 주장했다. 이들에게 조선 정신의 발굴과 수호는 비(非)과학적인 것이었으며, '과학적 조선학'은 결국 학문으로서 보편성을

[1] 조형열. 2023. 〈1930년대 정다산 기념사업의 재조명〉. 《일제, 식민지, 근대 한국》. 세창출판사.
[2] 신조선사. 1934. 〈신조선 춘추〉. 《신조선》. 6. pp. 40~41.
[3] 특히 안재홍은 조선사를 연구하는 방법을 비교적 깊게 고민했는데, 1930년대 초반에는 루이스 모건의 《고대사회》를 통해 역사사회적·역사과학적 발전의 시각을 갖게 되는가 하면, 1930년대 후반에는 신채호 사관의 관념성을 비판하며 사회경제사관적 시각의 부재를 지적하기도 했다. 그러나 일제 말기, 해방공간에서 조선의 민족정신을 부흥하고자 '다사리'라는 공동체 규범의 제안으로 나아갔다. 안재홍은 조선의 고대사에서 조선 정신을 찾아내고 그것을 조선의 정치철학으로 삼고자 했다. 조형열. 2023. 〈안재홍의 조선사 연구, 민족과 과학 그리고 실천의 딜레마〉. 《애산학보》. 50. 애산학회.

가질 수 있는 방법론에 입각해 조선사를 연구하는 것으로 고려되었다.[4]

백남운은 1933년 일본에서 《조선사회경제사》를 출간하여 조선학계에 큰 반향을 불러일으켰으며,[5] 1930년대 초반부터 소설과 시가 등 문예사 연구에 몰두하던 김태준 역시 1935년 무렵 연구의 폭을 넓혀 가며 조선사 일반에 관심을 쏟았다. 조선학 수립 운동을 이끌던 이들과 '과학적 조선학' 주창자들이 조선의, 조선에 대한, 조선을 위한 학문을 수립한다는 문제의식 아래 역사 연구 방법론에 토대를 두고 연구를 전개한 것이다.

역사학이 한국학의 형성 과정에 기여했다는 점을 강조하는 이유가 역사학에 대한 괜한 자부심을 드러내기 위함은 아니다. 오히려 한국사학은 한국학이라는 학술장에서 어떠한 역할을 해 왔는지 또한 할 수 있는지 성찰하기 위해서, 근대적 한국학 출현 단계의 한 장면을 회상해 본 것이라 할 수 있다. 역사학이 한국학의 전개에 미친 가장 중요한 영향은 다른 무엇보다 시간을 다루는 학문으로서 역사학의 본질에서 비롯되었다고 생각한다.

더불어 한국학이 한국에 대한 분과 학문의 느슨한 연합에 머무르길 거부하고 한국의 미래를 개척하겠다는 확고한 의지를 내장하게 되면서 한국학의 '발전'에 역사학의 참여가 중요시되었기 때문이라고 판단된다. 이와 같은 한국학의 발전지향적 모습은 발전의 방향과 의미에 대한 가치판단을 배제한 채 말하자면, 1970년대 이후로 일관되었다. 박정희는 1971년 《민족의 저력》을 통해 현재 학자들 사이에서 한국학이 초미의 관심사가 되는 가운데 한국적인 사회정신적 방법론이 모색되고 있고, 전통문화를 바탕으로 외래문화의

---

4 조형열. 2016. 〈1930년대 마르크스주의 지식인의 학술문화기관 구상과 '과학적 조선학' 수립론〉. 《역사학연구》. 61. 호남사학회.

5 조형열. 2020a. 〈식민지 조선 역사학의 방향 전환, 백남운 《조선사회경제사》(1933)〉. 《내일을 여는 역사》. 78. 내일을여는역사재단.

6 박정희. 1971. 《민족의 저력》. pp. 271-272. 광명출판사.

7 박정희. 1978. 《민족중흥의 길》. 1장 참조. 광명출판사.

8 김성보. 2011. 〈비판적 한국학의 탐색―한국학과 사회인문학의 대화〉. 《역사와 실학》. 44. 역사실학회.

장점을 흡수하는 것이 새로운 민족문화 창조의 길이라고 강조했다.[6] 민족적인 것과 우리식 길에 대한 모색은 한반도의 안보와 지정학적 환경 아래 가장 적합한 민주적 정치제도가 유신체제라는 기이한 논리로 귀결되고, 전통사상으로서 홍익인간 이념과 화랑도 정신에 기초해 정신혁명을 주장했다.[7]

박정희식 정신주의적 관제 한국학 담론과 대립하던 '비판적 한국학'[8] 계열은 현실 극복 의지와 실천 지향성을 강하게 드러냈다. "오늘날의 민족적 처지는, 아직도 분단을 극복하고 있지 못한 불구자적 민족이며, 자율적인 국민경제를 획득하고 있지 못하다. … [오늘날의 한국학에] 참으로 근대적인 따라서 민족적인 한국학을 수립해야 할 의무와 책임이 부과되어 있음을 확인하지 않을 수 없다"는 문장 가운데 새겨진 각오와 마주하게 된다.[9]

이러한 주장은 한국학의 현재적 과제가 한국사의 과제와 거의 동일하게 설정되었음을, 과거–현재–미래라는 시간의 변화를 일관된 논리로 엮어서 질서를 부여하는 역사인식이 한국학의 전개에도 중요한 영향을 미쳤음을 보여 준다.[10] 역사학은 한국학의 대상 시기를 과거까지 넓히는 한편, 그것이 좋은 방향이든 아니든 한국학이 현실 참여적이 되도록 이끌었다.

그런데 역사학은 시간만 다루는 학문이 아니라 공간도 중요하게 취급한다. 역사 연구가 특정 시간대 한정된 공간에 살고 있는 사람들의 행동과 생각을 분석하는 작업이기 때문이다. 공간에 대한 관심은 시간 중심 연구에 대한 반성이자, 시간에 주목하면서 놓쳤던 균질적일 수 없는 공간을 재조명하려는 시도이기도 하다.[11] 또한 민중 생활의 다채로운 실상을 찾기 위한 노력

---

[9] 이우성, 정창렬. 1981. 〈한국학의 반성과 전망〉. 이가원 외 편. 《한국학연구입문》. p. 22. 지식산업사. [ ]는 인용자.

[10] 이와 별개로 1970년대 이후 한국학이 자신의 역사와 계보를 민족의식이나 민족주체성 같은 관념과 태도에서 찾으려는 점에 대한 성찰을 제기한 바 있다. 한국학이 학문으로서 정체성을 확립하기 위해서는 자세를 보는 것에 그치지 말고 연구 방법론의 변화를 중심으로 한국학의 역사를 정리할 필요가 있다. 조형열. 2020b. 〈1970년대 이후 한국학의 방법과 과학론의 모색 시론—근대 전환기 인식을 중심으로〉. 《20세기 전환기 동아시아 지식장과 근대한국학 탄생의 계보》. 소명출판.

[11] 김동철, 문재원, 차윤정, 하세봉. 2009. 〈한국학에서 지역연구의 방법론과 과제〉. 《동북아문화연구》. 20. 동북아시아문화학회.

의 일환이자, 지역학의 발흥과 맞물려 한국사학이 찾은 일종의 대안이기도 하다.[12] 그러므로 역사학이 한국학에 미친 영향을 탐구하기 위해 역사학이 어떠한 공간을 연구 대상으로 삼아 왔는지, 한국학은 어떠한 공간적 인식을 갖게 되었는지 검토할 필요가 있다.

한국사학과 한국학이 '한반도(조선반도)'를 중심으로 연구를 진척시켰다는 것은 너무나 당연한 말이지만, 실제 연구 동향을 살펴보면 한반도 전체를 항상 한 시야에 넣은 것도 아니고 '한국인(조선인)'이 살고 있는 모든 곳이 연구 대상 공간이 되었다. 즉 한반도 안 특정 지역에 대한 연구가 되거나, 한반도 밖 중국과 일본, 아메리카, 러시아 등에 대한 연구도 이루어졌다.

일반적으로 지역사라고 불리는 연구는 국가 단위로 환원되지 않는 광범위한 지역을 설정하거나 국가 경계보다 작은 단위를 찾아 그 안에서 인간의 삶을 규명하고자 했다. 한반도나 국가 영토 범위를 분석 대상으로 관성적으로 채택하지 않고 공간을 재구성하려는 시도는 역사학이 무엇을 드러내고자 하는지, 한국학이 어떤 이야기를 하려고 하는지 파악하는 데도 중요한 시사점이 될 것이다.

이 글은 한국사학계의 일제 식민지 시기 연구 가운데 한반도 북부지역 연구가 중·남부지역에 비하여 상당히 적다는 피상적 관찰에서 시작되었다. 남북 분단이 80년이 다 되어 가는 현실에서 북한사 연구는 상당히 큰 어려움을 겪고 있다. 2024년에 열린 40대 이하 북한사 연구자들의 집담회에서 북한사는 한국사가 아니라 아시아사라는 자조 섞인 말이 나오는가 하면, 1980~1990년대 한국현대사의 일환으로 일정한 지분을 차지했지만 현대사 연구의 다변화와 함께 설 자리를 잃게 되었다.[13]

---

[12] 오영교. 2023. 〈한국학·지역학의 발흥과 한국사연구〉. 《한국사연구》. 200. 한국사연구회.

[13] 김세림, 김태윤, 류기현, 류승주, 문미라, 박창희, 이세영, 이주호, 조은성. 2024. 〈한국사로서의 북한사, 현실적 의미와 한계 그리고 가능성에 대하여〉. 《역사문제연구》. 55. pp. 279-298. 역사문제연구소.

그런데 이 글을 통해서 고민해 보려는 것은 북한사가 아니라, 일제의 지배 아래 있던 한반도 북부지역에 대한 연구마저 난항을 겪고 있다는 사실이다. 이러한 현상을 역사학이 안고 있는 어려움의 하나로, 한국학이 분단 극복의 과제를 꾸준히 제기했음에도 불구하고 앞으로 풀어 가야 할 과제의 하나로 시론적으로 접근하려는 것이다. 남북 역사학계의 일제하 한반도 북부지역에 대한 인식이 각각이 구현하고자 하는 식민지상(像)에 따라 매우 제한적으로 서술되고 있다는 점, 그 가운데 20세기 전반기를 살던 주민들에 대한 관심이 소멸되어 가고 있는 상황을 문제 삼아야 한다는 점 등을 방향 모색의 출발점으로 제시하고자 한다.

2. 연구 대상 지역을 통해 보는 남북 역사학의 '분단'

남쪽에 살며 연구하는 사람으로서 남쪽 학계의 상황을 더 깊이 고민할 수밖에 없는 것이 사실이지만, 남북의 역사학을 통합적으로 이해해야 한다는 바람을 가지고 있다. 그렇기 때문에 이 글에서는 최근 남북 역사학계의 연구 대상 지역부터 검토해 보려고 했다. 일제강점기 대상 논문이 한 해에 2000편 이상 나오는 남쪽의 역사학계에서 전체 논문 편수 가운데 어떤 지역의 연구가 몇 편 정도 이루어지고 있는지 살펴보기는 쉽지 않다. 북측도 여러 종류의 학술지가 있으나, 전체적인 흐름을 파악하는 데는 북측 역사학계를 대표하는 《력사과학》을 검토할 수 있다는 게 조금 다른 점이다. 따라서 먼저 북측 연구를 간략히 점검함으로써 상황을 개관하고자 한다.

2000년대 이후 2010년대 초반까지 북측 역사학계의 연구 동향을 검토한 도면회에 따르면, 북측 역사학은 연구 주제를 중심으로 볼 때 대략 다음과 같은 특징이 있다.[14] 첫째, 주체사관이 성립된 이후 굳어진 관행대로 김일성, 김정일, 김정숙 등 '혁명 력사'에 대한 논문이 절반을 차지한다. 둘째, 고려 왕조의 경우 제도사 등에 대한 논문이 중심이며 민족문화 발전기로 보는 시각이 지배적이다. 셋째, 조선시대 연구는 계급 대립을 강조하는 경향이 두드러지지 않고 조선 후기 자본주의 발전을 설명하거나 근대적 발전을 설명하는 글이 많다. 넷째, 편수로 따져보면 고려시대를 다루는 논문만큼 일제강점기를 다루는 연구가 많으며 일제의 국권 침탈, 식민정책, 강제 동원, 독도 영유권 문제 등이 검토되고 있다. 다섯째, 전체적으로 연구의 시각은 계급투쟁보다 민족주의를 강조하는 경향이 지속되고 있다. 도면회는 이상과 같은 특징에 대한 분석을 바탕으로 2000년 이후 북측의 역사 연구가 "김일성 중심 주체사관의 통제 아래 민족주의와 유물사관을 편의적으로 배치하는 경향"을 띤다고 설명했다. 그리고 고대사와 1920년대 역사가 가장 남쪽 역사학과 큰 차이를 보이고, 그 외 시기는 비슷한 측면이 있다고 보았다.[15]

《력사과학》의 연구 주제를 양적으로 분석한 김용현의 연구 결과에 따르면, 1955년부터 2013년까지 가장 많이 연구된 시기는 1945년 이후로 전체 논문의 40% 정도를 차지했다. 이러한 비중은 김일성 집권 초기인 1955~1967년(1기) 21%, 김정일이 등장하여 활동하기 시작한 1976~1994년(2기) 28%, 1995~2013년(3기) 52%로 크게 증가했다. 대신 1기에는 조선시대사, 2기에는 고대사의 비중이 컸고, 3기에는 현대사가 압도적 비중을 차지했다. 일제강점기사는 전 시기에 걸쳐 전체 논문 가운데 11~14%였다. 또한 연구 분야로는 정치사가 1/3쯤 되고 그 뒤로 문화사, 경제사, 국제관계사 연구가 활발했다.[16]

14 도면회. 2013. 〈남북 역사학 교류의 앞날은?〉. 《내일을 여는 역사》. 51. pp. 136-149. 내일을여는역사재단.
15 도면회. 앞의 글. p. 145.
16 김용현. 2015. 〈북한 《력사과학(1955~2013)》의 구성과 특징 연구〉. 《평화학연구》. 16(4). 한국평화연구학회.
17 한국역사연구회 북한사학사연구반. 2003. 《북한의 역사 만들기》. pp. 71-73. 푸른역사.; 신주백. 2021. 《한국 역사학의 전환─주체적·내재적 발전의 시선으로 본 한국사 연구의 역사》. pp. 255-258. 휴머니스트.

이상과 같은 결과를 통해서 볼 때, 북측 역사학은 확실히 정치권력의 통치 정당성을 보증하는 논문을 주로 생산하고 있으며 그 가운데 민족적이면서도 국가주의적인 연구가 중요성을 띠는 방향으로 점차 진전되어 왔다. 그것은 1950년대 자본주의적 맹아의 발견에 치중하면서 조선시대사 연구에 몰두하던 북측 학계가 1970년 전후로 정치체제와 지도사상을 바꿔 가는 가운데 김일성 중심 주체사관을 마련한 데서 비롯된 결과였다.[17]

이러한 경향은 2013년 이후에도 그대로 이어졌다. 2014~2023년《력사과학》수록 논문 제목을 추가로 검토한 결과,[18] 변화를 거의 확인하기 어렵고 오히려 1945년 이후를 다루는 논문이 훨씬 많아졌다. 북측 정권의 수립과 운영을 중심축에 놓고 역사학이 존재하고 있다는 분석이 여전히 유효하다.

그렇다면 애초의 주제로 돌아와서 북측 역사학은 과연 어느 지역을 중심으로 논문을 생산하고 있는가. 현대에 대한 논문이 압도적이고 정치사를 중심으로 역사를 서술한다는 점에서 쉽게 연상할 수 있듯이, 북측의 역사학은 한반도 북부지역에 성립된 통치 권력을 하나의 분석 단위로 일관되게 조명하는 특징이 매우 강하다. 국가 내부에서 또는 일제강점기 지역별로 나타나는 차이 등에 대해 주목하는 관점 자체가 기본적으로 약하다. 최근에 접한 예대열의 글은 이러한 북한 학계의 특성에 대해서 많은 시사점을 제공한다. 김정일의 김일성대학 경제학과 졸업논문 〈사회주의 건설에서 군(郡)의 위치와 역할〉(1964)을 분석한 이 글은, 김정일이 1958년 리 단위의 농업협동화가 완료된 이후 생산력이 조금씩 하락하는 추세를 보이자 협동조합을 지도하기 위해서 군(=국가)의 역할을 중요시했다고 지적했다.[19] 한마디로 지역의 자율성에 관심이 없고 지역은 국가정책에 복무해야 할 의무가 있을 뿐이다.

---

[18] 통일부 북한자료센터는 현재 1979년 이후 최근 호에 이르기까지 《력사과학》에 수록된 논문 목록을 정리하여 제공하고 있다.
[19] 예대열. 2025. 〈북한 인물열전 시리즈 ② 후계자 김정일 탄생의 프리퀄―청년 김정일의 김일성종합대학 졸업논문에 담긴 북한 사회〉. 웹진 역사랑. 64. 한국역사연구회.

따라서 한반도 북부지역에서 관심의 대상이 되는 지역은 사실상 평양밖에 없다. 1945년 이후와 관련해서는 평양의 도시 발전을 위한 영도자와 당의 역할, 평양에서 수해복구 활동의 의미, 보통강 개수 사업의 전개 과정, 평양의 공원과 유적지 안내, 평양국제영화축전의 성과, 평양 사회복지시설과 문화교양시설 등에 대한 논문이 발표되었다. 평양은 일제강점기 연구에서도 지역 가운데 중요하게 취급되고 있는데 평양 3·1운동 논문[20]이, 근대 전환기의 경우 제너럴셔먼호 사건[21]이 대표적이다. 이러한 평양의 지위는 한 논문 제목[22]처럼 평양을 매개로 해서 고조선부터 일종의 북방사를 연결하는 논리를 제공한다는 점[23]에서 '평양 중심사관'의 기초를 형성하고 있는 것이다.

원산을 연구 대상 지역으로 전면에 내세운 연구는 딱 한 편이 확인되는데, 원산시를 항구문화도시로 발전시키기 위한 강원도 인민의 투쟁을 높게 평가한 논문으로 국가정책에 대한 호응 양상을 검토했다.[24] 함경북도 지역에서 김정숙의 활동을 서술한 논문 제목[25]에서 알 수 있듯이 각 지역과 인민은 철저히 역사 서술의 대상으로 객체화된다. 그나마 개성의 경우 고려부터 이어지는 역사 문화유산에 대한 관심 때문에 연구 주제가 되기도 했다.[26]

그렇다면 북측의 역사학이 남쪽 지역을 다루는 경우가 있는지 살펴보겠다. 일단 1990년대까지만 하더라도 조선시대 서울·경기지역 인민의 반봉건

---

[20] 조희승. 2019. 〈3·1인민봉기에서 평양의 선봉적 역할〉. 《력사과학》. 250. 과학백과사전출판사.
[21] 김병철. 2016. 〈미국 침략선 셔먼호의 침입과 그를 쳐물리친 평양성 군민들의 애국적인 투쟁〉. 《력사과학》. 239. 과학백과사전출판사.
[22] 강세권. 2008. 〈평양 천도를 통하여 본 고조선-고구려-고려의 계승 관계〉. 《력사과학》. 208. 과학백과사전출판사.
[23] 도면회. 앞의 글. p. 148. 도면회는 이 글에서 주체사관, 북방사 인식이 쉽게 사라지지 않을 것이므로 남북 역사 인식 연합으로 나아가는 길이 매우 지난할 수밖에 없을 것임을 지적했다.
[24] 조천연. 2015. 〈위대한 김정일동지의 현명한 령도밑에 원산시를 새 세기 항구문화도시로 잘 꾸리기 위한 강원도인민들의 투쟁〉. 《력사과학》. 235. 과학백과사전출판사.
[25] 리신혁. 2020. 〈함경북도 인민들을 새 조국 건설에로 불러일으키기 위한 항일의 녀성 영웅 김정숙 동지의 혁명 활동〉. 《력사과학》. 254. 과학백과사전출판사.
[26] 리수련. 2017. 〈개성지방이 풍부한 관광유산을 가지게 된 사회력사적 전제〉. 《력사과학》. 243. 과학백과사전출판사.

투쟁을 다루는 연구들이 있었지만,[27] 2000년대 이후에는 조선 봉건왕조의 인민 착취의 사례를 경기지역을 중심으로 검토하는 방식의 연구 몇 편 정도가 확인되는 것이 전부다.[28] 근대 이후 시기에 대해서 보면, 해방 이후와 관련하여 한반도 중·남부지역은 남조선으로 불릴 뿐이며 남조선은 미제의 침략 대상[29]이거나 미제에 저항하며 통일운동을 전개할 경우에 의미를 가지는 '제한적 주체'[30]일 뿐이었다. 이렇듯 북측의 역사학은 철저하게 한반도 북부지역을 중심으로 역사를 서술하며, 그 안에서도 차이를 드러내기보다 평양을 중심으로 모든 지역적 특징을 표상하려는 의도를 띠었고, 한반도 중·남부지역에는 대체로 무관심한 가운데 주체사관에 부합하는 주제를 중심으로 소수 연구가 있었을 뿐이다.

그렇다면 이제 반대로 남쪽에서는 주로 어떤 지역을 연구 대상으로 삼고 있는지 검토해 보자. 남쪽 역사학계는 지역사에 관심이 매우 높다. 지역사 연구의 출발점을 언제부터라고 정확히 이야기할 수 있을지 모르겠지만, 대략 2000년대 이후 식민지 시기 연구 가운데 눈에 띄는 분야가 되었다. 이용기는 지역사의 의미로 국가사 차원에서 파악하기 힘든 지역 차원의 다양한 행위와 관계, 의식을 읽어 낼 수 있다는 점, 개인의 생생한 경험을 다룸으로써 역사 서술에서 구체성과 생동감을 담아낼 수 있다는 점, 주민들이 자기

[27] 최영식. 1990. 〈18세기 전반기 봉건통치배들과 상인들을 반대한 서울 빈민들의 투쟁〉.《력사과학》. 135. 과학백과사전출판사.; 리인형. 1992. 〈15세기 후반기 서울·경기지방 인민들의 무장대투쟁〉.《력사과학》. 141. 과학백과사전출판사.

[28] 윤신영. 2013. 〈조선 봉건왕조 전반기 경기지역 인민들에 대한 부역 착취(2)〉.《력사과학》. 225. 과학백과사전출판사.; 전경일. 2015. 〈조선 봉건왕조 전반기 경기지역 인민들에게 들씌운 꼴공물의 가혹성에 대하여〉.《력사과학》. 233. 과학백과사전출판사.; 윤신영. 2015. 〈조선 봉건왕조 전반기 경기지역 인민들에 대한 진상 착취와 그 후과〉.《력사과학》. 235. 과학백과사전출판사.; 전경일. 2016. 〈조선 봉건왕조 전반기 경기지역 인민들에게 부과된 궁전 건설 부역에 대하여〉.《력사과학》. 237. 과학백과사전출판사.; 윤신영. 2017. 〈조선 봉건왕조 초기 경기지역의 변천에 대하여〉.《력사과학》. 244. 과학백과사전출판사.

[29] 강혜성. 2017. 〈미군정 시기 남조선에서 식민지 노예교육을 실시하기 위한 미제의 책동〉.《력사과학》. 244. 과학백과사전출판사.

[30] 조성혁. 2017. 〈6·15북남공동선언 발표 이후 조국의 자주통일을 위한 남조선 인민들의 대중운동의 주요 특징〉.《력사과학》. 244. 과학백과사전출판사.

지역의 역사적 정체성을 이해함으로써 역사교육에 유용한 점 등을 꼽았다.[31]

현명호는 근대 지역사 연구의 현황과 과제를 검토하는 학술회의에서 남쪽 역사학계 지역사 연구의 대상 지역을 개괄적으로 검토한 바 있다. 발표문에 따르면 가장 많이 연구된 지역은 당연히 서울(경성)이고, 그다음은 부산과 인천이다. 일제강점기 행정의 중심축이던 경성 연구를 지역사 연구라고 할 수 있는가. 이와 같은 매우 논쟁적인 질문을 던지는 이 글은 지역사 연구를 이끄는 핵심 주체를 지역 단위 학회라고 설명한다.[32] 이 밖에도 지역사 연구가 활발하게 이루어지게 된 데는 지방자치제를 실시하면서 지자체 단위의 지원이 연구 분위기 조성에 영향을 미치고, 그로 인해 연구가 지역별로 조직화하는 면도 중요하게 고려해야 한다고 말한다.[33] 이러한 과정을 거쳐서 한반도 중·남부 각 지역에 대해서는 거의 빠짐없이, 다소 판에 박은 듯이 비슷한, 주로 각지 청년운동과 신간회운동 등 지역사회운동 관련 연구가 진행되기도 했다.

그런데 흥미로운 것은 서두에서도 밝혔듯이 중·남부지역에 대한 연구가 매우 촘촘하게 진행된 것에 비하여 북부지역에 대한 연구는 상대적으로 편수가 많지 않다.[34] 북측 학계와 마찬가지로 평양에 대한 연구가 1980년대 이후 200여 편 발표되어 비교적 활발했던 것을 제외한다면, 일제강점기 '서선(西鮮)'과 '북선(北鮮)'은 적극적인 관심의 대상이 되지 못했다.[35] 물론 2000년대 이후 한반도 북부지역에 대한 연구 편수가 많아지고 소장 연구자들이

---

[31] 이용기. 2015. 〈한국 근대 지역사 연구의 동향과 과제〉. 《청람사학》. 24. pp. 3-5. 청람사학회.
[32] 현명호. 2023. 〈근대 지역사 연구의 양적 분류 기준〉. 《근대 지역사의 공간―2023년 역사학연구소 정기 심포지움 자료집》. 역사학연구소.
[33] 강성호, 정계향, 양지혜, 김영진, 김민지, 정일영, 최보민, 최우석, 현명호. 2024. 〈지역사를 말한다: 강성호, 《일제강점기 전라남도 순천지역의 언론운동》. 전남대학교 호남학과〉. 《역사연구》. 52. 역사학연구소.
[34] 조형열. 2022. 〈일제하 사회운동 연구의 방향 모색―2000년대 이후 연구성과에 대한 검토를 바탕으로〉. 《지역과 역사》. 부경역사연구소.
[35] 염복규는 평양을 비롯해 원산, 함흥, 신의주, 청진 등에 대한 도시사 연구가 어느 정도 발표되었다고 보기도 했다. 염복규. 2022. 〈식민지 도시사 연구의 최근 성과 검토와 약간의 전망〉. 《도시연구: 역사·사회·문화》. 31. p. 11. 도시사학회.

연구 대상 지역으로 삼으면서 변화의 조짐이 나타나지만,[36] 지역사의 강세 가운데 북부지역에 대한 연구는 여전히 소외된 형편이다.

　결국 남쪽 역사학계는 민족/국가 단위 연구의 극복 또는 심화의 문제의식 아래 지역에 관심이 높지만 연구 대상 지역은 대부분 한반도 중·남부지역에 집중되고 있으며, 북부지역은 연구가 조금씩 증가하고 있다고 하더라도 중·남부지역 연구에 비하여 큰 격차를 보이는 것이다. 오랫동안 식민지 시기 연구자들은 남북 역사학의 역사인식이 차이를 보이게 된 핵심적 이유를 정통성론에 따른 것으로 이해했다. 북측에서는 김일성의 항일무장투쟁을 중심으로 조국광복회 활동을 중요하게 평가했고, 남쪽에서는 대한민국임시정부에 대한 연구가 주류적 지위를 확보했다. 조국광복회와 대한민국임시정부를 각기 중요하게 간주하고 연구하는 분위기는 현재까지 계속되고 있다. 남쪽의 민족해방운동사 연구가 정통성론의 극복과 민족통일전선론의 적용을 중요하게 제기했음에도 불구하고 대한민국임시정부 연구가 가장 많이 이루어지고 있다.[37] 남쪽의 대한민국임시정부에 대한 연구는 좌우 연합적 성격을 강조하거나 민주공화제의 성격을 강조한다든지 맹목적인 정통성론이라고 보기 어렵더라도, 사회주의운동과 혁명적 대중운동 등에 대한 연구가 현격히 줄고 있는 데 비해 대한민국임시정부 연구가 늘어나는 것은 연구 주제가 단일화되는 경향이 있음을 의미한다.

　이렇듯 민족해방운동의 중심 단체에 대한 인식에서 남북이 대립하고 있

---

[36] 최근 이 지역을 대상으로 한 몇 편의 박사학위논문이 나온 것이 특징적이다. 최보민. 2022. 〈1929년 원산총파업 참여 노동자층 연구〉. 성균관대학교 박사학위논문.; 주동빈. 2023. 〈일제하 평양부 '개발'과 조선인 엘리트의 '지역정치'〉. 고려대학교 박사학위논문.; 서일수. 2025. 〈1930년대 '북선 개발'과 중화학공업도시의 형성: 흥남·성진·청진을 중심으로〉. 중앙대학교 박사학위논문.

[37] 조형열. 2024. 〈다시, '식민지란 무엇인가' 말하기 위한 축적의 힘을 믿으며―2022~2023년의 일제 식민지 시기 연구동향에 대한 검토〉. 《역사학보》. 263. 역사학회.; 조형열. 2024. 〈1960년대 이후 대한민국임시정부 헌법 연구의 경과와 성격―'민족사 정통성론'에서 민주공화제 기원론으로, 입헌주의 성립사의 남는 문제들〉. 《역사와 교육》. 39. 역사와교육학회.

는 가운데, 이제는 남쪽과 북측의 역사학계가 연구하는 지역까지 1948년 이후 대한민국과 조선민주주의인민공화국의 '영토' 범위로 분리되고 있다. 이는 멀리는 북측이 북방사 중심의 역사인식 체계를 확립하고 남쪽이 박정희 정권기에 신라에 의한 삼국통일의 위업을 강조한 것의 연장선상에 있으며,[38] 북측의 경우 국가 중심 연구가 지속되는 가운데 남쪽에서는 지자체의 후원을 등에 업고 연구 대상 지역이 확고하게 갈라지는 현상이 두드러지게 되었다.

한국사와 북한사가 멀어지고 있다는 인식과 같은 결에서, 식민지 시기 한반도 북부지역도 남쪽 역사학계에서 근대사의 일환으로서 통합적으로 이해되는 데 아쉬움을 남기는 것이다. 이는 냉전·분단체제가 장기화하면서 수반되는 결과이자, 남북 역사학의 '분단'이 역사인식의 이념성에 의한 분열을 넘어 점차 '영토 의식'마저 갈라지게 되는 것을 의미한다는 점에서 새롭게 주목할 지점이다.

3. '한반도' 북부지역 연구의 과제와 한국학에 대한 제언

남쪽 역사학계가 그동안 근대 시기 한반도 북부지역의 역사를 재현하는 데 많은 노력을 기울이지 못했다는 점을 반성하는 것과 함께 연구 관점에 대해서도 살펴볼 필요가 있다. 남쪽 역사학계는 비록 많지 않은 연구지만, 한반도 북부지역을 어떤 주제를 중심으로 연구하였나 들여다보고자 하는 것이다. 평양에 대한 연구가 비교적 많았던 만큼, 평양 연구를 사례로 검토해

---

[38] 최광승. 2014. 〈유신체제기 박정희 정권의 애국적 국민 생산 프로젝트: 화랑도와 화랑교육원을 중심으로〉. 《한국학연구》. 33. 인하대학교 한국학연구소.; 박성현. 2015. 〈박정희 정권의 '화랑도' 교육〉. 《역사와 현실》. 96. 한국역사연구회.

보는 것이 좋겠다.

윤정란은 1970년대부터 2022년까지 근대 시기 평양 지역사 연구 동향을 주제별로 검토한 바 있다. 이 논문에서 윤정란은 검토 주제를 다섯 가지로 분류했다.[39] 평양 개시 이후 지역의 공간 변화와 도시계획, 지역의 상공업과 자본가, 지역 민족운동, 지역의 교육과 종교, 정체성과 문화공간 등이었고, 연구 내용을 갈무리하면서 "지역주민의 삶을 드러내는 지역사로서는 아직도 갈 길이 멀다"는 평가를 남기기도 했다.[40] 이렇듯 꼼꼼하게 이루어진 연구사 검토를 보면서 든 생각은 혹시 평양에 대한 연구가 대한민국을 이해하기 위해 존재했던 것은 아닌가 하는 의문이다. 이는 주민의 삶이 잘 드러나지 않았다고 하는 평가와도 연결된다.

평양에 대한 주요 연구 주제를 거칠게 다시 분류하면 조선총독부와 평양부의 지역개발 정책, 조선인 자본가와 사회운동 세력의 대응, 기독교의 전파와 영향, 도시 공간구조와 인프라의 변동 등이 중요하게 다루어진 것으로 볼 수 있다. 이 가운데 가장 중심이 되는 주제가 평양지역에서 기독교 계열로부터 비롯되는 조선인 자본의 성장이라고 할 수 있는데, 이는 일제강점기 평양을 보여 주는 기본 특징 가운데 하나이자 월남을 통한 대한민국 성장 서사의 기원을 이루기 때문이다. 평양의 연구를 예로 들어 이야기한 것이지만, 첫째로 한반도 북부지역에 대한 심화된 이해를 원하기보다 북부지역 역사를 대한민국의 발전 배경으로 삼으려는 시도는 냉전·분단체제 인식을 강화할 수 있다는 점에서 경계할 필요가 있다.

둘째, 북부 각 지역에 대한 연구를 소재만으로 접근하거나 특정 주제의 소재로 소비하는 데 그치는 것 역시 문제다. 2024년 지역사를 전공하는 연

---

[39] 윤정란. 2023. 〈근대 시기 평양 지역사 연구의 현황과 과제, 1970년대~2022〉. 《숭실사학》. 50. 숭실사학회.
[40] 윤정란. 위의 논문. p. 429.

구자들의 집담회에서는 현재의 연구자들이 연구 주제가 고갈되어 가는 상황에서 북부지역을 소재로 이용하는 것을 조심해야 하며, 지역이 특정 주제와 특정 사례 형태로만 동원되는 것에 대한 고민을 제기했다.[41] 흥남이나 원산 같은 도시는 일본의 대규모 자본이 진출했던 곳이라 지역적 특성이 비교적 뚜렷하게 나타나는데, 원산이라면 총파업, 흥남이라면 일본질소 같은 방식으로 지역이 특정 관계 아래서만 설명되는 것에 대해서 재고해 봐야 할 것이다. 이 집담회에서 양지혜는 지주-소작 관계를 보더라도 함남과 함북, 평남, 황해도 등이 차이가 있고, 함흥은 여자들이 일을 많이 하기 때문에 여성윤리나 지배 질서 등이 달랐다는 점을 강조하기도 했다.

마지막으로 북부지역을 북한사의 배경에 가두는 것에 대해 고민을 유지면서도, 일제강점기 북부지역에 대한 연구가 북한사와 어떻게 연결되는지 검토해야 할 것이다. 예를 들어 함경도는 1930년대 조선총독부의 '일선만(日鮮滿) 경제블록' 성립을 위한 개척 사업 대상이 된다는 점에서 그 성격을 탐구하기도 했는데,[42] 함경도의 이러한 특징은 북한 정부 수립 이후 지역 내에서 식량 자급을 이루기 어려운 조건으로 작용하며 대기근의 역사적 배경으로 검토될 수 있는 것이기도 하다.[43]

지역사가 대체로 지역을 무대로 지역인의 시선에서 지역사회를 바라보는 연구라고 할 때, 북부지역에 대해서는 냉전·분단체제의 영향 아래 지역민이 어떻게 삶과 공동체를 스스로 꾸려 갔는지 지역사회의 내적 동향에 밀착한 연구가 상당히 부족하다. 경상·전라·충청·경기도 등의 근대 지역사 연구가 오히려 지나치게 유사한 형태의 연구를 쏟아 내는 것에 비하면, 북부지

41 강성호, 정계향, 양지혜, 김영진, 김민지, 정일영, 최보민, 최우석, 현명호. 2024. 〈지역사를 말한다: 강성호, 《일제강점기 전라남도 순천지역의 언론운동》, 전남대학교 호남학과〉. 《역사연구》. 52. 역사학연구소.
42 고태우. 2020. 〈식민지기 '북선 개발' 인식과 정책의 추이〉. 《한국문화》. 89. 서울대학교 규장각한국학연구원.; 서일수. 2025. 앞의 박사학위논문.
43 정병욱. 2013. 〈북한 대기근의 역사적 기원―일제시기 함경도 지역을 중심으로〉. 《민족문화연구》. 59. 고려대학교 민족문화연구원.

역 연구는 지역사회에 대한 기본적 조사를 바탕으로 전개되어야 할 것이다.

역사학은 남북 교류에 가장 앞장섰던 학문으로 2000년 6·15남북공동선언 이후 남북 역사학자의 학술 교류를 전개했다. 2001년 '일제 조선 강점의 불법성에 대한 남북 공동 자료전시회와 학술토론회', 2002년 '강제연행 토론회', 2003년 '국호 토론회' 등을 바탕으로 남북역사학자협의회를 구성하기에 이르렀다.[44] 또한 2004년 '일제의 약탈 문화재 반환 학술회의', 고구려와 고려 유적에 대한 재조명을 거쳐 '개성 만월대 공동 발굴조사'를 진행하게 되었고, 남북 역사용어 공동연구 작업을 진척시켰다.[45] 평화 시대를 열어 가기 위해 남북 역사학자의 교류와 협력이 앞으로 재개되었으면 하는 바람이지만, 현재 '두 개의 국가론'이 나오는 상황과 한반도를 둘러싸고 있는 국제정세 등을 고려하면 모든 과정이 순탄하리라고 예상하기는 어려울 것이다.

한국사는 한국인과 조선인을 포괄하는 코리안(Korean)의 역사다. 그러므로 삼팔선 이남의 역사만 한국사일 수 없고 이른바 코리안 디아스포라의 역사도 한국사로 이해하려고 적극적으로 노력하는 것이다.[46] 그럼에도 불구하고 냉전·분단체제 시기가 길어지면서 한국사는 점차 대한민국사로 귀결되고 북한사는 한반도를 둘러싼 냉전사로 용해되는가 하면, 1945년 이전의 한반도 북부지역사는 북한사와 관련된 지역이라는 차원에서 관심 밖이 되거나 냉전·반공체제를 뒷받침하기 위한 방편에서 관심의 대상이 되고 있다.

근대 시기 북부지역의 역사가 남북한 역사 교류의 주제가 될 기회는 가까운 시기에 오지 않을 것이다. 북측이 자신들의 지역별 불균형을 드러내는 연구 주제를 환영할 리 없을뿐더러, 남쪽도 관련 연구자가 소수인 상황에서

---

44 정태헌. 2003. 〈남북 역사학 교류현황과 발전을 위한 제언〉. 《역사비평》. 65. 역사문제연구소.
45 도면회. 앞의 글. pp. 140-141.
46 김세림, 김태윤, 류기현, 류승주, 문미라, 박창희, 이세영, 이주호, 조은성. 앞의 글. p. 281. 역사문제연구소.

공동연구는 불가능할 것으로 보인다. 한반도 북부지역에 대한 연구는 남북의 만남을 위한 매개체라기보다, 남쪽의 역사학이 대한민국사로 귀결되는 것에 경종을 울리고 북측에 대해 더 많은, 더 깊은 이해를 갖추게 되는 계기로 의미를 가질 것이다.

1948년 12월 유엔이 대한민국 정부에 대해 체결한 승인안 '195(Ⅲ) The problem of the independence of Korea'가 제시한 바는, 대한민국은 삼팔선 이남에서 유일한 합법정부이며 1947년 11월 유엔 결정[112(Ⅱ)]에 의한 한반도 전역에 대한 총선거가 실시되지 못했으므로 이를 위해서 노력해야 한다는 것이었다.[47] 결과적으로 남쪽 정부가 유엔이 승인한 합법정부로서 권한을 갖는 범위는 삼팔선 이남이지만, 남쪽 정부와 한국민에게 통일을 위한 역할까지 명시한 것이라 하겠다. 남북 역사학 모두가, 특히 북측에 비하여 자유로운 역사 연구를 보장하고 있는 남쪽의 역사학계가 현재 '영토'에 의해 역사적 연구의 폭마저 좁히지 않도록 적극 노력해야 할 것이다.

마지막으로 한국사학계가 직면한 이 문제를 한국학 분야로 확대해서 살펴보면, 과문하여 한국학 전반에 대해서 총체적인 시각을 갖고 있지 못하지만, 2000년대 이후 한국학 연구는 한반도 이외 한국학에 대한 연구 성과를 여럿 산출했다. 이렇듯 다양한 지역에 대한 착목은 한국학에 대한 시선을 변화시켰으며 '복수의 한국학'이라는 설정도 등장했다. "지역적으로 다양하게 형성되어 온 복수의 한국학을 비교하는 방법은 자연스레 특정한 성격이 강화된 한국학의 자기반성을 도모하는 한편, 상호 이해의 증진을 지향하는 것이 된다"는 문제의식 아래 이들은 자국학으로서 한국학, 지역학으로서 한국학, 중국·러시아 등지의 민족학으로서 조선학·고려학, 일본에서 동양학의

---

[47] 박태균. 2015. 《박태균의 이슈 한국사》. 창비.

하위범주로 형성된 한국학 등을 살펴보고자 했다.[48]

그런데 이렇듯 다양한 지역의 한국학 연구가 전개되었으나, 남쪽 학계의 한국학 연구 가운데 가장 연구가 부진한 것은 역설적이게도 북측의 조선학에 대한 검토다. 이는 조선학의 실체를 확인하기 어렵고 학문적으로 검토 대상이 되기 어려운 점, 조선학 자체가 1970년대 이후 큰 변화 없이 비슷한 모습을 보이는 점, 마지막으로 조선학을 교류 협력의 대상인 북측의 학문으로서 북측이 정리하고 연구해야 할 대상으로 보는 점 등이 이유라고 생각한다.

그러나 해방 80년을 맞아 한국학의 앞날을 고민하는 상황에서 남쪽 학계가 다방면으로 전개되는 한국학을 종합적으로 조망할 수 있는 위치에 있다는 것을 인정한다면, 북측의 조선학에 대한 역사적·현재적 검토를 통해 한국학의 오늘과 내일을 이야기해야 할 것이다. 한반도 북부지역에 대한 이해와 한반도의 북부지역에서 이루어지고 있는 조선학을 함께 이해함으로써, 남쪽 역사학계의 역사인식이 분단국가주의로 귀결되는 것을 제어하고, 한국학의 전망 모색 과정의 범위도 넓혀 나가자고 제안하는 바다.

---

48 류준필, 김종준. 2013. 〈동아시아한국학의 형성〉. 인하대학교 한국학연구소 편. 《동아시아한국학의 형성—근대성과 식민성의 착종》. pp. 11-13. 소명출판.; 조형열. 2020b. 앞의 글. p. 90.

참고 문헌

강성호, 정계향, 양지혜, 김영진, 김민지, 정일영, 최보민, 최우석, 현명호. 2024. 〈지역사를 말한다: 강성호, 《일제강점기 전라남도 순천지역의 언론운동》. 전남대학교 호남학과〉. 《역사연구》. 52. 역사학연구소.

고태우. 2020. 〈식민지기 '북선 개발' 인식과 정책의 추이〉. 《한국문화》. 89. 서울대학교 규장각한국학연구원.

김동철, 문재원, 차윤정, 하세봉. 2009. 〈한국학에서 지역연구의 방법론과 과제〉. 《동북아문화연구》. 20. 동북아시아문화학회.

김성보. 2011. 〈비판적 한국학의 탐색—한국학과 사회인문학의 대화〉. 《역사와 실학》. 44. 역사실학회.

김세림, 김태윤, 류기현, 류승주, 문미라, 박창희, 이세영, 이주호, 조은성. 2024. 〈한국사로서의 북한사, 현실적 의미와 한계 그리고 가능성에 대하여〉. 《역사문제연구》. 55. 역사문제연구소.

김용현. 2015. 〈북한 《력사과학(1955~2013)》의 구성과 특징 연구〉. 《평화학연구》. 16(4). 한국평화연구학회.

도면회. 2013. 〈남북 역사학 교류의 앞날은?〉. 《내일을 여는 역사》. 51. 내일을여는역사재단.

류준필, 김종준. 2013. 〈동아시아한국학의 형성〉. 인하대학교 한국학연구소 편. 《동아시아 한국학의 형성—근대성과 식민성의 착종》. 소명출판.

박성현. 2015. 〈박정희 정권의 '화랑도' 교육〉. 《역사와 현실》. 96. 한국역사연구회.

박정희. 1971. 《민족의 저력》. 광명출판사.

박정희. 1978. 《민족중흥의 길》. 광명출판사.

박태균. 2015. 《박태균의 이슈 한국사》. 창비.

서일수. 2025. 〈1930년대 '북선 개발'과 중화학공업도시의 형성: 흥남·성진·청진을 중심으로〉. 중앙대학교 박사학위논문.

신주백. 2021. 《한국 역사학의 전환—주체적·내재적 발전의 시선으로 본 한국사 연구의 역사》. 휴머니스트.

염복규. 2022. 〈식민지 도시사 연구의 최근 성과 검토와 약간의 전망〉.《도시연구: 역사·사회·문화》. 31. 도시사학회.

예대열. 2025. 〈북한 인물열전 시리즈 ② 후계자 김정일 탄생의 프리퀄—청년 김정일의 김일성종합대학 졸업논문에 담긴 북한 사회〉. 웹진 역사랑. 64. 한국역사연구회.

오영교. 2023. 〈한국학·지역학의 발흥과 한국사연구〉.《한국사연구》. 200. 한국사연구회.

윤정란. 2023. 〈근대 시기 평양 지역사 연구의 현황과 과제, 1970년대~2022〉.《숭실사학》. 50. 숭실사학회.

이용기. 2015. 〈한국 근대 지역사 연구의 동향과 과제〉.《청람사학》. 24. 청람사학회

이우성, 정창렬. 1981. 〈한국학의 반성과 전망〉. 이가원 외 편.《한국학연구입문》. 지식산업사.

정병욱. 2013. 〈북한 대기근의 역사적 기원—일제시기 함경도 지역을 중심으로〉.《민족문화연구》. 59. 고려대학교 민족문화연구원.

정태헌. 2003. 〈남북 역사학 교류현황과 발전을 위한 제언〉.《역사비평》. 65. 역사문제연구소.

조형열. 2016. 〈1930년대 마르크스주의 지식인의 학술문화기관 구상과 '과학적 조선학' 수립론〉.《역사학연구》. 61. 호남사학회.

조형열. 2020a. 〈식민지 조선 역사학의 방향 전환, 백남운의 《조선사회경제사》(1933)〉.《내일을 여는 역사》. 78. 내일을여는역사재단.

조형열. 2020b. 〈1970년대 이후 한국학의 방법과 과학론의 모색 시론—근대 전환기 인식을 중심으로〉.《20세기 전환기 동아시아 지식장과 근대한국학 탄생의 계보》. 소명출판.

조형열. 2022. 〈일제하 사회운동 연구의 방향 모색—2000년대 이후 연구성과에 대한 검토를 바탕으로〉.《지역과 역사》. 부경역사연구소.

조형열. 2023. 〈1930년대 정다산 기념사업의 재조명〉.《일제, 식민지, 근대 한국》. 세창출판사.

조형열. 2023. 〈안재홍의 조선사 연구, 민족과 과학 그리고 실천의 딜레마〉.《애산학보》. 50. 애산학회.

조형열. 2024. 〈다시, '식민지란 무엇인가' 말하기 위한 축적의 힘을 믿으며—2022~2023년의 일제 식민지 시기 연구동향에 대한 검토〉.《역사학보》. 263. 역사학회.

조형열. 2024. 〈1960년대 이후 대한민국임시정부 헌법 연구의 경과와 성격―'민족사 정통성론'에서 민주공화제 기원론으로, 입헌주의 성립사의 남는 문제들〉. 《역사와 교육》. 39. 역사와교육학회.

주동빈. 2023. 〈일제하 평양부 '개발'과 조선인 엘리트의 '지역정치'〉. 고려대학교 박사학위논문.

최광승. 2014. 〈유신체제기 박정희 정권의 애국적 국민 생산 프로젝트: 화랑도와 화랑교육원을 중심으로〉. 《한국학연구》. 33. 인하대학교 한국학연구소.

최보민. 2022. 〈1929년 원산총파업 참여 노동자층 연구〉. 성균관대학교 박사학위논문.

한국역사연구회 북한사학사연구반. 2003. 《북한의 역사 만들기》. 푸른역사.

현명호. 2023. 〈근대 지역사 연구의 양적 분류 기준〉. 《근대 지역사의 공간―2023년 역사학연구소 정기 심포지움 자료집》. 역사학연구소.

4장

남북 문법의 '단어' 비교 연구*
– 품사분류와 체계를 중심으로

박효정 연세대학교 국어국문학과에서 박사학위를 받고, 연세대학교와 한국과학기술원 등에 출강하고 있다. 최근 연구로 〈김수경의 문법 연구〉(2024), 〈북한의 문법론 연구 동향〉(2024), 〈한국어 완료상 문법 표현 교육 연구〉(2025) 등을 발표했다. 북한 문법뿐만 아니라 한국어 교육 연구에 관심이 있다.

* 이 논문은 국제고려학회 제16차 KOREA학국제학술토론회 '다극화하는 세계와 코리아학'(2025.8.18~20, 몽골 울란바토르 몽골국립대학교)에서 발표한 내용을 수정·보완하여 박효정. 2025. 〈남북 문법의 '단어' 비교 연구—품사분류와 체계를 중심으로〉. 《한국어학》. 109에 게재한 것을 재수록하였다.

1. 서론

이 연구는 남북의 문법 연구에서 나타나는 '단어'를 비교하여 그 특징을 밝히는 것을 목적으로 한다. 교착어인 우리말은 굴절어와 달리 통사 단위인 단어와 어절이 일치하지 않기 때문에 단어가 무엇인지 간단하게 정의 내리기가 쉽지 않다. 우리말의 이런 특성으로 인하여 근대 초기부터 품사에 대해 다양한 견해가 존재하였다. 최광옥은 《대한문전(大韓文典)》(1908)에서 명사, 대명사, 동사, 형용사, 부사, 후사, 접속사, 감탄사 8품사 체계를, 김규식은 《대한문법(大韓文法)》(1908~1909?)에서 명사, 대명사, 동사, 형동사(形動詞), 형용사, 부사, 후사, 접속사, 감탄사 9품사 체계를, 김희상은 《초등국어어전(初等國語語典)》(1909)에서 명사, 대명사, 동사, 형용사, 부사, 감탄사, 토(吐) 7품사 체계를 세우는 등의 견해를 선보였다.[1] 이처럼 품사에 대한 견해 차이는 무엇보다도 한국어의 특성을 잘 보여 주는 조사와 어미를 어떻게 판단하느냐에 따라 발생한다. 명사에 조사를 붙이거나 동사, 형용사에 어미를 붙이는 것을 하나의 단위로 인식한다면 어절을 곧 단어로 보게 될 것이다. 즉 인지적·심리적 단위에 대한 차이는 단어에 대한 차이로 이어질 수 있다.

단어에 대한 개념 차이는 남북 간에도 존재하는데 《조선문화어문법규범》(1948/2011)에서는 단어를 어휘적·문법적 표식의 공통성에 따라 8개 품사, '명사, 수사, 대명사, 동사, 형용사, 관형사, 부사, 감동사'로 나눈다. 반면에 남측의 학교문법에서는 단어를 기능과 형식, 의미를 기준으로 9개 품사, '명사, 수사, 대명사, 동사, 형용사, 관형사, 부사, 감탄사, 조사'로 나눈다. 한편 남측 문법에서는 조사를 품사의 하나로 설정하여 단어 층위에 두고 어미

---

[1] 고영근(2001) 참고.

는 접사 층위에 두지만, 북측 문법에서는 조사와 어미를 '토'로 설정하여 교착 접사로 처리해 남북 간에 차이가 발생한다.

일반적으로 동일한 품사에 속한 단어는 어휘적·문법적 특성의 공통성을 가지므로 이를 기준으로 품사를 나눈다. 그런데 '조선어학전서'의 《조선어 품사론》(2005)에서는 단어의 어휘적·의미적 특성과 형태론적 특성뿐만 아니라[2] '문장론적 특성'과 '단어조성적 특성'의 공통성에 기초하여 품사를 설정하며, 문장에서 '어(語)'란 무엇이고 그 역할이 무엇인지 주요하게 고려한다. 북측에서도 어휘와 문법적 표식에 따라 품사를 규정하는 것이 일반적이라고 여기지만, 다른 언어와 구별되는 특징과 민족어적 특성을 부각하며 품사를 구성하고 체계를 설정하고자 한다. 상징부사의 발달에 주목하는 것은 이를 잘 보여 주는 예다.

남북 문법 연구에서 보이는 단어에 대한 개념은 형태론의 범위 설정 차이로 이어질 뿐만 아니라, 조사와 어미의 범주 차이, 품사체계 설정의 차이까지 이른다. 본 연구에서는 남북의 단어 개념을 품사분류와 체계를 중심으로 비교하여 그 차이가 문법론 서술에 미치는 영향을 살펴보고자 한다.

2. 근대 이후 남북의 언어 연구 양상

남북 간 단어의 개념 차이를 이해하기 위해서는 근대부터 현대에 이르기까지 언어 연구 양상을 살펴야 한다. 20세기 초부터 광복 이전까지 선학들은 우리말을 민족의 정치적·사회적 현실과 밀접하게 관련을 맺으며 민족주

---

[2] 품사분류에서 어휘적·의미적 특성과 형태론적 특성을 함께 고려하는 점은 남북에서 공통적으로 나타난다. 이는 '대상성'이나 '행동성' 같은 일반화된 어휘 의미를 반영함과 동시에, 문법적 형태와 범주적 속성까지 반영함을 의미한다.

[3] 유현경(2025: 9)은 광복 이전의 문법 연구가 광복 이후에도 영향을 끼치지만, 광복 이후 우리말 문법 연구는 새로운 전환기를 맞아 현대국어학이 본격적으로 전개되었다고 보며 연구사의 흐름을 광복 전후로 크게 구분하였다.

의 사상을 바탕으로 당면한 시대적 과제와 함께 연구하였다. 민족주의적 관점은 이후에도 일정하게 지속되었지만, 구조주의와 생성주의, 인지주의 등 언어관 도입은 문법론 연구 방법의 변화를 꾀하게 하였다. 본 연구에서는 단어의 개념 변화가 우리말 연구의 성과와 맥을 같이한다고 판단하며 시기에 따른 언어관 변화를 바탕으로 단어 연구를 살펴보고자 한다. 유현경(2025)은 광복 이후 우리말 문법 연구의 시대 구분을 다음과 같이 설정하였다.

(1) 광복 이후 우리말 문법 연구의 시대 구분
    제1기: 발아기(1945년~1960년대 전반, 구조주의 언어학 수용)
    제2기: 변혁기(1960년대 후반~1980년대 전반, 생성문법 수용)
    제3기: 확장기(1980년대 후반~2000년대 전반, 사회 환경 변화와 자료의 등장)
    제4기: 안정기(2000년 후반~2020년대 전반, 이론의 다양화)

(1)에서는 광복 이후 80년을 약 20년씩 시대를 구분하였는데 유현경(2025)은 '광복 이전과 이후', 광복이라는 사건을 기준으로 전혀 다른 시대적 환경을 맞이하지만, 광복 이후에 이런 환경 변화가 문법 연구의 결과로 나타나는 것은 5~10년이 걸린다고 하였다. 특정한 사건을 기준으로 시기를 나누는 것은 명확한 부분이 있으나 연구 결과는 시차를 두고 나타나기 때문에 사건과 연구사의 시대 구분이 정확히 일치하지 않는다는 단점을 고려한 것이다. 한편 이재섭(2023: 336)은 국어학사의 시대 구분은 연구자에 따라 다소 차이가 있지만 1894년 갑오경장을 근대 국어학의 시작으로, 1945년 광복 혹은 1950년대 서구 이론 유입의 전환점을 현대국어학의 시작으로 보는 관점이 일반적이라고 하였다.[3] 남북의 문법 흐름이 본격적으로 구분되는 시기도

광복을 전후한다고 할 수 있다. 최광옥, 김규식, 유길준, 주시경 등을 위시한 우리말 연구자들은 1945년 광복까지 남북 구분 없이 조선어와 조선어교육, 어문 규정 연구 등을 이어 가지만, 광복과 한국전쟁이라는 시대적 사변을 맞으며 남북은 각각 국어학 연구를 진행하게 된다. 남측에서는 서구 이론을 적극적으로 받아들이면서 언어이론의 방법론과 자료 활용 방식의 변화에 따라 연구 흐름에도 변화를 보였다. 북측에서는 논쟁적 요소인 '토'의 구분에 따라 문법론 연구의 시기를 구분하게 된다.[4] 본 연구에서는 남북의 이런 사정을 종합적으로 고려하여 다음과 같이 우리말 문법 연구의 시대를 나눈다.

(2) 근대 이후 우리말 문법 연구의 시대 구분

1시기(19세기 말~1945년 광복 전): 구조주의 언어학 수용 이전

2시기(1945년 광복 후~1960년대 중반): 구조주의 언어학 수용

3시기(1960년대 후반~1980년대 전반): (남) 생성주의 언어학 수용 /
　　　　　　　　　　　　　　　　　　(북) 문화어문법 연구

4시기(1980년대 중반~2000년대): (남) 다양한 언어학 이론 수용 /
　　　　　　　　　　　　　　　　(북) 이론문법 저술 활성화

(2)에서는 광복을 전후하여 남북의 우리말 문법 연구 시대를 넷으로 나누었는데, 남측의 언어학 이론 변화와 북측의 언어사적 주요 변화를 중심으로 구분한 것이다. 1시기는 근대 언어학을 형성하고 '국어'라는 개념을 형성하며 '국어'에 대한 연구와 교육, 정책 등을 수립한 때로 시대 상황과 맞물려

---

[4]　양옥주(1996)는 〈형태연구사〉에서 형태론 연구의 변화를 네 시기로 나누는데, 시기 구분은 북측 문법 형태론의 연구 대상과 서술 방식의 차이뿐만 아니라 단어의 문법적 형태와 범주 변화, 발전에 따른다. 1시기는 북측이 《조선어문법》(1949)을 통해 첫 규범문법서를 마련하고 규범문법 시대를 열었다고 보아 '규범문법 시대'로 칭하고, 2시기는 《조선어문법 1》(1960)의 성격을 서술문법으로 보아 '서술문법 시대', 3시기는 모든 문법서가 문화어 규범을 마련하기 위한 기술이라고 보아 '문화어문법 시대', 4시기는 종전 규범문법을 돌아보며 규범문법에 대한 이론을 마련하기 위한 성격을 띤다고 보아 '이론문법 시대'라고 칭한다(박효정, 2022: 116~117).
　　가. 1시기: 1945~1954년(규범문법 시대)

언어를 민족주의적 관점에서 연구하였다. 이런 상황에서 주시경은 '국어'의 존재를 해명하기 위해 '표기법'과 사회진화론의 맥락에 있던 계몽운동, 즉 '민족의식'에 주목하였다. 이와 같이 광복 이전의 국어학은 말본을 형성하는 것과 동시에 민족정신을 길러 내는 활동이었기에 현대적 의미의 언어학적 기술과 차이가 있다.

2시기(광복 이후)에는 서구의 구조주의 언어학이 본격적으로 도입되었다. 소쉬르(Ferdinand de Saussure)의 구조주의 언어학뿐만 아니라 트루베츠코이(N. S. Trubetskoi), 야콥슨(Roman Jakobson)으로 대표되는 프라하학파의 이론이 언어 연구에 적극적으로 도입되었는데 남에서는 파이크(Kenneth Pike), 블룸필드(Leonard Bloomfield), 호켓(Charles F. Hockett), 나이다(Eugene A. Nida) 등으로 대표되는 미국 구조주의의 기술적 언어분석 이론을 적극적으로 도입하였다. 이재섭(2023: 337)은 이런 과정에서 남측의 음운론, 형태론, 통사론 같은 국어학의 하위 분과가 체계적으로 수립되었고, 각 분과에서 고립적으로 전문성을 확보해 나가는 구조주의 언어학의 체제가 국어학계에 정착하게 되었다고 하였다.

한편 2시기에 드는 1950~1960년대 북에서는 김수경을 중심으로 '언어의 규범을 세우는 일', '문법규범을 체계화하는 일'을 중요하게 진행하였다.[5] 그런데 김수경은 경성제대 재학 시절에 고바야시 히데오를 도와 소쉬르의 《일반언어학 강의》(1916)를 개역하는 데 도움을 주었다. 고바야시는 개역판 '역자의 서'에서 개역판 작업에 도움을 준 김수경에 감사를 전한다고 언급한다. 프랑스어에 능통한 김수경은 고바야시의 개역 작업에서 단순한 옮겨 쓰

나. 2시기: 1955~1970년(서술문법 시대)
다. 3시기: 1971~1980년(문화어문법 시대)
라. 4시기: 1981~1995년(이론문법 시대)
[5] 김수경은 경성제국대학 철학과에서 언어학자 고바야시 히데오(小林秀雄)를 사사하며 언어학의 기초를 다졌다. 이후 김수경은 도쿄제국대학 대학원에서 오구라 신페이(小倉進平)의 지도 아래 〈조선어의 비교언어학 연구〉를 수행하였다.

기 이상의 역할을 하며 《일반언어학 강의》를 정독하였을 것이다. 김수경이 당시 소쉬르뿐만 아니라 최신 구조언어학을 폭넓게 접하였음은 고바야시의 논문집 《언어 연구·현대의 문제(言語研究·現代の問題)》(小夫, 1945)에서도 짐작할 수 있다. 이 책은 언어 연구에서 구조주의를 교육하기 위해 고바야시가 체계적으로 편집한 논문인데 프랑스어, 독일어, 이탈리아로 쓰인 논문 16편을 일본어로 번역하여 수록한 것이다. 이 책 '머리말'에서 고바야시 히데오가 유일하게 감사의 뜻을 표한 사람은 김수경이다. 김수경은 프라하학파의 언어이론과 마르티(Anton Marty)[6] 같은 언어철학자의 이론까지 섭렵하였다〔이타가키 류타(板垣竜太), 2024: 88-91〕. 김수경의 학문적 폭과 깊이는 북의 어문규범과 규범문법을 형성하는 데 반영되었다. 광복 이후 남북은 서구의 구조주의 언어학을 적극적으로 받아들이며 국어학 연구를 진행하였다.

　3시기에 남측은 촘스키(Noam Chomsky)의 변형생성문법을 수용하여 국어 연구의 방향이 구조주의 문법에서 변형생성문법으로 전환되었으며, 이에 따라 통사론 연구의 패러다임도 변환하였다. 이전 국어학에서 전통문법과 실증적 기술, 역사언어학적 접근이 중심이었다면, 변형생성문법을 수용하면서 국어 문장을 형식적 규칙 체계로 설명하려는 시도가 활발해진 것이다.[7] 북에서는 1960년대 후반 김수경이 정치적 시련으로 언어학계에서 퇴조한 한편, 주류 언어학계에서는 문화어에 대한 논의가 본격적으로 전개되며 이에 기반한 언어 연구가 시작되었다. 김수경이 일선에서 물러난 후 정립된 문화어문법은 사회적·정치적으로 형성된 주체사상, '주체적 언어리론'의 영향을 받는다. 즉 조선어의 고유하고 개별적인 특성을 찾아서 이를 이론화하

---

[6]　이타가키 류타(2024: 91)는 마르티는 기술심리학을 언어 연구에 응용하여 언어의 역사적 변화보다 심리와 의사(意思)라는 관점에서 현재의 언어가 존재하는 모습을 탐구했기 때문에 구조주의의 선구자라고 평가하는 사람도 있다고 하였다.

[7]　당시 유학파 언어학자가 등장하면서 촘스키 이론을 한국어 문장구조 분석에 적용하기도 하고, 전통문법과 생성

고 체계화하는 것이 1960년대 후반부터 1970년대까지 문법 연구에서 중요한 과제가 되었다(박효정, 2024가: 11-12).

4시기인 1980년대 이후, 남에서는 우리말 문법 연구에 서구의 다양한 언어학 이론이 도입되며 각 이론에 기반하여 학문적 다양성과 분화, 실용 언어학의 활성화 흐름이 나타났다. 1990년대 중반에는 언어를 인간의 인지 능력과 밀접하게 관련된 현상으로 보는 인지언어학(cognitive linguistics), 언어의 사용 맥락과 계층적 변이, 언어 태도 등을 주제로 한 사회언어학(sociolinguistics), 말뭉치를 기반으로 한 통계적 언어분석과 형태소 분석기 개발 등을 다루는 말뭉치언어학(corpus linguistics), 전산언어학(computational linguistics) 등 다양한 분야를 연구하며 한국 언어학의 전환기이자 성장기로서 흐름을 보여 주었다. 2000년대 들어서는 풍부한 자료와 이론을 바탕으로 형태론, 화용론, 의미론 등 다양한 분야에서 우리말 문법 연구가 활발히 진행되고 있다.

북측은 1980년대 중반에 그간 이론 분야에서 이룩한 성과를 종합하여 문법론을 '품사론, 형태론, 문장론, 단어조성론'으로 나눠 이론서를 출판하며 각 분야 언어이론을 체계적으로 정리하였다. 박효정(2024나)은 2005년부터 2019년까지 북측 4대 학술지의 문법론 연구 동향을 살펴보았는데, 지난 15년간 4대 학술지에는 매년 59편 정도 논문이 발표되었다. 연구 주제는 품사론이 가장 많았고(251편, 28.14%), 형태론(207편, 23.21%), 의미론과 어용론(189편, 21.19%),[8] 문장론(137편, 15.36%), 문체론과 언어생활(108편, 12.11%)이 그 뒤를 이었다. 전통적인 문법론 연구 주제인 품사론과 형태론의 연구 비중이 높으나, 의미론과 어용론 연구가 차츰 증가하고 세계 언어학 이

문법을 접목하려는 시도가 있었다. 이들은 미국에서 공부를 마치고 돌아와 한국어의 고유한 통사적 특성과 세계 언어이론을 연결하고자 하였다.

[8] 어용론은 남측 문법의 화용론에 대응한다.

론의 변화를 수용하며 이를 조선어 문법론에 적용하려는 모습을 보였다. 북은 연구 방법에서 계량적, 언어정보적, 인지·화용적 접근을 시도하였으며, 화자와 청자를 중심으로 언어적 환경을 확장하여 담화의 기능과 언어 정보의 관계를 탐구하고자 하였다. 4시기에 남북은 모두 서구의 이론을 적극적으로 받아들여 국어학 연구를 다양한 각도에서 왕성하게 진행하고 있다.

2장에서는 근대 언어학 이전과 이후, 남북의 우리말 연구 시기를 나누어 대략적인 양상을 살펴보았다. 3장에서는 시기별로 남북에서 단어를 어떻게 정의 내리는지, 품사체계를 어떻게 설정하는지, 조사와 어미에 대한 문제는 어떤지 살펴볼 것이다.

3. 시기별 남북의 단어 논의

3.1. 단어의 정의

근대 이후부터 현대까지 단어를 정의하는 기준으로 널리 사용된 개념은 '더 작은 자립형식으로 분리될 수 없는 자립형식', '최소자립형식(the minium free form)'이다. 그러나 최소자립형식을 어떻게 볼지는 근대 이후 약간 차이가 있었다. 1시기 대표적인 문법서인 주시경의 《국어문법(國語文法)》(1910)에서 단어는 최대한 분석해 내려는 분석적 체계를 가지며, 조사와 어미를 모두 독립할 수 있는 형태소로 여기고 단어의 자격을 주었다. 김두봉 (1916, 1922) 등은 주시경의 체계를 계승·발전시켰다. 주시경은 《국어문법》 (1910: 27)에서 낱말의 뜻매김을 (3)과 같이 기술하였다.

(3) 기는 낫말을 이르는 것으로 씀이니 여러 가지 몬(勿이라 하는 말이니 東言解에 있는 것)이나 일을 따르어 이르는 말을 각각 부르는 이름으로 씀이라.[9]

(3)에서 기(낱말, 단어에 해당)의 뜻매김으로 볼 때 '여러 가지 몬'은 실질적 요소를 가리키고, '일을 따르어 이르는 말'이란 기능적 요소를 뜻한다. 김석득(2009: 364)은 이와 같이 기능적 요소를 '기(씨)'로 보는 견해는 토(조사)나 씨끝(어미)까지 독립된 하나의 씨(낱말)로 볼 수 있다는 것을 뜻한다고 하였다.

지금 남쪽 문법의 기틀이 된 최현배의 《우리말본》(1937/1971: 144-147)에서 낱말은 말의 단위(單位, 낱덩이, unit)이니 따로따로 어떠한 생각을 가지고 말함과 글월을 이루는 직접의 재료가 된다고 하였다. 최현배는 낱말이 말의 단위라고 하였는데, 말의 단위란 월(文)을 만들 때 직접 재료가 되는 낱덩이로써 더 분석하면 말의 낱덩이로서 작용을 잃어버린다고 보았다. 낱말 뜻매김의 중심에는 '월의 전제'가 있다. 김석득(2009: 454)은 최현배의 이런 서술이 '분포(distribution)의 자유성'을 가진 낱말을 독립된 단위로 보고, 토[10]가 독립된 낱말이 될 수 있음을 암시한다고 해석했다.

(4)는 《우리말본》(1937/1971: 147-148)에서 보이는 단어의 정의다.

(4) 낱말이란 것은, 더 쪼가를 수 없는, 말의 낱덩이(單語)이니; 반드시 어떠한 생각을 가지고, 따로 떨어져서, 말함과 글월을 이루는 직접의 거리(材料)가 되는 것이니라.

---

[9] 원문은 붙여쓰기로 되어 있으나, 본고에서 가독성을 위해 띄어쓰기로 수정하였다.
[10] 이때 토는 조사를 말한다.

2시기, 해방 이후 남에서는 최현배의 단어의 정의가 수용되었다. 최현배는 1930년대부터 '씨'는 문장성분 단위이고 더 가를 수 없는 소리의 한 덩어리라고 정의하였고, 1960년대에도 이를 유지하였다. 최현배 문법은 현재 남측 문법 체계의 근간이 되는데, 품사분류 기준을 형식과 구실에 두었다. 형식은 곧 형태적 기준에 따른 것으로 말이 문장에서 활용이 가능한지, 접사의 부착 가능성 등을 고려하여 체언과 용언을 구분하였다. 또한 구실, 즉 기능적 기준에 따라 문장에서 해당 단어가 어떤 역할(기능)을 수행하는지를 기준으로 체언, 부사, 관형사 등으로 나누었는데, 기능적 기준은 문장성분과의 관계에서 파악되며 어떤 자리에 올 수 있는지에 따라 달라진다.

허웅(1963: 172)은 한쪽 혹은 양쪽 모두 구속형식인 요소를 최소자립형식으로 정의하기도 하였다. 최소자립형식으로 단어를 정의하는 것은 국어에서 조사를 단어로 인정하는 규범문법에서는 받아들이기가 쉽지 않았다. 안병희(1965: 112-113)는 자립성과 분리성을 기준으로 단어를 정의하기도 하였다.[11]

2시기에 북의 문법서 《조선어문법》(1954: 65)은 단어에서 의미를 가지는 가장 작은 부분을 형태부라고 정의하며, 단어는 단어들 사이의 관계를 나타낸 부분인 '토'와 토를 떼고 남는 부분인 '어간'으로 구성된다고 하였다. 예를 들어 '집이'를 '집(어간)'과 '이(토)'로, '높은'을 '높(어간)'과 '은(토)'으로 분리하였다. 형태부에 대한 정의, 단어들 사이에 대한 관계는 《조선어문법 1》(1960)에서도 유지되는데, 단어의 구성에는 '어근, 접두사, 접미사, 토'가 있다고 보았다. 그런데 이때 토는 (남측) 현대국어의 접미사(단어조성의 접미사)와 피동·사동 접미사, 시제 선어말어미와 명사형 전성어미(형태조성의

---

[11] 고영근·구본관(2008/2018: 32-33)은 단어를 '궁극적으로 독립된 의미 단위(an ultimate independent sense-unit)'라는 의미적인 기준으로 정의하거나 '자리 이동(transposition)'이나 '휴지(pause)', '분리 가능성(isolability)' 등을 기준으로 정의할 수 있다고 하였다.

해방 이후 민족 공통성 유지와 분화의 80년

접미사)가 포함된다. 이후 북은 1963년 토론회를 통해서 토를 형태론적 기준에 따라 '격토, 종결토, 접속토, 규정토'와 '시칭, 존경, 상, 법, 식' 등의 형태 조성의 접미사로 나눈다.

3시기, 구본관(2025: 112)에 따르면 남에서는 구조주의 문법과 함께 생성 문법적 관점의 연구가 이루어지면서 공형태소나 영형태소의 문제, 문법화의 문제, 현대국어의 접미사, 접두사, 어미의 목록 제안, 개별 문법형태소의 조어법적 특성 등의 연구가 활발해졌다. 북에서는 문화어문법이 정립되면서 이전 시기에 논의되던 논쟁적인 문제에 일치된 견해를 보이며 토를 단어의 구성 요소로 보지 않고 '교착 접사'로 보며 품사에서 분리하였다.

단어의 정의가 어려운 것은 단어가 형태론적 단위이면서 음운론적 단위로 이루어져 통사 구성에 참여할 수 있기 때문이다. 이에 따라 4시기에 남에서는 단어를 음운론적 단어(phonological word)와 통사 원자(syntactic atom)로 나누는 박진호(1994)의 논의가 주목을 받았다. 이와 유사하게 시정곤(2006: 11-29)은 단어를 추상적인 의미 단위인 어소(lexeme), 문법적인 기능을 포함한 문법론적인 단어(grammatical word), 문법적인 기능이 음성 형태로 표시된 변이어(word-form)로 나누었다. 김성규(1987)처럼 생성형태론적 입장에서 어휘소(lexeme)를 설정하거나 인지언어학적 입장에서 등재소(listeme)를 설정하여 단어와 관련짓기도 하였다. 고영근·구본관(2008/2018: 39-41)은 구본관(1990, 2002), 채현식(1994) 등이 어휘부의 등재 단위로 등재소(listeme) 등을 설정하는데, 이는 심리 어휘부의 등재 단위라는 점에서 단어와 밀접한 관련이 있는 단위라고 하였다.[12] 이런 논의는 모두 우리말 단어의 다양한 측면을 포착하기 위한 시도라고 평가하였다.

---

[12] 등재소란 화자의 기억 단위로 숙어나 속담 등을 포함하는 개념으로 형태론의 범위를 관용구나 관용절, 속담 등의 관용 표현으로 확장할 수도 있다.

4시기에 북측의 《조선어단어론》(2005: 6-7)은 단어와 형태부를 전체와 부분의 관계로 보고 단어는 문장에서 한 개의 구조적 단위면서 문장성분이라는 기능적 단위로 자격이 첨부된다고 정의하며, 문장을 이룰 때 여러 가지 문법적 형태를 취한다고 하였다. 《조선어단어론》(2005: 80)은 문법에서 단어라고 할 때 아직 문법적 형태를 갖추지 않은 사전적 단어일 수도 있고, 문장에 들어가기 위해 형태를 갖춘 단어 형태('형태단어')일 수도 있다고 하였다. 품사론이나 단어조성론에서 취급하는 단어는 앞의 것이며, 뒤의 것은 형태론과 문장론의 대상인데 사전적 단위를 1차적 단어, 문법적 단위를 2차적 단어 즉 형태단어로 구분하였다.[13]

정리하면 근대 이후 국어문법에서 단어는 일반적으로 '최소자립형식'으로 정의되었으나, 남북은 이를 기반으로 서로 다른 분석 체계를 발전시켰다. 남에서는 주시경과 최현배를 거치며 단어를 문장의 기본 단위로 보되 형태와 기능을 기준으로 품사를 분류하였고, 구조주의와 생성문법을 도입하면서 음운론적 단어, 통사 원자, 어소 등의 개념이 논의되었다. 북에서는 단어를 형태소 단위로 분석하면서 '토'를 포함한 어간, 접미사 등의 구성 요소로 세분화하고, 이후 '토'를 교착 접사로 보며 품사에서 분리하였다. 현대에 이르러 남에서는 등재소와 변이어 등 인지적·심리적 단위를 통해 단어의 정의를 확장하고, 북에서는 단어를 사전적 단위(1차적 단어)와 문장 내 형태를 갖춘 형태단어(2차적 단어)로 구분하여 기술한다. 양측 모두 단어 개념을 형태론적·통사론적 층위로 나누어 접근하며, 단어의 정의와 범위에 다양한 이론적 시도를 이어 가고 있다.

---

[13] 북측의 2차적 단어는 그 외연이 남측 문법의 '어절'과 동일하다. 북측에서 단어를 1차적 단어와 2차적 단어로 나누는 관점은 남측 학교문법에서 단어는 형태론의 문법 단위로서 문장 구성에 직접적인 성분이 되지 않는다고 여기고, 문장 구성의 기본적인 단위는 어절로 보는 것과 유사하다(유현경, 2020: 31-32).

3.2. 품사체계의 측면

19세기 말 갑오경장의 혁신과 변화는 언어에서도 새로운 변화를 가져왔다. 김석득(2009: 278)은 갑오경장을 경계로 국어학은 민족주의 사상을 더욱 굳히는 동시에 국어연구를 과학적 체계 위에 정착시키게 되었다고 하였다. 언어 연구에서 과학적이라는 말은 언어를 체계적·논리적이며 실증적인 방법으로 탐구하는 것을 의미한다. 1시기와 2시기의 연구 특징 중 하나는 품사체계에 대한 논의가 문법 연구의 중요한 자리를 차지했다는 점이다. 3시기와 4시기는 품사체계에 대한 논의보다 단어 형성 방법(조어론)과 단어 형성 규칙에 관한 논의가 주를 이루었다는 점에서 이전 시기와 구별된다.

1시기 갑오경장 이후 우리말 연구는 음운, 문자학에서 말본갈로 옮겨졌다. (5)는 국어문법을 서양과 일본의 문법 체계에서 독립적인 국어 중심의 체계로 옮기는 데 중요한 이정표 역할을 한 문법서다.

(5) 20세기 초 문법서에 나타나는 품사분류

    가. 최광옥의 《대한문전》(1908): 명사, 대명사, 동사, 형용사, 부사, 후사(後司), 접속사, 감탄사

    나. 유길준의 《대한문전》(1909): 명사, 대명사, 동사, 형용사, 첨부사(添附詞), 접속사, 조동사(助動詞), 감동사

    다. 주시경의 《국어문법》(1910): 임, 엇, 움, 겻, 잇, 언, 억, 놀, 끗

    라. 주시경의 《말의 소리》(1914): 임, 엇, 움, 겻, 잇, 긋

    마. 김두봉의 《조선말본》(1916), 《깁더조선말본》(1922)

        1) 으뜸씨: 임(名), 얼(形), 움(動), 몸말(體言), 씀말(用言)

        2) 토씨: 겻(助), 잇(接續), 맺(終止)

3) 모임씨: 언(前置形容, 冠詞), 억(副), 늑(感動)

바. 최현배의《우리말본》(1937): 이름씨, 대이름씨, 셈씨, 움직씨, 그림씨, 잡음씨, 매김씨, 어찌씨, 느낌씨, 토씨

최광옥은《대한문전》에서 단어를 8품사로 분류하였고, 유길준은 최광옥의 체계에 변형을 추가하였다. 김석득(2009: 287)은 최광옥의《대한문전》이 품사를 분류할 때 원칙적으로 단어(낱말)의 뜻을 기준으로 하여 의미를 가장 중요한 요소로 삼고 기능을 부차적으로 보았다고 하였다. 유길준의《대한문전》역시 각 품사의 의미를 중심으로 서술한 점에서 최광옥과 마찬가지로 의미적·기능적 언어관에 기반하나, 관계대명사나 주격 등의 설명에서는 의미론적 관점에서 현대 언어학에 접근하고 있다고 평가하였다.

최광옥과 유길준의 문법 연구에서 근대 말본 연구의 과학적인 뜻을 찾는다면, 근대적 학문 체계를 정립하게 된 것은 주시경의 국어학에서부터다.[14] 주시경의《국어문법》은 국문의 '소리(음성학)', '기난갈(품사분류론)', '짬들갈(구문론)'의 3분 체계로 구성되었고, '임, 엇, 움, 겻, 잇, 언, 억, 놀, 끗', 9품사 체계를 제시하였다. 품사는 문장 내 기능을 중심으로 분류되었으며, 후속작《말의 소리》에서는 '언, 억, 놀'을[15] 통합하여 6품사로 축소되었다. 이는 의미와 기능보다 형식 중심의 변화로 해석된다.[16] 김두봉의《조선말본》은 주시경의 이론을 계승하면서도 명사와 형용사, 동사를 '으뜸씨', 조사와 어미류를 '토씨', 관형사와 부사, 감탄사를 '모임씨'로 구분하였다. 이는 문법형태소의 세밀한 분석과 문법 단위에 대한 인식이 반영된 결과로,《말의 소리》의

---

[14] 주시경은 언어를 독립의 性으로 간주하며 언어와 국가를 일체화하고자 하는 철학에서 출발한다. 주시경은 언(言)과 문(文)이 사회조직의 근본이며 인민을 동작하게 하는 기관으로, 문언을 연구·수정하는 일은 독립을 지키는 첩경으로 보았다(고영근, 2001: 60-76).

[15] '언'은 '이, 그, 저, 그, 큰, 적은, 엇더한, 무슨' 등으로 현대국어의 관형사에 해당하고, '억'은 '다, 잘, 이리, 저리, 그리, 천천이, 꼭, 정하게' 등으로 현대국어의 부사에 해당하며, '놀'은 '아, 하, 참' 등으로 현대국어의 감탄사에 해당한다.

체계를《국어문법》수준으로 바꾼 것이다.

최현배의《우리말본》은 남측 학교문법의 근간이 되는 문법서로 현재까지 그 영향이 크다.《우리말본》(1937/1971: 153)에서는 '말이 가지고 있는 공통스러운 뜻'을 묶은 것이 품사라고 하며 '연역법적·계층적 구조'로 품사를 분류하였다.[17] 김석득(2000: 191-192)은《우리말본》(1937)이 품사분류 역사상 처음으로 이론적 원칙을 확립하고, 그 원칙인 구조론과 문법적 의미의 의미론에 따라 10품사를 분류하였다고 하였다. 이는 이미《조선어 품사분류론》(1930)에서 정립된 것으로, 품사를 종합적이고 논리적으로 분류하였다는 특성을 가진다.

1시기에는 문법 체계를 정리해서 민족주의적 언어관을 바탕으로 국어문법의 자립을 꾀하고자 하였고, 우리말의 품사체계는 '의미, 기능, 형식'을 기준 삼아 실험적으로 혼합하여 단어와 품사체계를 구축하려는 초기적·실험적 단계에 있었다고 볼 수 있다.

2시기 남측에서 우리말 연구는 품사론이나 중세국어를 중심으로 한 형태론 연구가 주를 이루었고(유현경, 2025: 14), 국어의 민족어로서 위상 정립과 표준 문법 체계의 필요성이 대두되었다. 2시기는 주시경의 연구를 계승하면서도 교육 현장에서 사용할 국어문법서를 교육 목적에 맞게 정리한 실용적인 품사체계를 형성해야 할 요구가 컸는데, 최현배와 이희승 등이 주요한 역할을 하였다. 최현배는《우리말본》(1937)을 수정·보완하여《우리말본》(1955)을 발간하였는데, 광복 후 우리말 문법을 교육적 목적으로 정비하고자 실용적 설명을 보강하고 문법적 설명에도 교육적 전달력 강화를 시도하

---

[16] 최형용(2012)은 주시경이 품사분류의 대원칙은 문장에서 역할, '기능'이지만《국어문법》에서《말의 소리》에 이르기까지 그 비중은 차이가 있다고 하였다.

[17] 문장을 만드는 구조를 기준으로 첫째, 생각씨(관념사)와 걸림씨(관계사)로 나누고 둘째, 생각씨는 구조적 기능과 말의 뜻을 기반으로 으뜸씨(주요사)와 꾸밈씨(수식사)로 나누고 셋째, 구조적 기능에 따라 으뜸씨는 임자씨(체언)와 풀이씨(용언)로 나누고 넷째, 임자씨와 풀이씨는 각각 구체적 개념과 추상적 개념에 따라 다시 나누고 다섯째, 꾸밈씨는 구조적 기능에 따라 낱말 꾸밈과 마디(節) 꾸밈으로 나눈다. 마지막으로 걸림씨는 구조적 기능에 따라 토씨가 된다(최현배, 1937/1971: 154-157).

였다. 하지만 기본 이론 체계는 《우리말본》(1937)과 마찬가지로 연역법적이고 계층적인 구조에 따라 품사를 분류하고 고유한 품사 명칭을 사용했으며, 문장론보다 품사론을 중심에 두는 특징을 유지했다. 이희승의 연구는 《초급 국어문법》(1950), 《국어학개설》(1955), 《중등문법》(1956) 등으로 집약된다. 김석득(2009: 508)은 《초급 국어문법》에서 이희승 말본의 체계적인 전모가 잘 드러난다고 하였다. 《초급 국어문법》의 품사분류는 '명사, 대명사, 수사, 동사, 형용사, 존재사, 관형사, 부사, 조사, 감탄사', 10품사 체계를 세웠다. 이희승은 '있다, 없다, 계시다, 안 계시다'를 존재사로 설정하였는데, 끝바꿈을 확대하여 용언뿐만 아니라 체언도 활용한다고 본 것을 주목할 만하다. 2시기에 이희승 등 일부 학자는 말본의 술어로 한자어를 사용한 반면, 최현배 등은 우리말을 사용하였다. 2시기에 남측은 문법 술어의 사용이나 품사분류와 관련된 구체적 차이가 크지 않았지만 학계 내 이견은 상당하였고, 그 결과 학교문법의 통일이 필요하다고 제기되었다.

북에서도 2시기는 문법론에서 품사론과 품사분류의 문제를 가장 중요하게 여기며 논쟁하던 때다. 북의 언어학계는 '토'의 품사 설정, 독자적 품사론 설정 여부 등 여러 품사 문제를 해결하였다.

(6) 북측 문법의 품사분류(박효정, 2024가: 5)

　　가. 《조선어문법》(1949): 명사, 수사, 대명사, 형용사, 동사, 부사, 조사, 감동사[18] (8품사)

　　나. 《조선어문법》(1954): 명사, 수사, 대명사, 형용사, 동사, 관형사, 부사, 토, 감동사 (9품사)

---

[18] 감동사는 남측 문법의 감탄사에 대응한다.

다. 〈조선어 형태론의 몇 가지 기본적 문제에 관하여 1〉(1956): 명사, 수사, 대명사, 동사, 형용사, 관형사, 부사, 토, 감동사 (9품사)

라. 《조선어문법 1》(1960): 명사, 수사, 대명사, 동사, 형용사, 관형사, 부사, 감동사 (8품사)

마. 《현대조선어 2》(1962): 명사, 수사, 대명사, 동사, 형용사, 관형사, 부사, 감동사, 상징사 (9품사)

바. 《조선어문법》(1964): 명사, 수사, 대명사, 동사, 형용사, 관형사, 부사, 감동사, 상징사 (9품사)

북측 문법의 품사분류에서 쟁점은 관형사와 상징사 등의 품사 설정과 '토'의 품사 설정 여부에 있었다. 이를 살펴보면 첫째, 《조선어문법》(1949)에 없던 관형사를 《조선어문법》(1954)부터 설정하게 된다. 《조선어문법》(1954: 240-243)에서 관형사는 '대상의 표식을 나타내면서 오직 다음에 오는 단어의 규정어로 될 수 있는' 품사라고 정의하였다. 여기에서는 관형사의 기능적 특성과 통사적 특성을 서술하며 이전 문법과 달리 독자적 품사로 보았다. 둘째, 《현대조선어 2》(1962)에서 '상징사'를 설정하는데, 이는 우리말이 인구어와 달리 소리와 모양을 나타내는 말이 많다는 특성을 반영한 것이다. 셋째, 《조선어문법 1》(1960)부터 '토'를 품사분류에 넣지 않는 이유는 1956년 김수경이 발표한 〈조선어 형태론의 몇 가지 기본적 문제에 관하여 1〉의 영향이 컸다. 여기에서는 품사 설정의 기준을 '단어의 기본적인 구조와 의미적 특성'에 두며 '토'는 어휘적 의미가 없고 문법적 의미, 즉 통사적 기능을 담당하는 것이기 때문에 별도의 품사로 설정해야 한다고 주장하였다. 이후 북에서는 '토'가 문법적 형태를 조성하는 교착 접사라는 데 동감하며 독자적인 품사에 포함하는 것이 불합리하다고 인정하게 되었다(박효정, 2024가: 5-9).

3시기 남에서는 촘스키의 변형생성문법을 수용하며 이를 본격적으로 국어학 연구에 활용하였다. 유현경(2025: 14)은 변형생성문법은 생성음운론과 생성통사론을 중심으로 문법에서 자율통사론이 주를 이루었기 때문에 형태론 연구의 위축을 가져왔다고 하였다. 이와 관련하여 임홍빈(1982: 168-170)은 1970년대를 '형태론의 소멸 위기 시대'라고 다소 과장된 표현을 사용하며 1960년대 문법론에서 품사 논쟁으로 온갖 열정을 소진한 탓도 있다고 하였다. 통일 문법 체계가 출범한 것은 1967년 중학교 문법과 1968년 고등학교 문법에서였는데, 당시 품사체계는 '명사, 대명사, 수사, 동사, 형용사, 관형사, 부사, 조사, 감탄사', 9품사였고 최현배가 주장한 지정사는 포함되지 않았다. 북에서는 1960년대 후반에 본격적으로 문화어에 기반을 둔 언어 연구가 시작된다. 문화어문법에서는 이전까지 형태론이 '품사, 토, 단어조성'으로 구성된 것에 변화를 주어 '품사'와 '토'를 분리하고, 1980년대부터 문법론 체계를 '품사론, 형태론, 문장론, 단어조성론'으로 확립한다. 품사체계는 '명사, 수사, 대명사, 동사, 형용사, 관형사, 부사, 감동사', 8품사인데 이후 규범문법에서 해당 체계를 유지한다.

4시기 남에서는 1980년대 중반 생성형태론과 문법화 이론이 등장해 새로운 국면을 맞이한다. 유현경(2025: 16)은 이 시기에 남측의 형태론 연구는 단어를 분석하여 구조를 밝혀내는 분석적 연구에서 단어를 생성하는 화자의 언어능력을 밝혀내는 형성 측면을 강조하는 연구가 등장하게 되었다고 평가하였다. 형태론 연구의 주제가 바뀌면서 조어법에 관한 관심이 높아졌고, 품사체계에 대한 논쟁은 주가 되지 않았다. 1980년대 중반에 학교문법에 대한 연구가 이루어지고 교사용 지도서에 의무적으로 붙었는데 1963년 만들어진 통일 문법안에서 달라진 것은 지정사 '이다'를 단어로 인정하되, '서술격조사'라고 명하고 조사로 보기로 한 것이다. 하지만 '이다'에 대한 품사 논의는 이후 다양하게 이어졌으며, 이를 지정사(서정수, 1994; 허웅, 1999; 성낙수, 2013), 동사(엄정호, 1989), 의존형용사(유현경·남길임, 2016), 접사(황화상, 2001; 우순조, 2006; 박철우, 2006)로 보는 등 여러 관점이 제시되었다.

북에서는 1980년대 중반, 문법 이론 분야의 성과를 종합하여 문법론을 '품사론, 형태론, 문장론, 단어조성론'으로 나눠 출판하였고 2005년에는 '조선어학전서'를 출판하며 해방 후 50년간 언어 연구의 성과를 종합적으로 체계화하고자 하며 '형태론, 품사론, 문장론, 단어조성론, 문장성분론, 실용문법'을 문법론 분야의 하위 항목으로 두었다. 김옥희의《조선어품사론》(2005)에서는 '체언적 품사(명사, 수사, 대명사), 용언적 품사(동사, 형용사), 수식언적 품사(부사, 관형사), 독립언적 품사(감동사)'로 품사를 종전과 같이 분류하였다.

정리하면 1시기는 국어문법의 기초 확립기로 주시경, 김두봉, 최현배 등 선구자들이 국어문법 체계를 처음으로 이론화하였고 품사를 의미, 기능, 형식을 기준으로 분류하고자 하였다. 2시기부터 남북은 분단으로 인해 각자의 문법 체계를 성립하였다. 남에서는 통일 문법 체계를 성립하고자 논의하며 9품사 체계를 정리하였고, 북에서는 품사분류의 문제를 가장 중요하게 여기며 활발한 논의를 진행하였다. 그러나 남북은 관형사, 상징사, 토 등의 분류 기준에서 다른 입장을 보였다. 3시기 남에서는 구조주의와 생성문법 이론의 영향을 받아 전통문법을 재해석하였고, 통사론 중심의 접근을 강화하였다. 북에서는 문화어문법 체계가 본격화하며 문법 부분을 '품사론, 형태론, 문장론, 단어조성론'으로 분화하였다. 4시기 남에서는 품사 개념을 비판적으로 검토하며 인지언어학과 언어 정보 등의 관점에서 분류 체계를 다양화하였고, 북에서는 문화어문법을 제도화하고 단어조성론을 중심으로 품사론을 심화하였다.

3.3. 조사와 어미의 문제

1시기에 가장 논쟁적 논의 중 하나는 조사와 어미를 단어로 보아 품사로 설정할지에 대한 문제다. 앞서 서술하였듯이 주시경은 단어를 최대한 분석하고자 하는 분석적 관점에서 조사와 어미를 단어로 설정하였고, 최현배는 이보다 절충적인 준종합주의를 취해 조사는 단어로 취급하고 어미는 단어로 취급하지 않았으며, 정열모는 조사와 어미를 모두 단어로 취하는 종합주의적 체계를 취하였다.

1시기 연구 중에는 최현배와 정열모의 연구를 살펴볼 필요가 있는데, 먼저 최현배(1930, 1937)의 연구에서 살펴볼 것은 '보조어간'이다. 최현배의 보조어간은 현대국어에서 일부는 접사, 일부는 선어말어미로 분류되는데 그가 당시 '보조어간'을 강조하며 어말어미와 선어말어미를 구분하였다는 점에 의의가 있다. 이를 통해서 최현배는 조사는 단어로 보고 어미는 용언의 일부로 설정해 용언의 활용 개념을 설명할 수 있었다. 정열모(1946: 49)는 조선어의 토, 즉 겻(조사)과 맺(어미)은 낱뜻으로 감말[19]이 아니라고 서술하였다. 겻과 맺은 단독성이 없어서 제힘으로 하나의 개념을 가질 수 없기 때문이다. 정열모(1946)는 조사와 어미가 의존성을 가진다는 공통성을 중심으로 서술한다. 토가 부착되는 위치를 중심으로 서술하지 않았기 때문에 토가 체언에 붙어서 수의적 성분으로 쓰였는지, 용언에 붙어서 필수적 성분으로 쓰였는지를 주요한 문제로 다루지 않았다. 정열모는 주시경과 김두봉의 문법관을 이으면서도 조사, 어미에 모두 단어의 자격을 주지 않았다는 것이 특징이다. 정열모는 형식보다 의미와 기능을 존중하는 서술 방식을 택한 것으로 보

---

[19] 감말은 문장의 성분으로 자기만의 힘으로 관념을 나타낸다. 예를 들어 '산', '가느다', '멀다', '어느', '만일', '아아' 등이 있다. 낱말은 감말에 붙어 비로소 관념을 나타내는 말로 '산이 보인ㄴ다', '산에 오르ㄴ다'에서 '이', '에', 'ㄴ다'가 해당된다(정열모, 1946: 16).

인다(박효정, 2022: 124). 1시기 최현배와 정열모의 논의는 이후 남북의 문법 연구에 각각 큰 영향을 미쳤다.

2시기 남에서 최현배의 어미 분류 체계는 구조주의 이론에 기반하여 계열 관계와 통합 관계를 통해 체계적으로 분석되었다. 고영근(1965, 1967)은 현대국어의 어미를 선어말어미와 어말어미로 분류하고 어말어미는 다시 종결어미와 비종결어미로, 비종결어미는 연결어미와 전성어미로 구분하였다. 고영근의 연구는 우리말 어미를 통사적 기능을 중심으로 분석해 어말어미와 선어말어미의 구분을 명확히 하고 종결어미와 비종결어미의 분류에 이론적 기초를 제공하였다는 데 의의가 있다. 2시기의 조사 논의는 주로 조사의 범주와 지위를 중심으로 진행되었다. 조사는 선행 명사가 자립성을 지닌다는 점에서 최현배(1937)처럼 단어로 보려는 입장이 있던 반면, 이숭녕(1961)은 조사를 격어미나 곡용어미로 간주하여 어미와 함께 굴절 영역에서 논하였다. 그러나 1980년대 학교문법에서 조사는 단어로서 그 지위를 확립하였고, 이는 현재도 유지되고 있다.

2시기 북의 문법서 《조선어문법》(1949)은 단어조성의 접사와 문법적 의미의 접사를 나누며 조사와 어미를 같은 범주에서 취급하였다. 조사와 어미의 문법범주를 구분하지 않고 공통점을 중심으로 하나의 범주로 서술하는 것은 정열모(1946)의 서술 방식과 유사하다. 해방 후 북에서는 토를 문법적 의미를 나타내는 형태소로 규정하며 토를 통해 문장성분의 위치를 규정한다고 인식하였다. 북은 1962~1963년 토론회를 전후하여 모호하던 형태론과 품사론의 경계를 분리하는 변곡점을 마련하면서 토를 교착 접사로 일정하게 합의하게 된다(박재수, 1999: 171). 이 과정에서 김수경(1956가)의 위치적인 것과 비위치적인 것의 개념을 적용하여 '상(이, 히, 리, 기)', '시칭(았)', '존경(시)'은 해당 단어가 주어와 보어, 규정어 등 문장성분에 관계하지 않기 때문에 비위치적인 것이고, '격', '법', '계칭'은 문장성분과 관계하기 때문에 위치적인 것으로 규정한다. 이는 선어말어미와 어말어미를 구분하고자 하는 최현배의 '보조어간' 개념과 일맥상통한다는 데서 중요한 의미가 있다. 보조어간과 어말어미는 통사적 역할이 다른데, 특히 종결어미는 문장을 종결하는 통사적 역할을 하며 문장성분을 만드는 데 관여하지만 보조어간은 그렇지 못하기 때문이다. 이와 같이 북측은 초창기 문법부터 형태부와 문장성분의 체계 정합성을 중요하게 고려하였다(박효정, 2024가: 10).

3시기 남에서는 구조주의 언어학이 정착하고 생성문법과 독일의 내용 중심 문법, 프랑스와 독일의 의존 문법 등 다양한 서구 이론을 수용하면서 조사와 어미 연구, 조어법, 품사론 등을 깊이 있게 연구하였다. 어미의 통시적 변화에 대한 논의(안병희, 1967; 이기갑, 1978; 이현희, 1982), 개별 어미의 통시적 발달에 대한 논의(한동완, 1986), 생성문법 관점에서 격조사 외에 한정사(delimiter)를 도입한 논의(양인석, 1973; 김영희, 1974), 특수조사를 담화 기능 조사나 양태 조사 등의 개념을 도입하여 세분화한 논의(유동석, 1984) 등 다양한 논의가 이루어졌다. 특히 생성문법적 시각이 도입되면서 조사와 어미의 핵성(核性, headedness)에 대한 다양한 논의가 있었다(고영근, 1989; 임홍빈·장소원, 1995; 이익섭·채완, 1999 등). 이 가운데 조사의 핵성에 대해서는 다양한 견해가 존재하는 반면(임홍빈, 1999; 한정한, 2003, 2010; 임동훈, 1991, 2008 등), 어미의 경우에는 이를 핵으로 보는 논의가 일반적으로 받아들여지고 있다. 즉 우리말에서 어미가 시제, 높임, 문장 유형 등 문법적 기능을 결정하는 핵심적인 역할을 한다는 통사론적 관점의 논의가 이루어지고 있다.

북에서는 1970년대 주체의 언어이론에 영향을 받아 우리말의 특성을 잘 보여 주는 토를 부각해야 한다는 요구가 대두되면서, '품사'와 '토'를 별개의 범주로 분리하였다. 또한 북은 1970년대 이후 일관되게 토를 위치적인 형태부와 비위치적인 형태부로 구분하며 문장성분과 형태 체계를 일치시키려는 모습을 유지한다.

4시기 남측의 조사와 어미 연구는 3시기에 비해 언어유형론, 인지언어학, 언어정보학, 정보 구조적 관점 등 다양한 이론적 기본 위에서 이루어졌다. 연구 방법에도 말뭉치를 이용한 계량적이며 실증적 연구뿐만 아니라 대조언어학적 방법, 언어유형론적 방법 등 다양한 연구 방법론이 공존하였다. 유현경(2025: 24)은 이 시기 한국어 교육 분야에서는 조사와 어미를 기능적 관점에서 살펴보고, 소위 문형(pattern)이라는 이론적으로 불분명한 단위가 수면 위로 떠오르면서 순수 국어학 이론 연구 분야에서도 우언적 구성이 연구 대상으로 그 가치를 인정받게 되었다고 하였다. 북에서는 개별토의 의미와 특성을 살피는 미시적 연구, 토의 통시적 분석 연구, 토의 연구 방법 등에 대한 거시적 연구가 고루 이루어졌다. 박효정(2024나)이 최근 15년간 북의 4대 학술지에 게재된 형태론 논문을 살폈을 때, 격토의 의미와 기능 해석의 문제점, 격의 지배 현상(격 범주), 격토의 비전형적인 용법 같은 새로운 관점의 논의가 진행되는 것을 확인하였다. 즉 남북은 모두 격토에 대응하는 우언적 구성에 관심을 가지며 격토의 주변적 기능과 의미를 연구하고 있다. 어미와 관련한 맺음토 연구는 형태의 변화에 기반한 의미적·기능적 차이에 초점을 둔 연구가 많았는데, 남측에서 개별 종결어미의 의미와 담화에 따른 사용 양상, 개별 종결어미가 가지는 양태적 의미 등에 대한 연구가 활발한 것과 차이를 보였다. 그러나 토의 거시적 연구와 관련해서는 개량적 접근과 정보 구조적 접근을 강조하며 형태론 연구 방법의 지향점을 제시하고 있었다.[20]

---

[20] 양옥주. 2015. 〈조선어 토의 연구 방향에 대한 분석〉. 《김일성종합대학학보 어문학》. 3.

정리하면 남에서는 최현배(1930, 1937)의 논의 이후 조사는 단어로 인정하고 어미는 용언의 일부로 보는 경향이 강하며, 구조주의와 생성문법, 인지언어학 등 다양한 이론을 바탕으로 통시적·기능적·언어 정보적 분석이 활발하다. 반면 북에서는 해방 이후부터 조사와 어미를 '토'라는 문법범주로 통합하여 다루었고, 이후 '위치적', '비위치적' 형태부로 나누어 문장성분과 관계를 중심으로 체계를 세웠다. 남에서는 조사와 어미의 문법적 기능, 분류 체계 정교화에 집중하고 있으며, 북에서는 '토'의 의미와 문장 내 기능을 통시적·담화적 관점에서 일관되게 탐구해 왔다. 최근 양측은 모두 격조사나 종결어미 등 우언적 구성의 의미와 기능에 주목하며 새로운 분석 틀을 모색하고 있다.

4. 남북의 '단어' 설정의 특징

3장에서 시기별로 남북이 단어의 정의를 어떻게 내리는지, 품사체계는 어떠한지, 조사와 어미를 어떻게 보는지 살펴보았다. 여기에서는 남북의 단어 설정의 특징을 확인해 보도록 한다.

먼저 남북이 단어 설정에 차이를 보이는 이유는 무엇보다 언어관이 다르기 때문일 것이다. 그렇다면 왜 남북은 서로 다른 언어관을 가지는지 생각해 보아야 한다. 이는 3장에서 살핀 해방 이후 학문의 노정을 통해 확인할 수 있는데, 결론부터 서술하면 남쪽에서는 국어학이 '학문문법'을 중심으로 발전하였고 북쪽에서는 '실용문법'을 중심으로 발전하였기 때문이다. 이상혁(2011)은 해방 이후부터 2005년까지 북한 언어학의 특징과 현황을 파악하기 위해 '조선어학전서'(2005)와 《언어학연구론문색인사전》(2006)을 살펴보았는데, 북한의 언어학은 이론과 실용·규범을 아우르며 남쪽보다 실용 분야에 중점을 두고 연구를 진행하고 있다고 확인하였다. 즉 북쪽에서는 언어생활의 편의를 도모하며 복합적이고 종합적인 언어관을 형성하였다. 반면 남쪽에서는 언어학의 학문적 성격을 강화하면서 분석적이고 분절적인 연구가 주류를 이루었다. 구체적으로 해방 이후 남쪽의 문법 연구는 전통적인 국어학의 기술을 계승하면서도 서구 언어학의 이론과 방법을 적극적으로 도입하여 학문적 체계를 정교화하는 데 힘을 기울였다. 특히 1960년대 이후 생성문법, 구조주의 언어학 등 서구 이론을 바탕으로 한 연구가 확산하면서 문법 현상을 세밀히 구분하고 개별 항목을 독립적으로 분석하는 경향이 두드러졌다. 이 과정에서 남쪽의 문법 연구는 언어생활의 실제보다 학문적 분석과 이론적 정합성에 초점을 맞추어 발전하였으며, 이는 곧 '단어'를 파악하는 방식에도 영향을 주었다. 이제 남북이 각각 어떠한 관점에서 단어를 정의하고 특징화하는지 살펴보도록 한다.

첫째, 남북의 단어 개념 설정은 언어를 바라보는 관점에 따라 강조하는 지점이 다르지만, 모두 세계 언어학의 이론과 흐름을 수용하면서 나름의 언어관을 형성하고 발전시켜 나갔다는 데 그 특징이 있다. 갑오경장 이후 해방까지 우리말은 민족주의 사상과 함께 뿌리를 내린다. 역사적·정치적 상황과 맞물려 주시경은 언어를 단순한 소통의 도구가 아니라 사고와 정신의 표현, 나아가 민족적 세계관의 구현으로 보았다. 김병문(2012: 189)은 주시경이 '국어(國語)'를 다른 나라 말과 대비 속에서 어렴풋이 인식되는 차원의 '우리말'이 아니라 정연한 체계를 갖추고 있으면서 동시에 민족의 시원을 간직한 실체로 보았다고 평가한다.[21]

---

[21] 이런 언어관은 언어야말로 각 민족의 정신적 표현이며, 모국어의 법칙은 그 나라 사람에게 정신적인 새김(刻印)을 깊게 주어 언어 공동체의 사고, 행동의 세계에 분속(分屬)한다는 훔볼트의 철학과 맞닿아 있다(김석득, 2000: 166-167).

그런데 해방이 되고 남북이 갈라지면서 언어관에 차이를 보이게 된다. 김석득(2009: 280)은 근대 국어학이 사상(事象)에 대해 분석주의적 관점을 취한 반면, 최근대 국어학에서는 심리적이면서도 논리적 실증주의에 기반한 분석주의가 나타나고, 이와 대립하는 통합론 위주의 통합주의도 등장한다고 하였다. 남쪽의 국어학은 파이크와 호켓 같은 행동주의와 경험주의 철학 경향을 보이면서 '전기 구조주의 국어학의 바탕'을 만들었다. 이후 경험주의와 행동주의에 반대하는 합리주의 철학이 대두되었다. 이런 합리주의 철학은 연역법적 변형생성 언어관, 구체적으로는 촘스키의 생득주의와 보편문법으로 이어졌으며, 이는 남쪽 국어학계에 영향을 주었다. 그리고 남쪽의 언어학에서는 인지주의 언어학, 언어정보학 등 다양한 외국 이론을 적극적으로 수용하였다. 임동훈(2010: 419)은 1960년대부터 2010년까지 50년간 남측 통사론 연구를 검토한 결과, 국어 연구는 외국 이론에 지나치게 기대지 않고 외국 이론을 무시하지도 않는 균형 잡힌 태도를 보인다고 평가하였다.

해방 후 북은 소련의 언어이론을 적극적으로 수용한다. 1948~1950년 《조선어연구》에 소련 언어이론은 14편이 번역되어 소개되었는데, 그것은 마르(Nikolai Yakovlevich Marr)를 중심으로 전개된 야페테(Jafete) 이론과 이를 발판으로 전개된 유물론적 언어학이었다. 북한은 1950년 6~7월에 진행된 소련의 언어학 대토론회 이후 스탈린의 언어이론을 수용하며 1950~1960년대에 마르크스, 마르, 스탈린 등 사회주의권에서 논의하는 언어학 이론을 적극적으로 수용하였다.[22] 1970년대 들어서는 사회 체계의 근간을 이루는 주체사상을 언어학에도 적용하여 '주체의 언어리론'이라는 자신만의 언어 사상 체계를 만들었다. 주체의 언어이론은 언어의 본질과 기능을 '주체사

---

[22] 본 연구는 구조주의에서 주장하는 '언어의 사회성'과 유물론적 언어관에서 주장하는 '도구로서 언어'는 모두 '언어는 사회적 관계를 형성하는 데 사용된다'는 큰 틀을 공유하며 언어의 기능을 이론화한다고 판단한다.

상', '민족'을 토대로 해석하며 '민족'과 '언어'의 관계를 모두 구체적으로 명문화하고 언어생활과 관련한 문제까지 제시한다. 그런데 주체의 언어이론은 마르주의와 스탈린주의를 북의 현실에 맞게 취사선택하여 언어학 이론에 반영한 것이다. 북은 마르주의 언어관을 통해서 '언어와 사고의 관계에 주목'하며 언어학과 이데올로기를 동일시할 수 있게 되었고, 스탈린의 언어관을 통해서 민족과 언어의 관계를 정립할 수 있게 되었다. 하지만 북은 마르주의의 '언어를 계급과 연결시키는 관점'을 따르지 않았고, 스탈린주의의 '민족형성의 핵심적 요소를 경제생활의 공통성'으로 본 관점도 수용하지 않고, 대신 '언어를 민족 형성의 핵심적 요소'로 설정하였다(박효정, 2022: 63-67).

이렇듯 남북의 언어관은 서구의 이론을 적극적으로 받아들이면서 우리말의 현실에 맞게 이론화하고자 하는 태도를 보인다. 이런 언어관은 구체적으로 단어의 개념, 조사와 어미를 단어로 볼지 접사로 볼지 등의 문제와 관련되며, 구체적으로 체언과 용언에 조사와 어미가 교착되는 현상을 민족어의 특징으로 부각하는 관점에서 이론화한다.

둘째, 남북은 각자의 언어관을 기반으로 우리말의 고유한 특성을 성찰하며 단어 연구를 진행하였다. 남북은 모두 단어를 최소자립형식으로 정의하며 자립성과 분포성을 단어 성립의 기준으로 삼는다.[23] 단어를 문장의 기본 단위로 삼을 때, 체언과 조사의 결합이나 용언과 어미의 결합을 단어와 단어의 결합으로 본다면 그것이 어절 개념과 무엇이 다른지 등을 밝혀야 한다. 이에 남에서는 박진호(1994)의 음운론적 단어와 통사 원자에 대한 논의 이후 단어란 무엇인지에 대한 다양한 논의가 있었고, 북에서는 문법적 형태

---

[23] 자립성은 의미적·기능적 독립성을, 분포성은 통사적 위치를 판단하는 기준이 된다.

를 갖추지 않은 사전적 단어(1차적 단어)와 문장에 들어가기 위한 형태를 갖춘 형태단어(2차적 단어)를 나누며 단어와 어절을 구분하고자 하였다. 남북의 이런 논의는 단어 개념을 형태론적·통사론적 층위로 나누어 접근한다는 공통점이 있다. 또한 단어의 정의와 범위를 우리말의 교착어적 특성에 근거하여 다양한 이론을 적용해 논하고자 하였다. 물론 이런 논의가 단어에 대한 개념 논의 전체를 대표한다고 할 수 없다. 본 연구에서는 이와 같이 남북이 모두 우리말 특성에 기초하여 동일한 주제에 대한 문제 인식이 있음을 설명하고자 한다.

셋째, 남북의 단어 개념에서 가장 큰 차이는 조사와 어미의 설정 방식에 있다. 이는 선어말어미와 어말어미의 구분, 품사분류 기준의 차이에서 비롯된다. 현재 남측은 최현배의 《우리말본》(1937) 체계를 따라 체언과 용언에 붙는 문법적 요소를 분포적 특성에 근거하여 조사와 어미로 구분한다. 한편, 주시경은 문법적 요소가 어떤 문장성분을 형성하는지를 우선 기준으로 삼고, 분포적 특성은 부차 문제로 보았다. 주시경 문법의 기준에서는 선어말어미가 통사 단위를 이루지 못하기 때문에 체계 내에 자리를 갖기 어렵다. 이에 최현배는 〈조선어 품사분류론〉(1930)에서 분석적 설명의 난점을 지적하며 '-시-', '-엇-', '-겟-' 등의 요소를 보조어간으로 설정하여 문제를 해결하고자 하였다.

북측은 《조선어문법》(1949: 69-70)에서 단어의 의미를 실질적 의미와 파생적 의미, 관계적 의미로 나누고, 실질적 의미와 파생적 의미를 합쳐서 '어휘적 의미'로, 파생적 의미와 관계적 의미를 합쳐서 '문법적 의미로' 규정하였다. 문법적 의미가 있는 형태부에는 접미사와 토가 속하는데 '토를 문장성분의 위치를 규정하는 핵심 요소'로 보았다. 토에 대한 이런 개념 설정은 시간이 흐르면서 더욱 뚜렷하게 나타났는데, 김수경(1956가)은 최현배가 밝혀낸 '보조어간'이라는 개념을 일정하게 수용하며 위치적 형태부와 비위치적 형태부 개념을 통해 문법형태소로서 토의 기능을 강조하고 선어말어미와 어말어미를 구분하였다.

정리하면 남북은 주시경 문법 이후, 각자 논리성을 가지고 용언의 어간에서 선어말어미와 어말어미를 분리하였다. 그러나 이 과정에서 남측은 문법적 요소인 조사와 어미가 어디에 분포하느냐를 우선에 두고, 북측은 조사와 어미가 어떤 문장성분을 만드느냐를 우선에 두었다. 이에 따라 남에서는 조사를 단어, 어미를 접사로 보는 관점을 취하고, 북에서는 조사와 어미를 모두 접사로 보는 관점을 취하게 되었다.

넷째, 북측 품사체계에서 상징사 설정은 우리말의 특성을 부각한다는 점에서 의의가 있다. 품사체계는 '형식, 기능, 의미' 중 어느 기준을 우선하는가에 따라 상징사 설정 여부가 달라진다. 남측의 《표준국어문법론(전면 개정판)》(2019)은 품사를 1차적으로 형식을 기준으로 구분하여 활용이 가능한 가변어(可變語, inflected word)와 활용을 하지 않는 불변어(不變語, uninflected word)로 나눈다. 2차적으로 문장성분으로서 어떤 역할을 하느냐(기능)에 따라 분류하고, 3차적으로 같은 품사에 속한 단어들이 공유하는 추상적 의미에 따라 나눈다.

반면에 북측의 《조선어단어론》은 1차적으로 단어의 의미적 특성을 우선하여 개념어와 감각어로 구분한다. 《조선어단어론》(2005: 115-116)에서는 우리말의 감각어가 다양하며, 특히 사물이나 현상에 대한 감각을 직감적으로 흉내 내는 본딴말이 발달했다고 설명한다. 감각어에 속하는 품사는 감탄사다. 2차적으로 형태론적 표식의 유무에 따라, 3차적으로 문장론적 표식에 따라 대상성·서술성·부수적 성분으로 나누어, '명사, 수사, 동사, 형용사, 관형사, 부사, 상징사, 감탄사'의 8품사 체계를 설정한다. 다만 북측에서도 모든 문법서가 이런 품사 구분에 일치된 견해를 보이는 것은 아니다. 상징사가 처음으로 우리말에 등장한 것은 《현대조선어 2》인데, 《조선어문법》(1964)과 《조선어단어론》에서는 상징사가 설정되어 있지만 《조선어문법》(1976), 최정후의 《조선어학개론》(1983) 등 북의 규범문법서는 상징사를 부사의 한 종류로 일관되게 처리하고 있다.

이와 같이 남북의 규범문법에서는 상징사(상징어)를 부사로 분류하고 문장성분은 부사어로 처리한다. 그런데 상징어는 제약 부사의 성격이 강하기 때문에, 상황에 따라 서술어가 나타나지 않아도 특정 서술어에 대한 연상 작용을 일으키기도 하며 일반 부사와 차별성을 보인다. 또한 일부 말뭉치에서는 상징어가 관용어로 기능하는 경우가 있었고, 주어와 목적어, 독립어의 기능을 수행하기도 하였다. (7)은 김홍범(2018)이 선보인 상징어의 다양한 기능에 대한 예시다.

(7) 가. 햇볕은 **쨍쨍**, 모래알은 **반짝**. (서술어의 기능)

　나. 노총각 가슴이 **두근두근**, 시골 처녀 마음이 **울렁울렁**. (서술어의 기능)

　다. 크레용팝, 킥보드 타고 가로수길 **깜짝** 출현 '시민 화들짝' (관형어의 기능)

　라. 새 아이폰, **깜짝**쇼는 없었다. (관형어의 기능)

　마. **옥신각신**이 없었다. (주어의 기능)

　바. **꼼짝달싹**을 하지 않았다. (목적어의 기능)

　사. **번쩍**! (독립어의 기능)

　아. 내가 **아무리** 우겨 봐도 어쩔 수가 없어. (부사어의 기능)

　자. **아무리**, 그 사람이 그런 말을 했으려고. (독립어의 기능)

(7)은 주요 일간지의 기사 제목 등을 발췌한 것인데, 상징어의 표현 효과가 높다. (7) 가, 나에서는 상징어가 서술어 기능을, (7) 다, 라에서는 관형어의 기능을, (7) 마에서는 주어의 기능을, (7) 바에서는 목적어의 기능을, (7) 사, 자에서는 독립어의 기능을, (7) 아에서는 부사어의 기능을 하고 있다. 김백련은《조선어문장론》(2005: 263)에서 상징사는 (7)과 같이 다른 품사로 표현하기 어려운 미세한 감각적 차이를 표현하여 고도의 표현을 할 뿐만 아니라 직감적 표현을 하기 때문에 형상성이 풍부하다고 하였다. 상징사는 다른 품사와 달리 사물이나 현상의 개념에 대응하는 것이 아니라, 직감적 감각에 맞추어 표현된다는 점에서 특징이 드러난다.[24]

남북은 의심할 여지 없이 우리말의 교착어로서 특징을 조사와 어미를 통해 보여 준다고 여긴다. 그런데 우리말의 특성을 부각하고자 한다면 상징사를 품사의 하나로 설정하는 것의 타당성을 고려해 봄 직하다.

(8) 남북의 품사분류

　　가. 《표준국어문법론(전면 개정판)》(2019: 32): 명사, 대명사, 수사, 관형사, 부사, 감탄사, 조사, 동사, 형용사 (9품사)

　　나. 《조선어단어론》(2005: 118): 명사, 수사, 동사, 형용사, 관형사, 부사, 상징사, 감탄사 (8품사)

(8)은 남북 현대 문법서의 품사분류다. 남북의 품사분류는 남에서는 조사를 체계에 넣느냐 마느냐 외에 대명사와 상징사에 대한 설정의 차이가 있다. 《표준국어문법론(전면 개정판)》에서는 대명사를 체언의 하나로 설정하

---

[24] 김홍범(2018)은 단어 형성의 측면에서도 상징사를 설정할 필요가 있다고 주장하였다.

고 있지만,《조선어단어론》에서는 실제 우리말은 대명사가 발달하지 않았다는 데 기반하여 대명사를 명사에 포함하고 우리말의 특성을 부각할 수 있는 상징사를 품사의 한 분류로 설정하였다.

품사를 분류하고 단어의 개념을 정리할 때 일반언어학적 기준에 따르되, 우리말의 특성을 잘 이해하고 반영하여 체계를 세워야 한다. 이는 관형사의 예에서도 알 수 있는데, 전통문법에서 관형사를 품사의 하나로 처음 설정한 것은 주시경의《국어문법》(1910)이다. 주시경은 '언'을 최초로 제시하였고, 김두봉(1916)과 최현배(1937) 등이 뒤를 이었다. 의존명사도 마찬가지다. 예를 들어 의존명사 '것'은 동사의 미정형을 표시할 수 있고, '줄'은 인지동사와 함께 쓰여 행위나 상태의 방식, 사실 등의 의미를 가지고, '수'는 '있다, 없다'와 함께 쓰여 가능성이나 능력 등의 의미를 가진다. 이는 교착어인 한국어의 특징 중 하나로 의존명사가 없는 영어, 프랑스어, 독일어 등과 다른 점이다. 어떤 품사에 소속된 단어 수가 적을지라도 특정한 기준이 다른 품사의 속성에 환원할 수 없다면 해당 품사는 독립시킬 수 있다. 그런 측면에서 상징사를 부사에서 독립시킬 수 있는지 진지하게 돌아볼 필요가 있다.

5. 결론

본고는 남북의 단어에 대한 이해를 중심으로 품사체계와 조사, 어미에 대한 관점을 비교하고 이를 바탕으로 남북 문법 체계의 언어관과 그 변화를 고찰하였다. 그 결과 남북은 각기 다른 언어이론을 바탕으로 서로 다른 언어관을 형성해 왔지만, 공통적으로 세계 언어학의 이론을 수용하고 한국어의 고유한 특성을 반영하고자 노력해 왔다는 점을 확인하였다. 남측은 준종합주의적 언어관에 기반하여 단어의 분포성과 자립성을 중시한다. 이에 따라 조사와 어미를 분포적 기준으로 각각 단어와 접사로 구분하며, 보조어간 개념을 도입하는 등 실용적이고 구조주의적 접근을 취해 왔다. 한편 북측은 구조주의적 접근을 취하면서도 언어의 기능을 주체의 언어이론을 바탕으로 규정하여 우리말의 민족적·구조적 특징을 부각하였다. 또한 조사와 어미를 모두 접사로 간주하고, 이들을 '토'로 통합하는 체계를 발전시켜 왔다.

　이런 언어관의 차이는 품사분류에도 영향을 미친다. 남측은 조사를 독립된 품사로 설정하고 대명사를 체언 하위 항으로 설정하는 반면, 북측은 조사와 어미를 '토'라는 접사로 통합한다. 또한 북측의 일부 문법서에서 대명사를 별도의 품사로 설정하지 않는 대신, 오히려 상징사를 독립된 품사로 설정하여 우리말의 감각적 표현 특성을 부각하였다. 상징사의 품사 설정 문제는 단순히 품사의 수를 늘리는 것이 아니라, 우리말의 직관적이고 형상적인 표현 능력을 언어 체계에서 어떻게 포착할지에 대한 논의로 연결되는 중요한 논제다.

　남북의 단어 개념과 품사체계는 문법 기술 방식의 차이뿐만 아니라 언어를 바라보는 인식론적 관점, 즉 언어와 사고, 언어와 민족, 언어와 사회의 관계에 대한 근본적 태도 차이에서 비롯된 것이다. 본고는 남북이 각기 달리 설정한 단어 개념과 품사체계를 비교·분석하여 우리말 문법 연구에서 단어의 정의와 품사체계 설정이 어떤 이론적 기반과 언어철학에 뿌리내리고 있는지 성찰하고자 하였다. 나아가 우리말 문법 기술이 더욱 내실 있게 이루어질 수 있는 방향을 모색했다는 데 그 의의를 둔다.

참고 문헌

고영근. 1965. 〈현대국어의 서법 체계에 대한 연구—선어말어미 '-더-'를 중심으로〉. 《국어연구》. 15. pp. 143-224. 국어연구회.

고영근. 1967. 〈현대국어의 선어말어미에 대한 구조적 연구〉. 《어학연구》. 3(1). pp. 51-63. 국어연구학회.

고영근. 1989. 《국어 형태론 연구》. 서울대학교출판부.

고영근. 2001. 《역대한국문법의 통합적 연구》. 서울대학교출판부.

고영근, 구본관. 2008/2018. 《우리말 문법론(개정판)》. 집문당.

구본관. 1990. 〈경주 방언 피동형에 대한 연구〉. 서울대학교 석사학위논문.

구본관. 2002. 〈파생어 형성과 의미〉. 《국어학》. 39. pp. 105-135. 국어학회.

구본관. 2025. 〈우리말 형태론 연구의 성과와 과제〉. 《628돌 세종날 기념 전국 국어학 학술대회 자료집(2005.05.16)》. pp. 103-181. 한글학회.

구본관, 박재연, 이선웅 외. 2015. 《한국어 문법 총론 1》. 집문당.

국립국어원. 2005. 《(외국인을 위한) 한국어 문법 1》. 커뮤니케이션북스.

김동찬. 2005. 《조선어단어조성론》. '역대한국문법대계 ①22'. 문화출판사.

김두봉. 1916. 《조선말본》. 새글집.

김두봉. 1922. 《깁더조선말본》. '역대한국문법대계 ①23'. 새글집.

김백련. 2005. 《조선어단어론》. 사회과학출판사.

김백련. 2005. 《조선어문장론》. 사회과학출판사.

김병문. 2012. 〈주시경의 근대적 언어 인식에 관한 연구〉. 연세대학교 박사학위논문.

김석득. 2009. 《우리말 연구사》. 태학사.

김석득. 2000. 《외솔 최현배의 학문과 사상》. 연세대학교출판부.

김성규. 1987. 〈語彙素 設立과 音韻現像〉. 《국어연구》. 77. 국어연구회.

김수경. 1954. 《조선어문법(어음론, 형태론)》. 교육도서출판사.

김수경. 1956가. 〈조선어 형태론의 몇 가지 기본 문제에 관하여 1〉. 《조선어문》. (1).

김수경. 1956나. 〈조선어 형태론의 몇 가지 기본 문제에 관하여 2〉. 《조선어문》. (2).

김수경, 김백련. 1962. 《현대조선어 2》. 고등교육도서출판사.

김옥희. 2005.《조선어품사론》. 사회과학출판사.

김영희. 1974. 〈한국어 조사류어의 연구〉.《문법연구》. 1. pp. 271-311. 문법연구학회.

김홍범. 2018. 〈상징사 설정에 대한 논의〉.《겨레어문학》. 60. pp. 177-198. 겨레어문학회.

남기심, 고영근. 1985/2011.《표준국어문법론》. 탑출판사.

남기심, 고영근, 유현경, 최형용. 2019.《표준 국어문법론(전면 개정판)》. 한국문화사.

박진호. 1994. 〈통사적 결합 관계와 논항 구조〉. 서울대학교 석사학위논문.

박철우. 2006. 〈'이다' 구문의 통사구조와 '이'의 문법적 지위〉.《한국어학》. 33. pp. 235-263. 한국어학회.

박효정. 2022. 〈북한의 '토' 이론 연구〉. 연세대학교 박사학위논문.

박효정. 2024가. 〈김수경의 문법 연구—문화어문법 성립 전후에 나타나는 북한 문법 연구의 변화를 중심으로〉.《한말연구》. 65(1). pp. 1-24. 한말연구학회.

박효정. 2024나. 〈북한의 문법론 연구 동향—2005년부터 2019년까지 북한의 4대 학술지를 중심으로〉.《어문론총》. 101. pp. 33-78. 한국문학언어학회.

서정수. 1994.《국어문법》. 뿌리깊은나무.

성낙수. 2013. 〈'이다'의 품사와 그 활용형에 대한 소고〉.《문법 교육》. 19. pp. 241-262. 한국문법교육학회.

시정곤. 2002. 〈최기용(2001)에 나타난 몇 가지 의문들〉.《형태론》. 4(2). pp. 339-348. 형태론학회.

시정곤. 2006.《현대국어 형태론의 연구》. 월인.

안병희. 1965. 〈문법론〉.《국어학개론》. 수도출판사.

안병희. 1967.《한국어 발달사: 문법사. 한국문화사대계상》. 고대 민족문화연구소.

양옥주 저. 김영황, 권승모 편. 1996. 〈형태연구사〉.《주체의 조선어연구 50년사 1945.8-1955.8》. pp. 364-401. 김일성종합대학 조선어학부.

양옥주. 2015. 〈조선어 토의 연구 방향에 대한 분석〉.《김일성종합대학학보 어문학》. 3.

양인석. 1973. 〈Semantics of Delimiters in Korean〉.《어학연구》. 9(2). pp. 84-122. 서울대학교 언어교육원.

엄정호. 1989. 〈소위 지정사(指定詞) 구문(構文)의 통사구조(統辭構造)〉.《국어학》. 18. pp. 110-130. 국어학회.

우순조. 2006. 〈활용 개념과 소위 '이다'와 관련된 오해들: 표지 이론적 관점에서〉.《언어학》. 44. pp. 79-121. 사단법인 한국언어학회.

유길준. 1909.《대한문전》. '역대한국문법대계(제2판) 1 2' 활자본.

유동석. 1984.〈양태조사의 통보 기능에 대한 연구〉. 서울대학교 석사학위논문.

유현경. 2020.〈《조선어 형태론》(2005)의 토문법에 대한 해석적 연구〉.《어문론총》. 85. pp. 27-57. 한국문학언어학회.

유현경. 2025.〈광복 이후 우리말 문법 연구의 성과와 과제〉.《628돌 세종날 기념 전국 국어학 학술대회 자료집(2005.05.16)》. pp. 7-37. 한글학회.

유현경, 남길임. 2016.〈'이다'의 범주와 문법 기술〉.《문법교육》. 26. pp. 253-285. 한국문법교육학회.

유현경 외. 2018.《한국어 표준 문법》. 집문당.

이기갑. 1978.〈우리말 상대 높이 등급 체계의 변천 연구〉. 서울대학교 석사학위논문.

이상혁. 2011.〈북한 조선어학의 특징에 대하여—'조선어학전서'(2005)와《언어학연구론문색인사전》(2006)을 대상으로〉.《어문논집》. 64(0). pp. 137-161. 민족어문학회.

이숭녕. 1961.《중세국어문법》. 을유문화사.

이익섭, 채완. 1999.《국어문법론 강의》. 학연사.

이재섭. 2023.〈현대국어학 개론서의 동향과 추이 연구〉.《국어학》. 108. pp. 335-361. 국어학회.

이타가키 류타 저. 고영진, 임경화 역. 2024.《북으로 간 언어학자 김수경》. 푸른역사(板垣竜太. 2021. 北に渡った言語学者: 金壽卿 1918-2000. 人文書院).

이현희. 1982.〈국어 종결어미의 발달에 대한 관견〉.《국어학》. 11. pp. 143-163. 국어학회.

이희승. 1950.《초급 국어문법》. '역대문법대계 1 85'. 박문서관.

이희승. 1955.《국어학개설》. 민중서관.

임동훈. 1991.〈격조사는 핵인가〉.《주시경학보》. 8. pp. 119-130. 탑출판사.

임동훈. 2008.〈다시 격조사는 핵이다〉.《형태론》. 10(2). pp. 287-297. 형태론학회.

임홍빈. 1982.〈기술보다는 설명을 중시하는 형태론의 기능 정립을 위하여〉.《한국학보》. 8(1). pp. 1168-1192. 일지사.

임홍빈, 장소원. 1995.《국어문법론 1》. 한국방송대학교출판부.

임홍빈. 1999.〈국어 명사구와 조사구의 통사 구조에 대하여〉.《관악어문연구》. 24. pp. 1-62. 서울대학교 국어국문학과.

정순기. 2005. 《조선어 형태론》. 문화출판사.

정열모. 1946. 《신편 고등 국어문법》. 한글문화사.

조선민주주의인민공화국. 1960. 《조선어문법 1: 어음론, 형태론》. 과학원 언어문학연구소.

조선어문연구회. 1949. 《조선어문법》. 문화출판사.

주시경. 1910. 《국어문법》. '역대한국문법대계 ①11'. 박문서관.

주시경. 1914. 《말의 소리》. '역대한국문법대계 ①13'. 신문관.

채현식. 1994. 〈국어 어휘부 등재소에 관한 연구〉. 《국어연구》. 122. 국어연구회.

최광옥. 1908. 《대한문전》. '역대한국문법대계(제2판) ①2'. 安岳勉學會.

최현배. 1930. 〈조선어 품사분류론〉. 《조선어문연구》. '역대문법대계 ①17'(연희전문학교 문과 연구집) 1. pp. 51–99.

최현배. 1937/1971. 《우리말본》. 연세대학교 출판문화원.

한동완. 1986. 〈과거 시제(時制) '었'의 통시론적(通時論的) 고찰〉. 《국어학》. 15. pp. 217–248. 국어학회.

한정한. 2003. 〈격조사는 핵이 아니다〉. 《한글》. 260. pp. 149–182. 한글학회.

한정한. 2010. 〈다시 격조사는 핵이 아니다〉. 《형태론》. 12(2). pp. 281–288. 형태론학회.

허웅. 1963. 《중세국어 연구》. 정음사.

허웅. 1999. 《20세기 우리말의 통어론》. 샘문화사.

허재영. 2014. 〈건국·과도기의 문법 교과서와 문법 교육의 특징〉. 《한민족어문》. pp. 61–84. 한민족어문학회.

황화상. 2001. 《국어 형태 단위의 의미와 단어 형성》. 월인.

5장

광복 후 남측의 과학기술사 연구의
계보와 쟁점

김태호 서울대학교 화학과 학사, 대학원 협동과정 과학사 및 과학철학 전공(현 과학학과)에서 석사와 박사학위를 받았다. 현재 전북대학교 한국과학문명학연구소에서 '한국의 과학과 문명' 총서 발간 사업과 온라인 강좌 '과학과 기술로 본 한국사' 제작 등에 참여하고 있다. '통일벼'와 한국의 녹색혁명을 다룬 《근현대 한국 쌀의 사회사》(2016), 아날로그 시대 한글 기계화의 역사를 추적한 《한글과 타자기》(2023)와 《'과학대통령 박정희' 신화를 넘어: 과학과 권력, 그리고 국가》(2018, 공저) 등의 책을 냈으며, 〈리승기의 북한에서의 '비날론' 연구와 공업화: 식민지 유산의 전유 과정을 중심으로〉(《한국과학사학회지》, 2001) 등 남북 근현대 과학기술사에 관한 다수의 논문을 냈다.

1. 들어가며

한민족이 '과학', 정확히 말하면 서구적 의미의 근대과학을 본격적으로 접하게 된 것은 20세기 들어서다. 따라서 근대적 의미의 과학기술사(의학과 농학까지 포함하는 넓은 의미)를 연구한 역사도 그보다 길 수는 없을 것이다. 물론 근대과학이 도입되기 전에도 한반도에는 천문, 의학, 농업, 공예 등 다양한 과학적 활동과 기술적 실천이 존재했다. 《조선왕조실록》이나 의서(醫書), 농서(農書) 등에는 그 시대 사람들이 앞선 시대의 과학적 활동에 대해 기록하고 평가를 내린 것도 찾아볼 수 있다. 이처럼 근대 이전에도 존재했던 과학적 활동의 계보를 추적하는 일은 넓은 의미에서 과학사 연구의 원초적 형태로 이해할 수 있을 것이다.

그러나 이러한 원초적 과학사를 논외로 한다면, 근대 사학의 방법론을 적용한 '과학기술사' 연구는 20세기 들어 한반도에 등장하였다. 무엇이 과학사의 대상이 될 것인가 기준을 제공하는 근대과학도 20세기에 본격적으로 도입되기 시작했으며, 사료 비판이나 실증 등을 중시하는 근대적 역사학도 비슷한 시기에 소개되었기 때문이다. 즉 한반도의 과학기술사 연구는 근대과학과 근대 역사학이라는 두 개의 거대한 지적 체계가 한반도에 이식되면서 태동하였다.

다만 이 시기 한반도는 국권을 잃고 일제강점기를 지나고 있었으므로, 과학기술사 연구와 저술도 시대가 제기한 큰 질문과 대면해야 했다. 근대과학의 도입이 식민 권력에 의해 매개되었고, 과학기술사 연구의 전통도 식민지적 시선의 영향 속에서 이에 동조하거나 이를 논박하려는 목표 아래 형성되었기 때문이다. 일제강점기 일본인 학자들의 연구에서는 이른바 '식민사학'의 영향이 역력히 드러나고 있으며, 반대로 조선인 학자들의 연구에서는 이에 대응하기 위한 논리 개발이 중요한 목표로 설정되어 있음을 알 수 있다.

이러한 뿌리를 공유한 남북의 과학기술사 연구는 이후 광복과 전쟁, 냉전 체제를 거치며 서로 다른 특색을 띠게 되었다. 남북 대립과 냉전이라는 국제적 맥락, 거기에서 비롯된 양측의 사상적 제약, 서로 다른 학문적 전통에서 비롯된 방법론과 문제의식의 차이 등이 연구자들에게 여러 층위에서 영향을 마쳤다. 그 결과 남북의 과학기술사 연구에서 같은 대상을 서술하면서도 접근 방식이나 방법론이 달라지는 경우도 확인할 수 있다.

이 글에서는 남측의 과학기술사 연구자들이 어떤 계기를 거쳐 오늘날의 학풍을 확립하게 되었는지 개괄하고자 한다. 충실한 비교를 위해서는 남북의 과학기술사 연구 동향을 나란히 비교하는 것이 마땅하겠으나, 현실의 여러 가지 제약을 고려할 때 우선 남측의 연구 동향을 정리하고, 앞으로 더 많은 대화와 연구를 촉발하는 마중물로 삼기를 제안한다.

2. 전사(前史): 식민사학에 대응하는 '목록'의 과학기술사

일제강점기 일본인 역사학자들은 오늘날 '식민사학'이라고 통칭하는 역사 해석을 정립하고, 언론과 국민교육, 대중문화 등의 장치를 통해 그것을 조선인에게 주입하려고 하였다. 식민사학은 이미 역사학계에서 많은 연구가 이루어져 있으므로 되풀이하여 설명할 필요는 없겠으나, 과학기술사에 해당하는 영역에 미친 영향만 간단히 살펴보도록 하겠다.

잘 알려져 있듯이, 식민사학에서 한민족의 역사를 바라보는 기본적 틀은 "조선인은 스스로 근대를 이룩할 능력이 없었으며, 따라서 일본의 식민 지배는 불가피하고 역사적으로도 정당하다"는 것으로 요약할 수 있다. 조선인이 스스로 전근대적 요소를 극복하지 못하고 봉건사회에 머물러 있었기 때문에 먼저 근대에 도달하여 더 부강한 나라를 건설한 일본이 조선을 병합한 것은 피할 수 없는 결과라는 생각을 심어 주어, 식민지 사람들이 식민 지배를 합당한 것으로 받아들이도록 만들고자 함이었다.

그런데 정치(민주주의)와 경제(자본주의) 못지않게 근대의 핵심적인 요소로 인식된 것이 과학기술이었다. 과학혁명으로 인간과 자연에 대한 합리적인 사고가 자리잡고, 산업혁명으로 자연이 인간에게 부과한 제약을 극복하고 물질적 풍요를 달성함으로써 서구의 근대가 당도하였다는 것이다. 이러한 생각은 서구 열강이 아시아와 아프리카의 다른 문명을 지배하는 것을 정당화해 주었으며, 일본이 아시아 다른 나라를 침략하는 것도 정당화해 주었다. 일본은 이러한 서구 근대 모델을 적극 수용하면서 자신들의 제국주의적 확장을 정당화하는 근거를 마련하였다. 따라서 '근대적 과학기술의 부재'는 곧 '조선의 후진성'을 증명하는 핵심 논거가 되었고, 이는 식민지 통치의 이데올로기적 기반으로 활용되었다.

과학기술이 근대의 핵심 요소라는 이와 같은 생각은, 결과적으로 "왜 조선이 일본의 식민지가 되는 것을 피할 수 없었는가"라는 질문을 "왜 조선에는 근대적인(또는 그에 가까운) 과학기술이 발달하지 못했는가"라는 질문으로 치환하였다. 그에 대한 식민사학의 답은 "조선 지배층은 성리학과 같은 추상적 이념 논쟁에 골몰한 나머지, 자연의 이치를 궁구하거나 실용적인 물건을 만드는 일에 관심을 두지 않았다"는 것이었다. 조선에서 발달했던 성리학의 유산은 '공리공론'이라고 평가절하되었고, 심지어 당쟁으로 국론을 분열시키고 국력을 모으지 못하게 만든 원인으로 폄하되기도 하였다. 이렇게 성리학이 조선을 지배하는 사이, 자연을 탐구하거나 생활에 도움이 되는 물건을 만드는 이들은 사회에서 합당한 인정을 받지 못하고 주변부로 밀려나고 말았다는 것이 식민사학에서 그려 내는 조선시대 과학기술의 모습이었다. 이러한 결론은 조선 사회 전체를 지적으로 경직되고 폐쇄적이며 비생산적인 공간으로 묘사하는 방식으로 이어졌다. 이는 전통 지식의 내적 다양성이나 사회구조의 실제 작동 방식과 거리가 멀지만, 식민 지배를 정당화하기 위한 정치적 목적에는 매우 부합하는 설명이었다.

2.1. 목록 만들기의 두 측면

이러한 식민사학의 논리에 대응하고자 한 식민지 조선의 지식인들은 또 다른 전략을 선택했다. 바로 "우리에게도 과학기술의 전통이 있었다"는 점을 실증적으로 보여 주는 방식, 즉 발명·발견의 '목록 만들기' 전략이다. 1930년대 《동아일보》 등 민족 언론이 '발명'의 중요성을 강조하고, '한민족이 세계 최초로 거둔 과학기술적 성과'를 열심히 발굴하고 소개했던 것은 이런 맥락에서 이해할 수 있다. 오늘날 한국인에게도 매우 익숙한 '세계 최초의 목록'—세계 최초의 우량계 측우기, 세계 최초의 철갑선 거북선, 현존하는 세계에서 가장 오래된 천문대 첨성대, 세계 최초의 금속활자 인쇄본 《직지심체요절》 등—은 대부분 이 시기에 원형이 정립되었다. 이 목록은 한민족의 과학기술적 재능을 입증할 뿐 아니라, 조선 사회가 과학기술에 관심이 없었다는 일본인 학자들의 주장을 반박하는 근거로 제시되었다. 이와 같은 '세계 최초의 목록'은 광복 후에도 계승되었으며, 과학기술사 연구가 발달하면서 꾸준히 확장되었다.

하지만 이 목록을 얼마나 길게 만들어야 식민사학의 논리를 기각할 수 있는가? 여기에 이와 같은 방어적 대응에 내재된 근본적 한계가 드러난다. "조선의 지배층이 과학기술에 관심이 없었기 때문에 조선은 근대사회로 나아가지 못했고, 마침내 식민지가 되었다"는 주장은 명백히 일제의 침략을 정당화하는 강자의 논리였다. 그러나 흥미롭게도, 침략을 당한 쪽에서도 많은 지식인이 이 주장을 극복하려고 노력하면서도 한편으로는 알게 모르게 이 주장의 기반이 되는 세계관을 받아들였다. 망국이라는 시련 앞에서 "왜 우리나라가 망했는가"라는 질문은, 비록 그 자체로 왜곡된 관점을 담고 있지만, 피해 갈 수 없는 것이었다. 이는 자연스레 "우리에게 무엇이 부족했는가", "왜 우리는 ○○을 갖추지 못했는가" 같은 식의 자기비판적 질문으로 이어졌다. 이러한 질문은 이미 기울어진 운동장에서 하는 왜곡된 질문이라는 점을 지적하는 것이 최선의 대응이겠지만, 식민지라는 현실은 일상의 모든 영역에 영향을 미치고 있었으므로 부정하기 어려운 것이었다. 결국 많은 지식인이 "우리나라에도 ○○가 있었다"는 형태의 진술로 식민사학의 역사인식에 대응하는 데 머물렀고, 그 일환으로 '최초의 목록'을 내놓을 수밖에 없었다.

이러한 목록이 사실에 기반한 것이라면 그 자체로 문제가 될 것이 없다. 하지만 '없다'는 공격에 '있다'는 방어로 대응하는 구도 자체가 소극적이라는 한계도 분명하다. '먼저 근대에 도달한' 나라가 그렇지 않은 나라를 침략하고 정복해도 된다는 잘못된 전제를 논박하는 것이 근본적으로 해결해야 하는 과제였음에도 불구하고, 국권 상실이라는 큰 시련을 현재진행형으로 경험하고 있던 이들은 그렇게 대담한 주장에 이르지 못하였다. 침략자들이 선험적 진리인 양 제시한 문명의 위계를 받아들이고, 그 위계 안에서 "조선이 그렇게 낮은 위치에 있었던 것만은 아니다"라는 소극적인 해명을 시도했던 것이다. 이는 어디까지나 식민지 지배자가 설정한 프레임 내부에서 이루어지는 소극적 논박이며, 근대의 본질을 과학기술의 '존재 여부'로 환원하는 식민지적 세계관을 그대로 내면화한 결과이기도 했다. 요컨대 이러한 대응은 역사적 자존의 회복이라는 목적을 가졌지만, 근대적 과학 개념에 대한 비판적 검토 없이 "오늘날 서구에서 중요하게 여기는 것이 동양(한반도)에서 얼마나 더 일찍 발명되었는가"라는 잣대로 과학기술의 수준을 평가하고자 한다는 한계를 안고 있었다. 이러한 문제 설정은 어느 순간부터 근대 문명에 대한 서구 중심의 위계 구조를 그대로 받아들이게 만들었고, 결과적으로 조선의 과학기술을 '세계 기준'에 맞춰 평가하는 방식으로 귀결되었다.

그 결과 광복 후까지도 한민족의 과학기술사를 서술하는 데 영향을 미친 몇 가지 편향이 형성되었다. 첫째, 서구(또는 일본)를 기준으로 조선의 과학기술을 평가하는 것이 지배적인 서술 방향이 되었다. 둘째, 한민족이 과학기술사에서 거둔 성취도 '세계 최초' 혹은 '선구성'을 잣대로 평가하다 보니, 한반도에서 살았던 이들이 요긴하게 사용하고 많은 도움을 받았던 과학기술도 다른 문명보다 일찍 발명했거나 한반도에서 고유하게 비롯되지 않았다면 온당한 학문적 관심을 받지 못했다. 셋째, 평가의 잣대를 외부에서 찾다 보니, 과학기술의 사회적 맥락이나 지식 전통의 구조에 대한 내재적 분석은 상대적으로 등한시되었다.

2.2. 최남선과 '김정호 신화'

이렇게 식민사학의 논리를 극복하려 애쓰면서도 한편으로는 그 세계관을 내면화하는 역설적인 과정을 보여 주는 흥미로운 사례 가운데 하나가 김정호와 《대동여지도》에 대한 인식이다.

최남선은 김정호라는 이름을 대중에게 처음으로 널리 알린 인물이지만, 동시에 김정호에 대한 근거 없는 신화적 서사—예컨대 '백두산 8회 답사설', '흥선대원군의 목판 소각설'—를 만든 장본인이기도 하다. 최남선은 일제강점기에 김정호라는 인물을 발견하고, 흩어진 기록을 모아 김정호와《대동여지도》를 소개하는 글을 신문에 실어서 그 이름을 대중에게 알렸다. 그런데 김정호의 결출한 지도는 남아 있되, 그 인물에 대한 기록이 워낙 적었다는 것이 문제였다. 김정호는 신분이 높지 않았기 때문에 자신에 대한 기록을 남기지 않았고, 그와 친분이 있던 양반 유학자들(오늘날의 관점으로 '실학자'로 분류되곤 하는)이 그에 대한 단편적인 기록을 여기저기 남겼을 뿐이다. 최남선은 상상력을 동원해 빈약한 기록의 빈틈을 보완했지만, 이 근거 없는 '보완'이 이후 반세기 넘게 사실처럼 굳어져 버렸다. 김정호가 백두산을 8번 올라갈 정도로 열심히 전국을 답사했다거나, 흥선대원군이《대동여지도》목판을 압수하여 불태웠다거나 하는 이야기가 대표적이다.

특히《대동여지도》목판 소각설은 식민사학의 구도에서 벗어나지 못하고 결과적으로 그것을 강화하는 역할을 했다. 최남선이 김정호를 평가하는 구도가 식민사학자들이 이순신, 장영실, 정약용 등 조선사의 위대한 인물들에 대해 평가하는 기본 구도와 일치하기 때문이다. 그들은 조선시대의 결출한 인물들을 인정하면서도 조선 역사의 역동성은 인정할 수 없었기에, "시대를 뛰어넘은 업적이 있으나 그 시대에 인정받지 못한 불행한 천재"라는 구도를 만들고 조선사의 위대한 인물들을 '예외'로 규정해 버렸다. "조선은 스스로 근대화할 역량이 없어 쇠망했다"는 식민사학의 논변과 씨름하던 일제강점기 지식인 중 많은 수가 비록 의도한 것은 아니지만 "조선은 몇몇 천재의 출현에도 불구하고 그들을 알아보지 못하고 쇠망했다"는 형태로 그것을 정교하게 다듬는 데 기여하는 일이 벌어진 것이다. 최남선이 처음 퍼뜨린《대동여지도》목판 소각설은 1995년 국립중앙박물관 수장고에서 목판 11매가 발견되면서 결국 낭설로 판명되었다(이기훈, 2018).

2.3. 홍이섭의 《조선과학사》

1944년 일본에서 처음 출간된 홍이섭의 《조선과학사》도 이러한 흐름에서 의미를 인식해야 한다. 이 책은 최초의 한국(조선) 과학기술사 통사로, 한국 과학사 연구의 초석을 놓은 기념비적인 저작이다. 특히 단순히 과거의 사실을 나열한 것이 아니라, 일제강점기라는 특수한 상황에서 조선사(한국사)의 주체성을 확립하려는 강한 목적의식을 가지고 집필하였다. 홍이섭은 식민사관의 주장에 맞서 한민족의 역사 속에 고유하고 독창적인 과학기술의 전통이 존재했음을 실증적으로 밝혀냈다. 그 연장선상에서 조선 후기의 '실학'을 단순한 유학의 분파가 아니라, 근대과학적 사고의 맹아(싹)로 재평가했다. 정약용, 홍대용, 최한기 등의 사상에서 서구 근대과학과 통할 수 있는 합리적이고 경험적인 요소를 찾아내어, 조선 내부에서도 '근대화의 가능성'이 자라고 있었음을 강조한 것이다. 과학기술의 사회적 맥락에도 주목하여, 과학을 순수한 이론이 아니라 민중의 생활 향상과 국가 경영을 위한 실용적인 도구로 파악했다.

이 선구적 저작을 통해 홍이섭은 과학사가 한국사 연구의 중요한 일부임을 보여 주었다. 또한 식민사학이 강요한 패배주의에서 벗어나 "우리에게도 자랑스러운 과학 전통이 있다"는 자부심을 일깨웠다. 그럼에도 불구하고 홍이섭 또한 조선사 '정체'의 원인을 사상적 측면에서 찾는 시대적 한계에서 자유로울 수 없었다. 그는 성리학 중심의 조선 지식체계를 비판하는 한편, 이와 대비하여 실학과 천주교에서 근대적 과학정신의 맹아를 찾고자 했다. 이는 당대 지식인들이 식민사학의 논리를 극복하려는 과정에서 보여 준 양가적 태도, 즉 비판하면서도 어느새 그 논리를 내면화하는 양상을 드러낸다 (정다함, 2011).

3. 목록 속 유물의 역사로: 고고학적 과학기술사의 발전

홍이섭의 《조선과학사》가 남긴 과제는 광복 이후 한국(남측) 과학기술사 연구자들에게 중요한 방향을 제시하였다. 그러나 1950~1960년대 혼란과 개발 체제 구축이라는 사회적 요청 속에, 과학기술사 연구는 식민사학의 영향으로 형성된 과거의 방식에서 벗어나기 어려웠다. 그 결과 광복 직후 상당 기간 남측의 과학기술사 연구는 여전히 '세계 최초' 혹은 '선구적 발명'의 목록을 확장하는 방식으로 발전해 나갔다.

이 시기의 연구 방향은 단순한 학술적 관심을 넘어, 국가 정체성 확립이라는 시대적 요구와 긴밀하게 연결되어 있었다. 근대국가를 새롭게 건설하는 과정에서 대중에게 '민족적 자긍심'을 고취하는 작업은 매우 중요했고, 그 핵심에는 '국사' 재정립이 있었다. 자연스럽게 '우리 선조들이 남긴 뛰어난 발명과 발견'은 자랑스러운 국사 서술의 필수 요소가 되었으며, 이러한 주제를 다루는 과학기술사 연구는 국가 담론을 구성하는 데 전략적 가치가 있는 것으로 인식되었다. 즉 '선조들의 위대한 발명, 발견'은 자랑스러운 국사를 쓰는 데 빠질 수 없는 재료로 소환되었다.

'세계 최초 목록' 중심 과학기술사 서술은 점차 유물(artifact)을 중심으로 한 실증적 연구와 결합하기 시작했다. 발명이나 발견의 결과로 남은 문화유산은 과학기술사 사물이기도 하지만, 넓게 보면 '문화재' 또는 '문화유산'의 일부이기 때문이다. 한반도의 문화재 연구는 일제강점기에도 조선총독부의 고적 조사 사업 등을 통해 어느 정도 연구 성과를 축적했다. 광복 이후 연구자들은 이 축적된 자료를 기반으로 과학기술 유물에 대한 고고학적 연구를 수행하고, 거기에 반영된 과학기술 지식을 통해 그것이 만들어졌을 시대의 과학기술 수준을 평가하기 시작했다.

이러한 흐름을 '과학기술 유물 연구를 통한 과학기술사' 또는 '고고학적 과학기술사'라 부를 수 있다. 연구자들은 더 이상 문헌 기록만을 중심으로 삼지 않고 도자, 금속, 천문, 측량, 관측 장치 등 실물 유물 자체에 주목하며 그 제작 기술과 재료 분석, 기술적 맥락까지 파고들기 시작했다.

3.1. 전상운과 '과학 문화재'

이 분야에서 가장 두드러진 업적을 남긴 인물은 단연 전상운(1928~2018)이다. 그는 도자기의 유약 성분, 금속 기물의 합금 기술, 천문 관측 기기의 정밀한 제작 방식 등 한국의 여러 전통 기술을 과학적으로 분석해서 유물에 내재된 기술적 지식을 체계적으로 복원해 냈다. 전상운의 연구는 단순히 유물을 소개하거나 거기에 사용된 기술이 정교하다고 감탄하는 데 머무르지 않았다. 그는 실제로 현미경 분석, 재료 성분 분석, 제작 기법의 공학적 복원 등을 활용해 유물 제작의 구체적 공정을 추적하고, 그 속에 숨어 있는 과학적·기술사적 의미를 실증적으로 규명했다.

이러한 연구 성과는 1974년 MIT 출판사에서 《한국의 과학과 기술: 전통 기구와 기법(Science and Technology in Korea: Traditional Instruments and Techniques)》이라는 영어 저서로 출간되었고, 이는 한국 전통 기술 연구가 본격적으로 국제 학계에 소개된 중요한 사건이었다(Jeon, 1974). 특히 전통 기술이 단순히 '있었다'는 것을 넘어, 재료 분석과 제작 방식에 대한 체계적 규명을 시도했다는 점에서 의미가 크다.

이러한 일련의 연구를 통해 전상운은 '과학 문화재'라는 말을 학계와 대중에 정착시켰다. 천상열차분야지도, 자격루, 혼천시계 등이 그의 연구를 통해 국보로 지정되었다. 2025년 현재 국보와 보물 중 과학기술 관련 문화재는 30여 점에 이른다. 또한 문화재 연구와 관리 분야에서 전에 없었던 '과학 문화재'라는 카테고리가 새로 인정받았고, 문화재위원회를 비롯해 행정제도에도 과학기술 분과가 설치되었다(전상운, 2016).

전상운이 유물과 문화재에 대한 연구만 했던 것은 아니다. 그의 학문 세계를 형성하는 데 영향을 미친 또 다른 조류는 교토대학교 유학 시절에 접한 야부우치 기요시(藪内清)를 중심으로 한 '교토학파'의 사상사적 전통이었다. 이는 유교와 불교, 도교 등 동아시아 사상의 구조가 천문, 수학, 의학, 지리 등 전통 지식 체계와 어떻게 얽혀 있는지 탐구하고 동아시아 과학기술을 하나의 사상사적 전통으로 재구성하려는 시도였다.

이들은 특히 '성리학 때문에 동아시아의 과학기술이 억눌렸다'는 단선적 시각에서 벗어나, 유학의 영향력을 인정하면서도 그것으로 환원되지 않는 다양한 지식 전통의 존재를 강조하였다. 이렇게 서로 다른 지식 전통의 상호작용, 사회적 제도와 실천의 연계, 동아시아적 세계관의 내적 논리 등에 주목해 '동양의 과학'을 독립된 지적 전통으로 정립하고자 한 것이다. 전상운은 이 연장선상에서 사상사적 접근을 전통 기술의 물질 분석과 결합하였고, 그 결과 "전통 과학기술을 단순한 기술적 산물로 보지 않고, 세계관의 시각에서 해석하는" 방식의 연구로 나아갔다. 이는 이후 한국 과학기술사 연구자들에게도 지대한 영향을 미쳤다.

3.2. 유물 중심 과학기술사 서술의 특징

유물 연구를 통해 민족 과학기술사의 서사를 구축하는 전략이 한국의 고유한 것은 아니다. 중국과 인도 등 비서구권 많은 나라에서 유물과 발명, 발견의 연표가 공식적인 과학기술사 서술의 뼈대를 이루고 있다. 문헌뿐 아니라 과학관의 전시나 배치도 주요한 발명과 발견 관련 유물을 중심으로 이루어진다. 요컨대 이는 비서구 문명의 전근대 과학기술을 소개하는 주요한 전략이기도 하다. 비록 근대 과학기술이 이들 문명에서 배태되지는 않았다 해도, 세계 과학기술사에서 중요한 발명과 발견을 (때로는 서구보다 일찍) 이루었고 이를 통해 과학기술사에서 일정한 역할을 차지하고 있음을 웅변하는 전략이다. 동아시아 과학사의 의의를 서구에 최초로 인식시킨 조지프 니덤의 '중국의 과학과 문명(Science and Civilisation in China)' 시리즈도 "중요한 발명과 발견이 서구보다 앞서 중국에서 이루어졌다"는 서사 전략으로 서구 학계에 충격을 던져 주었다(Needham, 1954).

이렇게 유물의 '과학성'이 민족국가 역사 서술의 정당성을 드러내는 지표로 여겨지면서, 특정 유물의 가치를 강조하기 위해 "현대 기술로도 재현이 어려울 정도로 정밀하다"는 표현이 자주 사용되기도 했다. 이러한 표현은 일제강점기 고려청자의 가치를 표현할 때 자주 사용되었고, 현대에도 전통 과학 문화재가 얼마나 정교하고 수준 높게 만들어졌는지 묘사하는 데 흔히 동원되었다. 전상운 본인은 이러한 단정적 표현을 경계했지만, 언론과 일부 연구자들은 이를 과학 문화재의 위상을 강조하는 데 적극 활용하였다. 그러나 이러한 서사가 상투적일 정도로 자주 동원되면서, 다음과 같은 한계가 드러나기도 했다. 첫째, 이러한 접근 방식은 기술 수준의 '우월성'에만 초점을 맞추어 사회적 맥락을 소홀히 한다. 즉 기술의 전승 구조, 장인의 조직, 국가 제도, 지식 네트워크 등 복합적 요소가 배제된 채, 현대에 과학적 분석을 시도하는 사람들을 얼마나 탄복시키느냐가 유물의 가치를 결정하게 된다. 둘째, 이러한 서사는 서구 중심적 위계에 대한 비판 의식을 결여하고 있다. 서구의 근대 과학기술을 기준으로 설정하고, 그보다 '앞선' 것 또는 '뛰어난' 것일수록 더 큰 가치를 인정하기 때문이다. 그렇지만 이러한 한계에도 불구하고, 유물 연구의 확산은 한국 과학기술사 연구가 물질 기반의 실증적 분석을 갖추게 되는 과정에서 중요한 역할을 했다.

3.3. '겨레 과학' 담론에 미친 영향

한편 고고학적 과학기술사 연구의 흐름은 후대에 이른바 '겨레 과학'이라는 이름으로도 이어졌다. 이 관점은 박물관이나 과학관의 전시 기획과 학예 연구에서 일정한 영향력을 갖고 있다. 이 관점에 공명하는 이들은 독창적이거나 선구적이지 않은 과학 유물도 당대인의 생활사적 맥락에서 그 의의를 평가하고 중요성을 인정해야 한다는 관점에 따라 전통 과학기술의 의미를 현대인에게 설명하고자 한다. 단지 '세계 최초'와 같은 선구성을 강조하는 것이 아니라, 전통시대 과학기술이 생활사적 맥락에서 어떤 의미를 갖는지 조명하고, 민중이 사용한 일상 도구(호미, 낫, 방앗간 기구 등)까지 연구 대상을 확대해 고급 과학 문화재(천문의기, 물시계 등)와 민속 기술을 아우르는 서사를 구축하고자 하는 것이다.

즉 겨레 과학 담론은 기술 유물 자체의 '독창성'뿐 아니라, 그 기술이 작동했던 사회적·문화적 장(場) 전체를 서사화하려는 시도다. 이는 아직 이론적 정교화가 더 필요하지만, 한국 과학기술사를 '민족적 서사'에서 '생활의 기술사'로 확장할 수 있는 중요한 잠재력을 지닌다.

4. 서구식 과학사의 영향과 과학기술사 연구의 제도화

1970~1980년대에 접어들면서 남측의 과학기술사 연구는 또 하나의 중요한 전환점을 맞이하게 된다. 이 시기의 변화는 단순히 새로운 연구 주제가 등장했다는 차원을 넘어, 연구 방법론·문제의식·제도적 기반 전반에 걸친 구조적 변화로 이해할 수 있다. 그 핵심에는 미국과 유럽에서 서구식 과학사 교육을 받은 연구자들의 귀국과 활동이 자리하고 있었다.

이 시기 이전까지 한국의 과학기술사 연구는 주로 사학과를 중심으로 이루어졌으며, 전통시대 과학기술을 대상으로 한 문화사적·사상사적·고고학적 접근이 주류를 이루었다. 반면 구미 학계의 과학기술사 연구는 이미 20세기 중반 이후 지성사, 사회사, 정치사, 제도사 등과 결합하면서 다층적인 분석 틀을 발전시키고 있었다. 이러한 흐름을 직접 경험한 연구자들이 한국 학계에 합류하면서, 과학기술사 연구의 지형이 점차 재편되기 시작하였다.

4.1. 박성래와 김영식 등 미국 유학파의 새로운 연구

이러한 변화 양상을 엿볼 수 있는 사례로 박성래의 연구를 들 수 있다. 그는 서울대학교 물리학과 졸업 후 도미, 캔자스대학교에서 서양과학사로 석사학위를 받고, 하와이대학교에서 〈조선 초기의 재이와 정치(Portents and politics in early Yi Korea, 1392~1519)〉라는 논문으로 박사학위를 취득하였다. 이 연구는 조선 초기의 재이(災異) 기록—즉 혜성, 일식, 지진 등 비정상적 자연현상에 대한 기록—을 분석 대상으로 삼아, 전통 사회에서 자연현상의 인식이 정치적 통치와 어떤 방식으로 연결되어 있었는지 탐구하였다 (Park, 1977).

특히 주목할 점은 박성래가 사료 분석 과정에서 컴퓨터를 활용한 정량분석을 시도했다는 사실이다. 그는 방대한 사서 기록을 데이터화하고, 재이 발생 빈도와 정치적 사건의 상관관계를 분석함으로써, 전통적인 문헌 해석을 넘어선 새로운 연구 방식을 제시했다. 이러한 시도는 컴퓨터를 자유롭게 이용할 수 있는 미국의 대학이었기 때문에 가능한 것이었는데, 당시 한국 학계에서는 생각해 본 적도 없는 매우 선구적인 연구 방법이었다.

박성래의 연구는 뒷날 한국 과학기술사 연구에서 계량적 방법론과 데이터 분석의 가능성을 열어 주는 계기가 되었다. 또한 과학기술사를 단순히 '과학 지식의 발전사'로 보는 관점에서 벗어나, 과학적 지식이 정치와 권력, 사회질서와 어떻게 얽혀 있는가를 분석 대상으로 삼았다는 점에서 이후 사회사적 과학사 연구와도 연결되는 지점이 있다.

한편 김영식은 또 다른 방식으로 서구 과학사 연구의 성과를 한국 학계에 이식하였다. 그는 미국의 지적 환경에 주희(주자)의 자연철학을 분석하여, 성리학적 세계관 속에서 자연 지식이 어떤 구조를 갖고 있었는지 체계적으로 규명했다. 김영식은 서울대학교 화학공학과 졸업 후 도미, 하버드대학교에서 화학물리학 박사학위를 받고 귀국하여 서울대학교 화학과 교수로 부임하였다. 그러던 중 과학사 연구를 본격화하기 위해 다시 유학길에 올라 프린스턴대학교에서 두 번째 박사학위를 취득했다. 이 과정에서 그는 중국 사상사 연구자 윌라드 피터슨(Willard J. Peterson)과 서구 과학사의 이른바 '내적(internal)' 접근법을 대표하는 찰스 길리스피(Charles Coulston Gillispie)의 지도를 받았다. 김영식은 이를 통해 개념사적 분석, 사상사적 맥락화, 동서 비교를 결합한 연구 스타일을 습득하고 이후 연구에 활용하였다 (Kim, 2000).

김영식의 연구는 과학이든 사상이든 철두철미하게 근거에 입각하여 연구 대상의 내적 논리를 파악해야 한다는 암묵적 규범을 세워 주었다. 후술하는 제도화 과정과 맞물려서, 이 규범은 후대 과학기술사 연구자들에게 크고 지속적인 영향을 끼쳤다.

4.2. 과학기술사 교육과 연구의 제도화

김영식은 귀국 후, 물리학자이자 과학철학자인 물리학과의 동료 교수 장회익과 뜻을 모아 1984년 서울대학교 대학원에 '과학사 및 과학철학 협동과정(이하 협동과정, 현 대학원 과학학과)'을 개설하는 데 성공했다. 이는 남측 과학기술사 연구의 제도적 역사에서 결정적인 전환점으로 평가된다.

김영식이 협동과정을 개설하기 전에도 앞서 소개한 전상운과 박성래, 미국 유학 후 귀국한 송상용 등이 활발한 저술과 교육 활동을 통해 과학기술사의 가치를 사회에 알려 나가고 있었다. 하지만 이들은 대부분 사학과에 소속되어 있었으며, 연구 성과 역시 국사 서술의 일부로 편입되는 경우가 많았다. 이에 비해 협동과정은 과학기술사를 역사학과 자연과학, 철학을 가로지르는 독자적 연구 영역으로 제도화했다는 점에서 차별성을 갖는다. 이는 이후 과학사 연구가 독립된 학문 영역으로 성장하는 토대를 제공했다.

김영식은 과학사에 뜻을 두고 학부 전공을 버리고 다른 대학원으로 진학을 감행한 학생들과 함께 응집력 높은 연구자 집단을 형성하였다. 그는 자신이 프린스턴대학교에서 몸에 익힌 연구 스타일을 학생들에게 가르쳤고, 이 학생들은 곧 다음과 같은 공통의 연구 규범과 문제의식을 공유하는 일종의 학파로 성장하였다.

첫째, '내적' 접근을 중시하는 지성사적 연구를 우선적으로 추구하였다.

즉 사회적·경제적 요인 등 외부 요인 분석에 앞서, 과학 이론과 개념 형성 과정을 학문의 내적 논리에 따라 재구성하는 데 초점을 두었다. 둘째, 자연과학자들에게 요구되는 수준의 실증성과 논리적 엄밀성을 중시했다. 즉 사료 해석에서도 모호한 추정이나 수사적 과장을 경계하였다. 셋째, 국제 학계와 소통을 염두에 둔 연구를 높이 샀다. 이는 한국적 사례를 세계(서구) 과학기술사 학계의 보편적 문제의식과 연결하려는 시도의 일환으로 볼 수 있다.

이러한 학풍은 이후 남측 과학기술사 연구의 한 가지 표준으로 자리 잡았으며, 전통시대 과학기술사뿐 아니라 현대 과학기술사 연구로 확장될 수 있는 토대를 제공했다. 즉 위에서 살펴본 서구식 과학사의 유입과 연구의 제도화 과정은, 아래에서 소개할 현대 과학기술사 연구의 탄생을 이해하기 위한 필수적인 전제이기도 하다. 1980년대의 방법론적·제도적 전환이 없었다면 분단과 산업화, 냉전이라는 복합적 조건 속에 전개된 한국 현대 과학기술사를 분석하는 연구 역시 등장하기 어려웠을 것이다.

5. 한국 현대 과학기술사 연구의 태동과 성장

1980년대 후반 이후 남측의 과학기술사 연구는 또 하나의 중요한 전환을 맞이하게 된다. 연구 대상이 전통시대 과학기술에 국한되지 않고, 근현대(특히 해방 이후) 과학기술로 본격적으로 확장되기 시작했던 것이다. 이러한 변화는 단순히 연구 시기의 확대를 의미하는 것이 아니라, 과학기술을 이해하는 문제의식 자체가 근본적으로 재구성되는 질적 변화의 계기였다.

전통시대 과학기술사 연구가 주로 '국사' 서술의 일부로서 민족적 자긍심의 회복과 연결되어 있었다면, 현대 과학기술사 연구는 그러한 서사적 틀을 그대로 적용하기 어려운 대상이었다. 해방, 분단, 전쟁, 냉전, 산업화, 권위주의 정치, 민주화라는 복합적 조건 속에 형성된 현대 한국의 과학기술은 단순한 '발명과 발견'의 연속으로 설명될 수 없었기 때문이다. 이러한 문제의식이 누적되면서 연구자들은 전통적 과학기술사 서술 방식의 한계를 자각하고 새로운 접근을 모색하게 되었다.

5.1. 김근배의 선도적 연구와 문제의식의 전환

이러한 전환을 선도한 연구자가 김근배다. 그는 석사논문에서 한국과학기술연구소(KIST, 현 한국과학기술연구원)의 설립 과정을 분석하면서, 과학기술의 발전을 단순한 학문 내부의 진보가 아니라 정치·외교·원조 체제와 결합된 제도적 산물로 파악하였다. 특히 미국의 대외 원조 정책과 한국의 과학기술 제도 형성의 관계를 분석함으로써, 과학기술이 냉전 질서 속에 어떤 전략적 의미를 가졌는지 구체적으로 드러냈다(김근배, 1990).

김근배는 이어진 박사논문(1996)에서는 시야를 더욱 확장해 일제강점기 조선인 과학기술 인력의 성장 과정을 추적하였다. 이 연구는 과학기술사를 인물 중심의 '위인사'가 아니라, 교육제도와 연구 기관, 산업구조, 식민지 통치 전략과 얽힌 사회적 과정으로 재구성하였다(김근배, 2005). 이러한 접근은 과학기술사를 경제사, 정책사, 사회사와 연결하는 중요한 이정표가 되었으며, 이후 현대 과학기술사 연구의 기본적인 문제의식을 형성하는 데 결정적 영향을 미쳤다.

김근배의 연구는 전통시대 과학기술사 연구를 지배했던 업적이나 인물 중심 접근이 가지는 한계를 극복하고자 한 시도로 평가된다. 그의 연구가 던진 핵심 질문은, 전통시대 과학기술사와 현대 과학기술사를 동일한 서사 틀로 설명할 수 있느냐는 점이었다. 전통시대 과학기술사는 '국사'의 일부분으로서 '세계 최초'나 '민족적 우수성'을 강조하는 방식으로 일정한 설득력을 가질 수 있었지만, 현대 과학기술사를 쓸 때는 그러한 전략이 통하지 않는다. '세계 최초의 목록'에 들어갈 만한 것이 현대에는 그 수가 매우 적기 때문이다. 나아가 현대 한국(남측) 과학기술사를 연구하는 이들은 다음과 같이 겉보기에 모순적인 두 가지 질문에 동시에 답해야 했다. 왜 현대 한국(남측)에는 세계 과학사에서 널리 회자되는 '과학적 발견'이나 '이론적 혁신'이 상대적으로 적어 보이는가? 그럼에도 불구하고 왜 한국(남측)의 산업기술과 응용기술은 세계적으로 매우 높은 수준에 도달했는가?

이런 질문은 과학기술을 순수 학문적 성취로만 이해하는 관점의 한계를 드러내며, 과학기술을 국가 전략과 산업 정책, 교육제도, 국제 질서 속에서 파악해야 할 필요성을 제기한다. 현대 과학기술사는 전통시대 과학과 전혀 다른 사회적 조건—분단체제, 민주화, 산업화—속에서 작동하기 때문에, 이에 대한 고유한 접근과 개념적 틀이 요구된다. 즉 현대 과학기술사는 전통시대 과학기술사에서 유효했던 사상사적 접근이나 고고학적 실증만으로는 설명하기 어렵고, 새로운 분석 틀을 요구하게 된 것이다.

5.2. 새로운 세대의 등장과 연구 방법의 다변화

김근배의 선도적 연구 이후 2000년대에 들어서면서 이런 인식을 공유한 소장학자들이 속속 등장하였다. 이들은 전통시대 과학기술사에서 두드러졌던 사상사적 접근이나 고고학적 접근과 구별되는 새로운 접근을 시도했다. 특히 제도사, 정책사, 경제사, 사회사 등의 접근 방법을 적극적으로 차용하였다. 또한 과학기술을 국가 발전의 '결과'로 보기보다, 정치적 선택과 국제 관계 속에서 형성된 과정(process)으로 분석하려는 경향을 보였다.

한편 이 세대 연구자들은 대체로 영어에 능통하고 국제 학계와 교류에도 적극적으로 도전하였다. 국제 감각을 갖춘 신세대 연구자들은 한편으로 한국(남측) 현대사의 주요 이슈와 조응하는 연구 주제를 과학기술 분야에서 발굴해 나갔으며, 다른 한편으로는 서구 과학기술학(Science and Technology Studies, STS)의 최신 성과를 적극적으로 수용하는 등 이론적 틀과 연구 방법론에서는 서구 학계와 격차를 지워 나갔다. 그 결과 한국(남측) 현대 과학기술사는 더 이상 '한국 내부의 특수사'가 아니라, 냉전 과학과 개발 국가, 기술이전, 지식의 글로벌 순환 같은 보편적 주제와 연결되기 시작했다.

이러한 변화는 연구 주제뿐 아니라 연구 활동 방식에서도 나타났다. 소장 연구자들은 연구 경력 초기부터 국제 학회에 적극적으로 참여하며, 한국(남측)의 사례를 통해 세계 과학기술사 논의에 기여하고자 했다. 이는 남측 과학기술사 연구가 국제 학계에서 점차 가시성을 확보하는 계기가 되었고, 동시에 연구 방법과 문제 설정의 국제화를 촉진하였다.

5.3. 남측에서 북측 과학기술사 연구자들의 출현

2000년대 이후 나타난 또 하나의 중요한 변화는, 북측 과학기술사를 연구 대상으로 삼는 남측 연구자들의 등장이다. 이는 분단 이후 오랫동안 단절되었던 연구 영역에 새로운 가능성을 열었다는 점에서 의미가 크다.

이 흐름 역시 김근배의 문제의식에서 출발했다. 남측에서 북측 과학기술사의 사료에 접근하는 것은 어려운 일이었지만, 그는 미국 의회도서관 등 해외 아카이브에 소장된 북측 과학기술 관련 문헌을 활용함으로써 이 난관을 넘어서고자 했다. 제한된 조건 속에 북측 과학기술사의 주요 사건과 인물들을 추적한 결과, 리승기와 비날론 개발, 계응상과 유전학 교육, 김봉한과 '봉한학설' 등 북측 과학기술사에서 중요한 위치를 차지하는 인물과 사건들이 남측 학계에 본격적으로 소개되었다.

이후 강호제, 변학문 등 다음 세대 연구자들이 이 연구 흐름에 합류하면서 북측 과학기술사는 더 이상 '정보 부족으로 접근 불가능한 영역'이 아니라, 분단체제 속 과학기술의 다양한 경로를 비교·분석할 수 있는 중요한 연구 대상으로 자리 잡기 시작했다. 이는 남북 과학기술사 비교 연구의 가능성을 실질적으로 확장했다는 점에서 주목할 만하다.

6. 결론에 대신하여: 과학기술사와 한국사의 경계와 접점

과학기술사는 오랫동안 하나의 독립된 학문 분야라기보다 역사학과 과학학(과학사·과학철학·STS) 사이에서 정체성을 모색해 온 경계적 학문 영역이었다. 남측의 경우 이러한 경계성은 학문 제도와 연구 실천 양쪽에서 모두 뚜렷하게 드러난다. 과학기술사는 역사학의 하위 분야로도, 자연과학의 보조적 서술로도 완전히 환원되지 않으면서 두 학문 영역의 문제의식과 방법론을 선택적으로 차용해 왔다.

1977년 역사학대회에 과학사 분과가 설치되었을 때, 초기 연구자들의 주요 관심은 한국 과학기술사가 '국사' 또는 역사라는 제도적 틀 안에서 어떤 위치를 차지할 수 있는가에 있었다. 이는 과학기술사 연구가 학문적으로 정당성을 확보하기 위해 반드시 거쳐야 했던 단계이기도 하다. 이 시기 과학기술사는 국사의 한 부분으로서, 특히 전통시대 과학기술의 성취를 복원하고

재해석하는 데 집중하였다. 그러나 이러한 위치 설정은 동시에 과학기술사가 국사 서술의 보조적 영역으로 고정될 위험도 내포하고 있었다.

1980년대 중반 이후, 특히 서울대학교 과학사 및 과학철학 협동과정의 설립을 계기로 과학기술사 연구는 새로운 제도적 공간을 확보하게 되었다. 이는 과학기술사를 역사학과 자연과학, 철학을 가로지르는 학제적 연구 영역으로 정립하는 데 결정적인 역할을 했다. 그 결과 과학기술사 연구자들은 더 이상 사학과 내부의 한 분과에 머무르지 않고, 과학학과와 교양학부, 연구소 등 다양한 제도적 장에서 연구를 수행하게 되었다.

그러나 이러한 제도적 자율성의 확대는 역설적으로 사학과와 일상적 접점이 약화되는 결과를 낳기도 했다. 과학기술사 연구자들은 점차 역사학 내부의 논쟁—예컨대 한국사 서술의 시대 구분, 민족주의와 탈민족주의의 문제, 정치사와 사회사의 방법론적 논쟁—에서 일정한 거리를 두게 되었고, 대신 과학기술계 내부의 이슈나 국제 과학기술사 커뮤니티의 논의에 더 깊이 관여하게 되었다.

최근 들어 이러한 분리는 다시 새로운 국면을 맞이하고 있다. 특히 한국(남측) 현대사 전공자들이 과학기술을 주요 연구 주제로 삼기 시작하면서, 과학기술사와 국사의 경계는 다시 유동적으로 변하고 있다. 산업화, 개발 국가, 냉전, 민주화, 환경문제 등 현대사의 핵심 쟁점은 과학기술을 배제한 채 설명하기 어렵다. 이에 따라 과학기술은 더 이상 '특수한 주제'가 아니라 현대사 분석의 핵심 요소로 재등장하고 있다.

이러한 흐름 속에 과거 과학학 기반 연구자들이 차지했던 니치(niche)가 재조정되고 있다. 이는 단순한 학문적 경쟁의 문제가 아니라, 서로 다른 훈련 배경과 문제의식을 지닌 연구자들이 동일한 대상을 어떻게 다르게 해석하는가라는 생산적인 긴장을 낳고 있다. 과학기술사 연구자들은 과학 지식과 기술의 내적 논리, 제도적 구조, 국제적 맥락 등에 강점이 있는 반면, 한국 현대사 연구자들은 정치적·사회적·경제적 맥락에서 과학기술이라는 요소의 의미를 보다 거시적으로 (재)인식하는 데 강점을 보인다.

이러한 상황에서 오늘날 과학기술사 연구는 단순히 과거의 사실을 복원하는 작업에 머무를 수 없게 되었다. 실제로 역사를 쓰는 과정에서 "누구의 언어로 무엇을 말할 것인가"라는 실천적 질문을 피할 수 없게 된 것이다. 연구자가 어떤 학문적 훈련을 받았고 제도적으로 어디(과학학 대 역사학)에 소속되어 있는지, 연구 대상이 시대적(전통 대 현대)으로나 공간적(남측 대 북측 또는 해외)으로 어디에 속해 있는지, 연구가 놓이는 학문적·정치적 맥락이 어떠한지 등이 모두 서로 다른 문제의식과 서술 전략으로 이어지기 때문이다.

특히 북측 과학기술사 연구의 어려운 현실, 아메리카와 유럽, 일본, 중국 등지에서 이루어지는 한국학 연구와 연결은 이러한 질문을 더욱 복잡하게 만든다. 동일한 역사적 사건이나 제도라도 연구자가 위치한 지식장 (knowledge field)에 따라 전혀 다른 의미를 갖게 되기 때문이다. 따라서 남측 과학기술사 연구는 더 이상 국내 학계 내부의 문제에 머무르지 않고, 글로벌 한국학과 과학기술사 연구의 교차점에서 자신의 위치를 재정립해야 하는 과제에 직면해 있다.

지금까지 살펴본 바와 같이, 남측의 과학기술사 연구는 단일한 계보나 방법론으로 정리될 수 있는 학문이 아니다. 그것은 식민사학에 대한 대응에서 출발해 유물 중심 고고학적 연구, 서구식 과학사 방법론 도입, 현대 과학기술사로 확장이라는 복수의 경로를 따라 전개되어 왔다. 이러한 경로는 대립하기보다 각기 다른 문제 상황에 대한 역사적 응답으로 이해하는 것이 타당할 것이다.

따라서 과학기술사를 하나의 고정된 학문 영역으로 규정하기보다 여러 학문과 지식장 사이를 이동하며 질문을 재구성하는 실천 과정으로 이해할 필요가 있다. 우리가 모색해야 할 '공통의 장(meeting place)'은 단순한 제도적 통합이나 분과 설정에 있지 않다. 오히려 서로 다른 언어와 문제의식을 지닌 연구자들이 새로운 질문을 만들어 낼 수 있는 대화의 조건과 맥락을 어떻게 마련할 것인가에 있다.

이러한 점에서 남측 과학기술사 연구의 계보와 쟁점을 정리하는 본 글은 하나의 결론을 제시하기보다, 앞으로 연구와 대화를 촉발하기 위한 열린 문제 제기로 기능하기를 의도한다. 과학기술사 연구의 진정한 의미는 완결된 서사에 있기보다, 끊임없이 재구성되는 질문의 장에 있기 때문이다.

참고 문헌

김근배. 1990. 〈한국과학기술연구소(KIST) 설립과정에 관한 연구―미국의 원조와 그 영향을 중심으로〉. 《한국과학사학회지》. 12(1). 한국과학사학회.

김근배. 2005. 《한국 근대 과학기술인력의 출현》. 문학과지성사.

김태호. 2013. 〈근대화의 꿈과 '과학 영웅'의 탄생―과학기술자 위인전의 서사 분석〉. 《역사학보》. 218. 역사학회.

이기훈. 2018. 〈근대 신화의 역설―고산자 김정호와 대동여지도의 경우〉. 《역사비평》. 123. 역사비평사.

전상운. 2016. 《우리 과학 문화재의 한길에 서서: 전상운의 한국 과학기술사 회고》. 사이언스북스.

전상운. 2000. 《한국과학사》. 사이언스북스.

정다함. 2011. 〈과학이라는 전통의 창출과 홍이섭의 조선시대 과학사 연구〉. 《역사교육》. 118. 역사교육연구회.

Jeon, Sang-woon. 1974. *Science and Technology in Korea: Traditional Instruments and Techniques.* MIT Press.

Kim, Yung Sik. 2000. *The Natural Philosophy of Chu Hsi (1130~1200).* Philadelphia: American Philosophical Society.

Needham, Joseph. 1954. *Science and Civilisation in China. Vol. 1.* Cambridge University Press.

Park, Seong Rae. 1977. *Portents and politics in early Yi Korea, 1392~1519* (dissertation). University of Hawaii.

Park, Seong-rae. 1998. *Portents and Politics in Korean History.* Jimoondang.

6장

남북 전통의학의 계승과 변화

백유상 경희대학교 한의학과에서 박사학위를 받고, 현재 동 대학 한의과대학 교수로 재직하고 있다. 경희대학교 한의과대학 원전학교실 주임교수, 한의학고전연구소 소장 등을 역임하였고, 통일보건의료학회 정책이사로 활동 중이다. 대표 저서로 《아낌과 용기》(2021), 《한반도 건강공동체 준비》(공저, 2021), 논문으로 〈조헌영의 생애와 의학사상〉(2019) 등이 있으며, 《남북 한의학용어 정리 비교집》(2021) 편찬 사업에 참여하였다.

1. 들어가기

한의학은 이미 19세기 말 대한제국 시기부터 주류 의학의 지위를 잃어가기 시작하였고, 일제강점기에 한의학을 의학으로 인정하지 않는 조선총독부의 정책으로 인하여 그 명맥이 끊어지는 수준까지 이르렀다. 당시 한의사들은 급변하는 사회 환경 속에서 서양의학에 대한 상대적 박탈감을 느꼈을 뿐 아니라 한의학의 명맥을 유지하는 데 급급한 정도였으며, 어려운 상황속에서 여러 해결 방안을 모색할 수밖에 없었다. 우선 서양의학이 가지고 있는 우월성을 어느 정도 인정하고 받아들이려 하였으며, 내부적으로는 한의학 강습소를 개설·운영함으로써 한의학이 가진 장점을 살려 정체성을 유지해 나가고자 하였다. 한편 서양의학과 협력은 또 다른 의미에서 한의학의 과학화라는 숙제로 다가왔는데, 당시 전통 한의학을 과학화하는 것이 제도권에서 소외된 현실을 극복하는 실제적인 방안이라는 생각이 형성되었다. 즉 일제강점기에 한의계가 당면한 문제를 키워드로 정리하면 서양의학과 협력, 과학화와 현대화, 제도화 등이다.

1945년 해방을 맞으며 남과 북은 각자의 정치적·사회적 소용돌이 속에서 한의계의 이러한 화두에 한편으로 동일하게, 한편으로는 다르게 대처하였다. 본 글에서 다루고자 하는 남한과 북한의 전통의학 계승과 변화라는 주제는 바로 이러한 각자의 대처 방식과 과정을 대략적으로 서술하고 평가해보고자 하는 것이다. 그리고 본 글의 마지막 부분에서 생각해 보아야 할 것은 과연 한의학의 정체성은 무엇인가 하는 질문에 대답이며, 이 대답은 당연히 간단하지 않고 오랜 시간이 걸릴 수도 있다. 본 글은 이러한 모색에 대한 계기를 마련하는 데 그 목적이 있다.

글의 순서는 대략 시대별로 북한 한의학의 흐름을 살펴보고, 세부 분야별로 북한 한의학의 특징을 설명하며, 마지막으로 한국 한의학의 상황과 간단히 비교하였다. 전통의학의 계승과 변화라는 주제에 논의를 집중하기 위하여 세부 분야 가운데 보건의료 관련 법률제도, 정부 직제, 의료 인력과 의료기관 현황 등은 지면상 다루지 않았다. 참고로 조선중앙통신사에서 간행한 《조선중앙연감》을 기준으로 보면 북한은 해방 직후 1950년대 말까지 '한의학'이라는 용어를 사용하다가 1960년부터 '동의학'을 전통의학에 대한 일반적 명칭으로 확정하였으며, 동의학은 다시 1991년 무렵부터 '고려의학'으로 바뀌기 시작하여(신동원a, 2003) 1993년에는 고려의학으로 통일되었다. 또한 일반적으로 한의학이라는 용어도 동아시아 전통의학을 통칭하는 광의로 사용되거나, 한국의 전통의학 또는 남한의 전통의학을 의미하는 협의로 사용되기도 한다. 본 글에서 시기별·내용별로 이러한 여러 용어가 혼용될 수 있는 점에 대하여 독자들의 이해를 바란다.

2. 본론

2.1. 한국 한의학의 정체성

한국의 전통의학, 즉 한의학은 오랜 역사 속에서 고유의 정체성을 가지고 이어져 왔으며, 이러한 특성은 전통의학을 가지고 있는 같은 동아시아의 중국과 일본도 마찬가지다. 각국 전통의학의 면모가 조금씩 달라지는 이유는 비록 원리와 치료 수단은 동일하나 질병의 양상에서 차이가 나기 때문이다. 한의학의 기본 원리는 음양오행론이며 그 위에 정기신(精氣神), 혈, 진액 등 인체 구성 요소와 장상, 경락 등의 체계가 만들어져 있고, 이러한 내용은 모두 기원전 진·한 시기에 편찬된 《황제내경(黃帝內經)》에 기재되어 있다. 그리고 2세기에 출현한 장중경의 《상한론(傷寒論)》은 한의학의 진단과 변증을 통하여 외부의 병사를 몰아내는 임상 치료 중심의 의서로, 의학의 원리를 설명한 《황제내경》과 쌍벽을 이룬다. 한·중·일 전통의학의 역사는 《황제내경》과 《상한론》의 양대 체계에 대한 계승과 비판의 역사라 해도 과언이 아니다.

동아시아 전통의학이 동일한 의학 원리와 치료 수단을 가지고 있음에도 불구하고 질병의 발생이나 변화 속에서 각각 다른 특성이 정해지는 조건은 의식주의 특이성, 기후와 지리적 환경, 문화적 배경 등을 들 수 있다. 한국은 사계절의 변화가 뚜렷하면서 일정하고, 지리적으로 산악지대가 많아서 수량이 풍부하며 농작물의 재배와 약물의 채취가 용이하고, 문화적으로 오랜 시간 형성된 공동체의 특성을 유지해 왔다. 질병 발생에서도 전염병으로 인한 피해가 상대적으로 적은 반면, 인체의 정기(精氣) 부족으로 인한 병증이 많았다. 따라서 자신의 건강을 강화하여 질병을 예방하는 문화가 발달하였으며, 질병의 치료 방향도 사기를 몰아내는 것보다 인체의 정기를 보충하는 것에 집중해 왔다. 17세기 초 저작인 《동의보감》은 이러한 역사적 흐름의 정점에서 한국 한의학의 특성을 잘 담아내고 있는 대표적인 의서다. 허준이 쓴 《동의보감》의 〈집례〉를 살펴보면 한국 한의학의 독자성을 강조하고 있음을 알 수 있다.

왕절재(王節齋)가 말하기를, 동원(東垣)은 북의(北醫)였는데 나겸보(羅謙甫)가 그 법을 전하여 강소(江蘇)와 절강(浙江)에 알려졌으며, 단계(丹溪)는 남의(南醫)였는데 유종후(劉從厚)가 그 학문을 이어 섬서(陝西)에 떨쳤다고 하였으니, 의학에 남북의 이름이 있은 지가 오래되었다. 우리나라는 동방에 치우쳐 있으면서 의약의 도가 끊어지지 않았으니, 우리나라의 의학을 동의(東醫)라 부를 만하다. (허준, 《동의보감》〈집례〉, 1613)[1]

《동의보감》은 이미 《황제내경》에 그 개념이 정립되어 있고 이후 도가의 내단술에서 중시되어 온 소위 '삼보(三寶)' 정기신을 인체 구성과 운영의 핵심 요소로 설정하였으며, 그 바탕에서 중국 금·원 시대에 발전한 장부변증 의학을 중시하였다. 금·원 시대의 장부변증은 인체 내부의 정기를 중시하여 그 허실에 따라 치료하는 체계로, 송대 이후 《황제내경》에 대한 연구가 광범위하게 일어나 임상 경험과 결합하면서 발전한 것이다. 당시 금·원 사대가는 모두 《황제내경》과 《상한론》을 깊이 연구하는 동시에 임상 치료에도 능한 의가였다. 또한 송대에 발달한 성리학에서 인간 내면을 탐구한 풍조의 영향을 받아 《황제내경》에서 설명한 인체 내부의 원리와 변화에 더욱 천착하게 되는데, 실제 금·원 사대가 마지막인 주단계(朱丹溪)는 성리학자이기도 하였다.

한편 《동의보감》은 조선 중기까지 내려온 한국 의학의 전통을 계승하였는데, 고려시대에는 《향약구급방》을 시작으로 《향약제생집성방》까지 소위 향약서가 편찬되어 한국에서 생산되는 한약뿐만 아니라 한국 사람에게 적합한 처방을 수록하였고, 조선 전기에 완성한 《향약집성방》은 그동안 중국에서 간행된 방서를 수집하여 그 가운데 우리 실정에 맞는 것을 선별한 작업의 결과다. 《향약집성방》 간행의 노력은 백과사전 형식의 대규모 총서인 《의방류취》의 편찬으로 이어졌으며, 세종 때 365권으로 완성하였다가 성종 때

---

[1] 동의문헌연구실. 2012. 《동의보감》. p. 63. 법인문화사.
[2] 전국한의과대학사상의학교실. 1997. 《사상의학》. p. 442. 집문당.

266권으로 간행하였다. 이처럼 조선 정부가 국가사업으로 추진한 대규모 편찬 사업은 한국 실정에 맞는 의학 체계를 수립하려는 목적으로 진행한 것이며, 그 결실이 바로 《동의보감》 간행이다(백유상, 2009). 광해군 5년(1613) 어명에 따라 간행한 《동의보감》의 발전된 의학 체계는 조선 후기까지 한국 한의학의 중심 역할을 하였으며, 19세기 이후에 출현한 이규준의 《소문대요》와 《의감중마》나 황도연의 《방약합편》 등도 크게 보면 한국 실정에 맞는 의학을 찾아 나가는 노력의 결과로 《동의보감》이 추구하는 목표와 궤를 함께한다고 볼 수 있다.

한편 19세기 말 이제마는 기존 한의학과 다른 체계인 사상의학을 창시하고 《동의수세보원》을 저술하였다. 이제마의 사상의학은 유학적 세계관의 영향을 받아 인간을 포함한 우주와 만물을 사심신물(事心身物)의 네 가지 측면으로 파악하였고, 이를 인체에 적용하여 폐(肺)·비(脾)·간(肝)·신(腎) 4장의 편차로 드러나는 체질 특성을 규명하였다. 비록 《동의수세보원》에 담긴 우주관과 인체관은 《동의보감》의 그것과 차이가 있으나, 태어날 때부터 정해져 인체 내면에 존재하는 개인의 고유한 특성에 주목하여 체질 개념을 정립한 것은 외부에서 침입하는 사기를 몰아내는 방향이 아니라 인체의 고유한 정기를 북돋아 질병을 예방하고 치료하려는 한국 의학 전통의 맥락에 있다고 볼 수 있다(백유상, 2009). 이제마가 《동의수세보원》 〈의원론〉에서 다음과 같이 허준의 업적을 높이 평가한 것도 이러한 생각을 반영한다.

> 송·원 이후 명 이전까지 병증과 약리는 이천(李梴), 공신(龔信), 허준(許浚)이 전하였으며, 만약 의가들의 노력과 업적을 논한다면 마땅히 장중경(張仲景), 주굉(朱肱), 허준(許浚)이 최고가 되고 이천과 공신은 그다음이 된다. (이제마, 《동의수세보원》 〈의원론〉, 1901)[2]

중국 전통의학은 송대 성리학과 인쇄술의 발달로《황제내경》과《상한론》의 연구가 활발해졌으며, 그 결과가 금·원 시대로 이어져 장부변증을 중심으로 하는 임상의학이 발달한다. 명대에는 금·원 의학이 정리되면서 인체의 원기를 중시하는 명문학파가 한때 성행하다가, 청대에는 대규모 열성 전염병의 유행에 대처하는 온병학이 발달하게 되었다. 현재 중국의 중의학은 주로 청대 온병학을 계승하면서《상한론》의학이 결합된 체계다. 따라서 한국 한의학보다 좀 더 외감병 대응에 중심이 있다고 할 수 있다. 일본은 에도시대《상한론》의 고방파와 금·원 의학의 후세방파 논쟁을 거쳐 고방파가 득세하게 되었고, 특정 처방을 기준으로 진단하고 치료하는 소위 '방증(方證)' 위주의 독특한 의학을 만들어 내었다. 현재 일본의 캄포(漢方) 의학은 메이지유신 이후 정부의 체계적인 지원을 받지 못하면서 정체된 상황이다.

종합해 보면 한국 한의학의 정체성은 한국이 가지고 있는 자연환경과 문화적 특이성으로 인해 나타나는 질병 발생 양상의 토대 위에서 형성되었으며, 이러한 조건에 대응하는 노력의 결과로 정체성을 이어 나가면서 중요한 의학적 성과가 축적되어 왔다. 인체의 정기를 어떻게 잘 보존해서 질병을 예방하고 퇴치할 것인가, 모든 인간의 행복을 추구하는 사회적 목표에 의학이 어떻게 기여할 것인가 등이 언제나 한의학 정체성을 유지하는 과정에 화두로 등장하였으며,《동의보감》과《동의수세보원》등이 그 정체성이 담긴 집약체라 할 수 있다. 정체성을 구성하는 핵심 요소는 유·무형의 형식적 기준으로만 이루어질 수 없으며 그 이면에 있는 존재 가치, 즉 한국 사회에 어떻게 기여할 수 있는가 하는 사명 의식을 통하여 결정된다(백유상, 2010). 19세기 이후 한국 사회는 외적으로나 내적으로 큰 변화를 겪었으며, 그 과정에서 한국의 의료 환경과 의료 문화의 변화 양상에 따라 한의학이 추구하는 가치도 변화했을 것으로 짐작된다. 이에 남한과 북한 모두 한의학 분야에서 이러한 환경 변화에 대응하면서 의학 전통을 계승해 나간 모습을 비교하여 살펴볼 필요가 있다.

2.2. 일제강점기 한의계의 움직임

일본 전통의학은 16세기 이후 에도시대를 지나며 규모나 내용 면에서 많은 발전을 이루었다. 그러나 메이지유신을 거치면서 일본의 한의사는 의료인으로서 법적 지위를 얻지 못하였고, 이를 쟁취하기 위하여 온지사(溫知社)라는 단체를 결성하여 40년간 투쟁을 벌였으나 결국 20세기 초 국회에서 법안이 부결되며 오늘까지 상황이 그대로 이어지고 있다. 일본은 식민지 침략을 통해 한반도를 강점하면서 한국의 전통을 말살하려 하였으므로, 메이지유신 때도 인정하지 않은 한의사 제도를 한국에서 제정할 리는 만무하였고, 실제로도 의생 제도를 만들어 한국에서 활동하던 한의사들의 지위를 격하하여 한의 인력을 운영하려 하였다.

일본은 대한제국 시기부터 국가기관에서 동의를 제거하며 서양의학 교육을 받은 소수 의사만 인정하였고, 통감부의 계획에 따라 임의로 국공립 의료기관을 개편하거나 설립하였으며, 일본인 의사를 대거 진출하게 하였다(기창덕, 1993). 이러한 의사 우위 의료제도로 인해 결국 모든 한의사는 의생이라는 한지의사 수준으로 격하되고(노정우, 1968), 한의학 교육기관과 연구기관은 인허가 대상에서 제외되었다. 일제는 1913년 11월 조선총독부령으로 의사규칙, 치과의사규칙, 의생규칙 등을 반포하고 이듬해 1월 1일부터 시행하였다(여인석, 1999). 당시 자격에 따라 신청하여 의생 면허를 받은 사람이 약 5000명에 이르렀는데, 의생을 포함한 민간 한의사들은 자구책으로 단체를 결성하여 활동하거나 강습소를 설치하여 한의학 교육을 시행하는 방향으로 한의학 부흥 운동을 전개하였다.

　대한제국 시기에 대한의사총합소라는 단체가 결성되었고, 1910년 한일병합조약 이후에는 조선의사연찬회, 조선한방의사회 등을 거쳐 조선의생회가 결성되었으며, 1915년 10월 창덕궁에서 열린 전선의생대회를 계기로 전선의회가 만들어지기도 하였다(백유상, 2017: 127-129). 1916년부터는 비공식적으로 동서의학연구회가 설립되어 활동하다가, 1921년 총독부의 정식 승인을 받은 후 《동양의약》을 발간하고 의학강습원을 설립하여 한의학 교육을 지속해 나갔다. 당시 한의계를 대표하던 동서의학연구회는 1930년대 말부터 침체한 한의계의 상황을 타개하기 위해 경기도의생강습소를 설치·운영하였고, 한의계는 동양의약전문학교 설립을 목표로 1939년 동양의약협회를 창립하기도 하였다. 일제강점기 한의사 단체가 운영한 강습소의 교육 내용을 살펴보면, 1911년 한성의사연찬회에서 개칭된 조선의사연찬회의 동서 의학 강좌에서는 《황제내경》과 《동의보감》 등 전통 한의학 교재 외에 서양의학의 해부, 생리, 병리, 약물, 진단, 위생, 내과, 외과, 부인과, 산과, 소아과, 피부과 등을 망라하는 교재가 폭넓게 사용되었다(백유상, 2017: 135). 동회에서 부설한 신구의학강습소에서도 해부, 생리, 병리, 내과, 외과, 진단, 세균, 약물, 부인, 산과 등 신의학 과목을 강의하였다. 구한말 한의사 홍종철이 설립하여 활발하게 운영되었던 공인의학강습소도 해부 및 생리학, 병리학, 진단학, 안이비인후과, 내과학 등 서양의학 과목을 가르쳤고, 외과학, 부인 및 산과학, 약물학 등은 한의학과 서양의학 교육을 병행하였다. 또한 1920년대 동서의학연구회가 운영하던 의학강습원의 교육과정 내용을 살펴보면 기초과목으로 장부학, 생리학, 해부학, 약물학 등이, 임상 관련 과목으로 진찰학, 상한학, 잡병학, 침구학, 부인과, 소아과 등이 강의되었다. 1940년에 개설된 동양의약강습소에서는 경기도의생강습소 강사들이 한의학 과목을 담당하였고, 경성제국대학 출신 의사들이 서양의학 과목을 강의하기도 하였다(백유상, 2017: 142). 종합해 보면 비록 정식 고등교육기관이 아닌 강습소에서 이루어진 교육이기는 하나, 한일병합조약 직후의 비교적 이른 시기부터 한의학과 서양의학을 함께 교육하였음을 알 수 있다. 평양에서는 1914년 평양의학강습회를 개최하는 동시에 평양의회를 조직하였고, 이듬해 조선의회로 개편된 것으로 보아 서울과 유사한 한의학 교육이 이루어졌음을 짐작할 수 있다(백유상, 2017: 129).

한편 일제는 강점기 초 탄압 정치가 1919년 3·1운동을 계기로 한계에 다다랐다고 판단하여 소위 문화통치로 전환하며, 이에 따라 1930년대 들면서 한의학에 대한 정책에도 변화가 일어나게 된다. 구체적으로는 한의학의 임상적 가치를 침구 치료만으로 제한하여 허용하던 정책을 바꾸어, 성분 중심의 약리학적인 해석을 바탕으로 한 한약의 치료 효과를 어느 정도 인정하고 그 사용을 장려하는 방향으로 나아간 것이다(백유상, 2019: 108). 이러한 정책 변화의 배경에는 당시 만주사변과 태평양전쟁을 야기하게 될 확전 준비, 악화하는 경제 여건, 의료 체계 미비 등으로 발생한 의료에 대한 수요 증가가 있었다(신동원c, 2003). 이러한 정책의 변화가 실제 한의학 발전의 중요한 토대가 되는 고등교육기관 설립이나 한의사 제도 제정 등으로 이어지지는 않았으나, 한의학이 다시 부흥할 수 있다는 기대감이 높아진 것은 사실이었다. 이러한 상황에서 1934년 당시《조선일보》지면을 빌려 장기무, 정근양, 이을호, 조헌영 등이 소위 '한의학 부흥 논쟁' 또는 '한의학 과학화 논쟁'을 벌였다(이종형, 1977). 특히 해방 후 제헌국회 국회의원으로 활동하고 한국전쟁 때 납북된 조헌영은 동서 의학을 비교하고 양자의 조화를 지지하는 입장이었는데, 1934년 5월 3일 자부터《조선일보》에 게재한 〈동서 의학의 비교 비판의 필요〉라는 기고문에서 이를 역설하였다(백유상, 2019: 116). 또한 조헌영은 조선이료회의 의료 계몽 활동 이후 출간한 《민중의술이료법》에서 한의학을 포함하는 이료법(理療法)이, 육체 방면에서 심리학, 생리학, 생물물리학, 생물화학 등에 기초한 서양 자연과학적 규명과 생명현상에 대한 동양철학적 관찰이 종합된 치료라고 규정하기도 하였다(백유상, 2019: 117).

> 우리는 현대의학의 장점을 찬양하는 동시에 단점을 보완하지 않으면 안 될 것이니 그것을 보완하는 방법은 오직 동양의학에서 취할 수밖에 없다는 것이다. 동양의학은 그 근거를 철학에 두었고 서양의학은 그 기초를 자연과학에 세웠다… 전자(서양의학)는 분석적이요 후자(동양의학)는 종합적이며 전자는 물질적 조직의 탐사에 치중하고 후자는 생적 현상의 관찰에 전력한다. 사람의 생명을 위협하는 외래적 침해를 방어 제거하는 때는 서양의술이 능하나 내적 생명력을 근본적으로 배양하여 건강을 증진하는 데는 동양의술이 장하다. 인체 생명력 내지 건강을 옹호하는 데 서의술과 동의술의 임무를, 사회의 안녕과 질서를 유지하는 데 법과 도덕의 임무에 비할 수 있으니 양자가 겸전치 않으면 진선진미를 기할 수 없다. (조헌영, 〈동서 의학의 비교 비판의 필요(2)〉, 1934)[3]

전반적으로 일제강점기 한의계는 제도권에서 소외, 한국 사회에서 주류 의학이 된 서양의학에 대한 대응이라는 두 가지 당면 과제를 안고 있었다. 이에 체계적인 강습소 운영을 기반으로 고등교육기관 설립을 추진하였고, 한의학 부흥이나 과학과 논쟁 속에서 동서 의학의 결합과 과학화를 추구하

---

[3] 조헌영, 〈동서 의학의 비교 비판의 필요(2)〉. 《조선일보》. 1934.5.4. 특간 3면.

는 방향으로 노력하였다. 단 한의학의 과학화와 관련하여 일제가 1930년대 이후 한약의 가치를 중시하면서 성분 중심의 약리학적 연구와 해석을 진행한 것은 한의학의 정체성과 본질은 도외시하고 단기적 효용성만 취하려 한 시도로, 한의학의 근본적 발전과 무관한 일시적인 유화책에 불과하였다.

2.3. 해방 직후 북한의 한의학

일제강점기 조선의 공산주의 세력은 소련을 사회주의 모국으로 삼아 미래 조선이 추구해야 할 모델로 간주하였으며, 실제 지속적인 지원과 지도를 받았다. 여기에 해방 직전 소련은 얄타회담 이후 조선에 우호적인 정부 수립이라는 목표를 가지고 전략적으로 접근하였으므로, 해방 직후 북한과 소련의 관계 형성이 자연스럽게 이루어질 수 있었다(기광서, 2014). 한편 해방 이후 북한과 중국의 관계는 내란 중이던 중국 공산당에 대한 북한의 지원으로 형성되었는데, 주로 상설 기구 설치를 통해 병력과 전략물자의 이동이나 구매, 무역 등이 이루어졌을 뿐이며(김선호, 2017), 이 과정도 소련군 사령부의 허가하에 진행되어 소련의 영향이 컸음을 알 수 있다.

북한은 해방 직후부터 일제강점기 산업 시설에 대하여 빠르게 국유화를 진행하면서 80% 이상 차지하는 중공업 시설을 가동할 기술 인력이 필요하였다. 이러한 문제를 해결하기 위하여 과학기술자를 양성할 공업기술전문학교, 공업대학 등 고등교육기관을 속속 설립하였고, 이 과정에서 소련은 북한 지역에 잔류한 일본인 기술자를 적극 활용하기도 하였다(김태윤, 2016: 63-66). 북한은 해방 직후 국가 행정 전반에 큰 영향을 준 소련의 지원을 받아 사회주의 교육 시스템을 수용하면서 북한의 교육 전반과 과학기술 교육 체계를 안정화하였으며(김태윤, 2016: 45-52), 이후 북한 과학기술 분야는 내용상 독자적인 노선을 갖추게 된다.

보건의료 분야에서 해방 직후 북한은 1946년에 김일성을 위원장으로 하는 북조선임시인민위원회를 수립하며 산하 조직으로 보건국을 설치하였고, 이를 통하여 포고를 발포하여 의사를 비롯한 보건의료인의 임무와 권리를 새롭게 규정하고 의료 사업, 약무 사업 등에 대한 법규를 마련하였다(황상익·김수연, 2007: 46). 또한 1946년 평양의학전문학교를 확대 개편하여 김일성종합대학 의학부로 승격하였으며(황상익·김수연, 2007: 62), 1948년에는 김일성종합대학에서 의과대학을 분리하여 평양의과대학을 독립시켰다(김남일, 1990: 30). 이러한 전반적인 움직임에도 불구하고 1950년 한국전쟁이 발발하기까지 한의학 관련 제도는 아직 체계적으로 갖추어지지 못하였고, 전체 보건의료 체계에서 소외되어 있었다(신동원b, 2003: 153). 1947년 1월 김일성은 대동군 와우리 동의사와 담화에서 동의사를 많이 양성하여 동의학을 발전시켜야 하며, 향후 의과대학을 설립하여 신의와 함께 동의를 체계적으로 양성하여야 한다고 하였다. 또한 동약 치료에 필요한 동약을 생산하기 위하여 약초 채취와 함께 재배의 필요성을 언급하였다(윤창열 외, 1998: 5). 1947년 북조선인민위원회 제37차 회의의 결과인 〈인민보건사업을 강화할 데 대하여〉에서는 농촌에 의사가 많이 필요한 실정에서 동의사를 단순히 침놓는 수준이 아니라 재교육하여 진보적 방향으로 연구 사업을 진행하여 의학 기술을 발전시켜 나가는 데 활용하자는 의견을 제시하였다(윤창열 외, 1998: 14). 이러한 정책 방향에도 불구하고 실제 한의학을 지원하는 제도는 한국전쟁 이후에 구체화되었다. 1948년에 반포한 〈한방의에 관한 규정〉에서는 등록제를 실시하여 국가가 직접 한의 시술자를 관리하게 하였으며, 같은 해 반포한 〈한약종상에 관한 규정〉을 통하여 한약 판매자를 관리하도록 하였는데, 이는 일제강점기 의생을 포함한 기존 한방 관련 인력을 큰 변화 없이 당시 상황에서 관리하는 수준에 그쳤다(신동원b, 2003: 151-152).

한국전쟁이 종료된 이후에야 점차 한의학 관련 제도가 마련되어 갔는데, 남한에서는 한국전쟁 당시인 1951년 국민의료법이 제정되며 한의사 제도가 만들어졌으며, 북한도 뒤이어 1954년 6월 4일 내각결정 제79호에서 한의사를 양성하는 규정을 만들었다. 한방 치료에 대한 대책을 개선하여 1954년 중으로 한방 의사 자격시험을 실시하고, 해당 기술 자격을 소유한 자에 한하여 개업을 허가하며, 이들에 대한 교육과 지도 감독을 강화한다는 내용이다(김남일, 1990: 74; 윤창열 외, 1998: 359). 이와 같이 북한 정부가 한의학을 지원하게 된 배경을 보면 한국전쟁이 끝난 1950년대 말부터 늘어나는 의료 수요에 대한 인력 부족 문제를 해결하기 위하여 유휴 의료 인력 활용 방안을 모색하였는데, 한의사는 유일하게 남은 고려 대상이었다.

1956년 4월 개최된 조선로동당 제3차 대회에서 김일성은 "우리 인민들이 오랜 기간 사용하고 습관화된 한의학을 깊이 연구·분석하여 그의 우수한 점을 섭취하여 대중 보건 사업에 인입하도록 하여야" 한다고 강조하였고, 중앙위원회사업총화보고를 통하여 "또한 우리 인민이 오랜 기간 사용하고 습관화된 동약을 깊이 연구하며 그 우수한 점을 섭취하여 대중 보건 사업에 리용하도록 하여야 하겠습니다"라고 하였다(김일성, 1980). 이에 대한 세부 시행 조치로 내각명령 제37호 〈한의학을 발전시키며 한방 치료 사업을 개선 강화할 데 관하여〉가 취해졌다(조선중앙통신사, 1957; 윤창열 외, 1998: 155). 주요 내용은 첫째 과학원 의학연구소에 동방의학연구실을 설치하여 연구 사업을 강화하고 이를 이론적으로 체계화하며, 둘째 중요 치료예방기관 내에 한방 치료과를 광범위하게 개설하여 한의사를 적극 참여시키고, 셋째 한의사를 가능한 한 조직화하여 한의종합진료소를 널리 만들며, 넷째 생약 자원을 적극 탐사하여 채취와 수매 사업을 확대·강화하도록 하고, 다섯째 국영 건재약국을 설치하여 사람들에게 더 많은 한약을 염가로 제공하고 각종 생약 수출 사업을 강화하는 것이었다(주홍재, 1957: 9).[4] 1988년 간행된 《동의학사전》에는 내각명령 제37호의 주요 내용으로 침구술과 안마술을 발전시키기 위하여 침구·안마사 기술 자격시험을 조직하고, 필요한 지역에 자연 약초림을 조성하여 귀중한 약초를 보호·증식하는 것 등이 추가로 기재되어 있다(김동일 외b, 1988: 231).

이러한 한의학 강화 정책에 따라 1956년에는 평양의과대학에 한의과가 설치되었고(김남일, 1990: 74), 평양의학대학병원을 비롯한 기타 중요 치료예방기관에 10개 한방과 설치, 1개 국영 건재약국 개업 등이 이루어졌다(황상익, 2006: 77). 1958년에는 의학연구소와 약학연구소의 한의학연구실을 확대하여 의학과학연구원[5] 내에 한방의학연구실을 설치하고, 한의 고전 번역과 한의 임상 및 한약 연구 사업을 강화하였다(김동일 외b, 1988: 232; 윤창열 외, 1998: 165). 또한 한의종합진료소가 1957년 103개에서 1960년 6월에는 182개로 늘어 주도적인 사회주의적 한의 의료기관의 형태를 갖추게 되었으며(주홍재, 1957; 김효선, 1960: 12),[6] 각 도의 동의병원 신설과 군 병원 및 중요 산업병원의 동의과 설치를 통하여 동의과는 1956년 10개에서 1960년 332개로 늘어 모든 시·군의 인민병원으로 확장되었다(조선중앙통신사, 1961; 윤창열 외, 1998: 177). 1958년 말 부분적으로 시행하던 동약 무상 치료도 1960년부터 전면적으로 확대하여 한의사의 역할이 커지게 되었다(조선중앙통신사, 1961; 윤창열 외, 1998: 177). 1961년에는 의학과학연구원 내 한방의학연구실이 동의고전연구실, 침구연구실, 민간요법연구실 등 11개 연구실과 200개 침상을 갖춘 동의학연구소로 확대 개편되었고(김동일

---

[4] 김근배의 글(1999: 196-197)에서 재인용.
[5] 의학과학원이라는 명칭을 혼용하기도 한다.
[6] 김근배의 글(1999: 200)에서 재인용.

외b, 233), 약학연구소와 평양의학대학연구소에 동약연구실이 조직되었으며, 의학과학연구원 약초시험장 규모도 2배로 늘었다(신재용, 1992). 1962년에는 한의학 전문지 《동의학》이 창간되었다(김동일 외b, 1988: 233; 여인석, 2019: 5).

이렇게 북한 정부의 한의학 지원 정책이 시행되는 동안 한의학을 중시하는 관점도 강화되어 민족 의학의 발전을 당면 과제로 인식하고, 한의학의 기술상 제 문제를 연구·분석하여 과학적으로 체계화하고 계승·발전시켜야 한다고 주장하였다.

> …동방 한의학은 우리나라의 전통적인 의학이다. 한의사에 대한 문제는 비단 의료 일군이 부족한 오늘에 와서 새삼스럽게 제기되는 것은 아니다. 우리나라의 민족적 의학 발전의 현실적 당면 과업이 그것을 요구하고 있다. 한의학에서는 한의술의 전통적인 경험들이 일반화되어 있고 또 우리나라의 기후와 풍토, 인민들의 체질, 생활 조건들을 고려하여 생약들을 백방으로 리용하는 고귀한 경험들이 있다. 때문에 오늘 보건 일군들 앞에 나선 당면 과업은 그들을 인민 보건 사업에 인입시키여 방조하며 오랜 선조들의 고귀한 경험의 소산으로 이룩한 의학 기술상 제 문제들을 연구·분석하고 과학적으로 체계화하여 의학 유산의 우수한 전통들을 새로운 단계에로 계승·발전시키는 것이다. (리병남, 〈인민 보건 사업의 개선 강화를 위한 당면 과업〉, 1956)[7]

> 과학 일꾼, 특히 사회 과학 부문 일꾼들 앞에 중요하게 제기되는

---

[7] 리병남. 1956. 〈인민 보건 사업의 개선 강화를 위한 당면 과업〉. 《인민》. (11), p. 67.; 김근배의 글(1999: 197)에서 재인용.

과업의 하나는 선진 과학의 연구 사업과 아울러 과거의 우리 나라 과학, 문화의 우수한 유산을 계승하며 일체 과학 연구 자료들을 수집 정리함으로써 장래의 찬란하고 건전한 과학, 문화 발전을 위한 토대를 구축하는 사업입니다. (김일성, 〈조선로동당 제3차 대회에서 진술한 중앙위원회 사업 총결 보고〉, 1956)[8]

즉 현대의학과 과학이 앞선 선조에게서 이어져 내려온 경험의 축적을 토대로 발전하였고 그러한 노력이 없었다면 현재의 결과가 나타나지 못했다고 하는 '유물론 입장'에서 벗어나서는 안 되며, 앞으로는 한의학을 비과학적인 것으로 배척할 것이 아니라 그 자체의 가치에 대한 정확한 인식을 가져야 한다고 하였다(김효선b, 1957: 25-26).[9] 이러한 한의학 육성 분위기에서 남한 출신 조헌영은 한의학을 동방 의학으로 칭하며 그 중요성과 발전의 필요성을 역설하기도 하였다(조헌영, 1957).[10]

이러한 흐름에 따라 1958년부터 예비 서의를 위한 대학에 한의학 강좌를 개설하고, 기존 서의에게는 한의학 학습반을 결성하여 서의에 대한 한의학 교육이 강화되었다(김효선, 1960).[11] 또한 서양의학을 전공한 사람을 중국 유학생으로 파견하여(김근배, 1999: 200) 선진적인 중의학을 도입하려고 하였다(김효선a, 1957).[12] 한편 기존 한의를 재교육하거나 새로운 한의사를 배출하는 교육체계도 만들어 갔는데, 1959년에는 활동하지 않는 한의사의 재등록과 허가받지 못한 사람을 대상으로 자격 심사를 시행하여 한의사를 확충하였으며(인민보건사, 1957),[13] 같은 해 개성의학전문학교에 한의학과가 설치되어 매년 160명의 중하급 한의사를 양성하게 되었고, 1960년에는 평

8   김일성. 1956. 〈조선로동당 제3차 대회에서 진술한 중앙위원회 사업 총결 보고〉. 《근로자》. (5). p. 86. 근로자사.
9   김근배의 글(1999: 199)에서 재인용.
10   김근배의 글(1999: 201)에서 재인용.
11   김근배의 글(1999: 202)에서 재인용.

양의학대학에 120명 입학정원의 한의학과가 독립적으로 설치되어 본격적으로 한의사를 배출하였다(김근배, 1999: 203; 윤창열 외, 1998: 187; 황상익, 2006: 97). 또한 같은 해 전국 각지에서 300여 명이 참여한 '제1차 전국 한의학 경험 교환회'가 성황리에 개최되었고(의학과학출판사, 1960)[14] '허준의 《동의보감》 저작 350주년 기념 보고회'가 개최되었다(의학과학출판사, 1961).[15] 1961년에는 '리제마 선생의 《동의수세보원》 저작 60주년 기념회'가 개최되었고, 《동의보감》을 비롯한 주요 한의학 서적이 번역·출간되었다(김근배, 1999: 203). 1950년대 중반부터 시작된 북한의 한의학 지원 정책이 당시 보건의료계에 실현되면서 북한의 전통의학 체계는 해방 직후 한국전쟁까지 잠시 휴지기를 거쳐 북한 사회에 빠르고 체계적으로 정착해 나가기 시작하였다. 이러한 배경에서 김봉한의 봉한학설이 등장하게 되었다.

2.4. 봉한학설의 흥망

1960년대 초반부터 중반까지 한의학의 주요 이론 체계 중 하나인 경락의 실체를 발견하고 그 특성을 연구한 성과를 김봉한이 보고하였는데, 짧은 기간에 큰 관심을 받은 이후 갑자기 북한에서 사라지게 된다. 이러한 일련의 과정은 단순한 해프닝이 아니라 당시 북한 한의학이 처한 상황과 변화의 양상을 말해 주는 상징적인 사건이라 할 수 있다.

김봉한은 일제강점기인 1916년 서울의 한약종상 집안에서 태어나 보성고보를 거쳐 1940년 경성제국대학 의학부에 입학하였고, 졸업 후 해방을 맞아 서울대학교 의과대학 교수가 되었다. 이후 한국전쟁 중에 북한에 남게 되어

---

12 김근배의 글(1999: 197)에서 재인용.
13 김근배의 글(1999: 203)에서 재인용.
14 김근배의 글(1999: 203)에서 재인용.
15 김근배의 글(1999: 203)에서 재인용.

평양의학대학 교수, 경락연구원 원장 등으로 활동하였다. 김봉한은 1959년 10월경 봉한학설을 연구하기 시작하였고 이때는 경락의 전기 생물학적 현상에 대한 관찰 연구였으며(한구영, 1961.12.5), 이후 1961년 8월 평양의학대학 학술보고회에서 첫 번째 논문 〈경락 실태에 관한 연구〉를 발표하였고, 이듬해 초 《조선의학》에 정식으로 게재하였다(김봉한, 1962).[16] 이 논문에서 김봉한은 경락에 대한 생물학적 연구를 수행하여 경혈의 전기 생물학적 특성이 신경 계통과 다름을 밝혔으며, 고전에 나오는 분포와 대체로 일치하고 기존 신경이나 혈관, 림프관 등과 다른 새로운 해부 조직학적 계통이라고 하였다. 이 보고에 대한 북한 과학계의 관심은 점차 집중되었고, 1963년 11월 두 번째 논문 발표에 이르러 최고조에 이르렀다. 〈경락 계통에 관하여〉는 《조선의학》, 《과학원통보》 등에 게재되었는다(경락연구소a, 1963; 경락연구소b, 1963).[17] 그 내용을 살펴보면 경락과 경혈은 체표에만 분포하는 것이 아니라 혈관과 림프관의 속과 밖에 존재하고, 봉한액이라는 액이 봉한관 안을 흐르며, DNA가 봉한소체와 봉한관 내에 많이 분포하고 있다는 것이다. 김봉한의 세 번째, 네 번째 논문인 〈경락 체계〉와 〈산알 학설〉은 1965년 4월에 역시 《조선의학》, 《과학원통보》 등에 게재되었다(경락연구소a, 1965; 경락연구소b, 1965; 경락연구소c, 1965; 경락연구소d, 1965).[18] 〈경락 체계〉에서는 경락 계통이 봉한액의 다순환 체계이며 모든 조직 세포는 여기에 직접 연결되어 있고, 이 경락 계통은 내봉한관, 내외봉한관, 외봉한관, 신경봉한관 등으로 구성되며 이러한 체계는 하등동물과 식물에서도 발견된다고 하였다(박미용, 2006: 6-7). 〈산알 학설〉에서는 경락 계통을 순환하는 산알이 유기체의 구성단위로 세포로 자라나는 능력이 있으며, 자라난 세포에서 다시 산

---

16 김근배의 글(1999: 206)에서 재인용.
17 박미용의 글(2006: 66)에서 재인용.
18 박미용의 글(2006: 66)에서 재인용.

알이 나와 경락 계통을 순환하게 된다고 하였다(박미용, 2006: 7). 즉 이러한 '산알-세포 환'을 통하여 유기체는 자기 갱신을 진행하게 된다는 것이다. 마지막 논문은 혈구도 산알화와 세포화의 과정을 거쳐서 자기 갱신을 이룬다는 간단한 내용으로, 1965년 10월 조선로동당 창건 20주년을 기념하는 경락연구원 학술발표회에서 발표되었다(경락연구소e, 1965).[19]

김봉한은 어려서부터 집안에서 한의학을 쉽게 접할 수 있었으며, 경락의 실체가 존재하리라는 믿음도 이러한 배경에서 나온 것으로 보인다. 실제 김봉한은 경락의 실체가 있을 것이라는 확신을 가지고 수백수천 번 거듭되는 실패에도 굴하지 않고 자기 신념을 관철해 끝내 성공하게 되었다고 한다(김봉한, 1966).[20] 또한 당시 경성제국대학 의학부를 졸업하여 현대의학을 전공하였고 임상보다는 학교에 남아서 과학적 연구를 진행하였으므로 경락의 과학적 연구에 좋은 조건을 가지고 있었다. 그는 논문에서 "우리의 성과는 과학 연구 사업에서 주체를 확립하여 현대의학과 동의학을 병행하여 발전시킬 데 대한 우리 당 과학 정책의 정당성의 또 하나의 실증으로 된다"라고 밝히고 있다(김근배, 1999: 208).

김봉한이 첫 번째 논문을 발표하자 1962년 2월에 김일성 수상은 김봉한과 경락 연구 집단에게 "동지들의 연구 성과는 우리나라에서 유구한 력사를 가지고 있는 동의학 리론에 확고한 과학적·물질적 근거를 부여하였으며 현대 생물학과 의학 발전에 대한 탁월한 기여로 됩니다"라고 하는 축하문을 보냈다(로동신문사, 1962.2.2.). 북한 학계도 봉한학설을 인류 역사에서 획기적이고 위대한 발견으로 평가하며 대대적으로 선전하였다(의학과학출판사, 1962).[21]

---

[19] 박미용의 글(2006: 66)에서 재인용.
[20] 김근배의 글(1999: 207)에서 재인용.
[21] 김근배의 글(1999: 209)에서 재인용. "현대 생물학 및 의학의 발전에서 새로운 단계를 개척한 위대한 발견이다. 이것은 인류 과학의 보물고에 대한 고귀한 기여로 되며 우리나라 의학 과학의 빛나는 성과로 된다."

경락 계통에 관한 연구 성과는 경락 계통의 엄연한 객관적 존재를 알지 못한 채 생체의 조절 기능을 포함한 생명현상의 근본 문제를 일면적으로 설명하여 온 기존 학설들을 전면적으로 재검토할 것을 요구하고 있다… 이 위대한 발견은 현대 생물학과 현대의학 발전의 새로운 단계를 개척한 혁명적 사변이며 세계 과학사에 금자탑을 이루어 놓았다. (조선중앙통신사, 《조선중앙년감 1964》, 1964)[22]

봉한학설의 등장으로 경락 계통에 대한 이해 없이는 유전학이나 단백질 대사, 생체 활동을 제대로 설명하기 어렵게 되었으며, 임상 치료에서 인간의 건강, 장수, 피로 문제 등의 개선이나 수의 축산을 비롯한 산업 경제의 발전에도 크게 기여할 것으로 전망하였다(최창석, 1963; 림영주, 1965).[23] 두 번째 논문 발표 이후, 1964년 2월에는 내각결정 제10호를 채택하여 평양의학대학 경락연구소를 조선민주주의인민공화국경락연구원으로 확대·개편하여 김봉한이 원장을 맡았고(조선중앙통신사, 1965), 같은 해 4월에는 김봉한을 회장으로 조선경락학회가 설립되었다. 이들의 성과는 과학 영화 〈경락의 세계〉로 제작되기도 하였다. 그리고 김봉한의 두 번째 논문은 영어, 러시아어, 중국어, 일본어, 프랑스어 등 5개 국어로 번역되어 전 세계에 배포되었다. 첫 번째 논문이 발표된 시점부터 1967년 3월경 봉한학설이 북한에서 완전히 사라지기까지 《로동신문》에 게재된 봉한학설 관련 기사는 총 109개로 집중적으로 다루며(박미용, 2006: 8-9), 총 5편 가운데 첫 번째 논문을 제외한 4편이 모두 《로동신문》에 전문으로 게재되었다(로동신문사, 1963.12.1; 로동신문사a, 1965.4.16; 로동신문사b, 1965.4.16; 로동신문사, 1965.10.9).

---

[22] 조선중앙통신사. 1964. 《조선중앙년감 1964》. p. 206. 조선중앙통신사.
[23] 김근배의 글(1999: 213)에서 재인용.

봉한학설은 갑자기 몰락해서 1966년부터 공식적인 글에서 김봉한과 그의 연구에 대한 언급이 사라졌고, 경락연구원과 조선경락학회가 폐지되었으며 보건정책과 연구를 책임지는 보건상과 의학연구원장이 교체되었다(김근배, 1999: 217). 김봉한이 북한 과학계에서 한순간에 사라진 이유가 당시 권력층에서 급부상하던 박금철의 숙청과 관련이 있다는 주장(공동철, 2019)은 봉한학설의 급격한 부침에 비추어 볼 때 일견 타당해 보인다. 그러나 1965년 김봉한의 연구실을 방문한 소련 과학자 2명의 권고대로 재현 실험을 시도하였으나, 20세기 중반까지 소련 생물학계를 주도한 리센코주의에 반발한 알렉산드로프(Vladimir Yakovlevich Alexandrov)의 1966년 청원 이후 제동이 걸린 사실이나(김훈기, 2017), 1967년 소련 의학계에서 경락에 대한 실체 발견을 과학적으로 인정할 수 없다고 발표한 것도 봉한학설의 몰락에 어느 정도 영향을 준 것으로 보인다(북한연구소, 1983).

북한 정부가 1950년대 중반부터 추진해 온 동의학 지원 정책, 신의학과 결합을 통하여 동의학을 과학화하려는 노력 등의 흐름에 맞추어 1960년대 초 김봉한의 봉한학설이 등장하였고, 그에 대한 전폭적인 북한 정부의 지원은 성공하는 듯 보였다. 특히 김봉한이란 인물이 가진 배경과 상징성을 볼 때, 그는 한약종상 집안 출신으로 경성제국대학 의학부를 졸업하여 남한 서울대학교와 한국전쟁 이후 북한 평양의학대학의 교수를 역임한 엘리트로서, 한의학과 서양의학의 결합, 최신 과학적 방법론을 활용한 한의학 전통 원리 증명, 유물론적 관점을 바탕으로 무형의 경락 체계를 물질적 실체로 규명, 북한의 주체적 역량으로 전 세계 과학계를 뒤흔들 새로운 성과 창출 등 이슈가 집약된 정점에 있었다고 할 수 있다.

그러나 봉한학설의 내용이 당시 의료계와 과학계에 충격적인 만큼 김봉한과 그의 학설은 각광받던 순간 돌연 사라지게 된다. 그 이유가 정치적 역학관계 때문이든 당시 학술계의 반발 때문이든, 기저에는 근세 이후부터 해방 직후까지 주류 의학계에서 밀려나 과학적으로 인정받지 못하던 한의학의 한 분야가 갑자기 과학계와 의학계의 전면에 등장한 것에 대한 부정적 분위기가 국내외 전반에 팽배하였기 때문이 아닌가 여겨진다. 한편 북한 사회주의 체제에서 국가 주도로 연구와 개발을 관리·육성하는 시스템이 가지는 한계점을 드러낸 사건이라고도 할 수 있다.

봉한학설 실패 여파로 북한이 한동안 외국과 학술 교류를 중단하고 폐쇄화·은둔화의 길을 갔다고 보기도 하나(김근배, 1999: 218), 이 사건이 당시 전통의학의 현대화·과학화에 대한 큰 흐름을 되돌리지는 못하였고, 1960년대부터 본격화되는 주체의학의 성립과 발전 속에서 전통의학에 대한 지원과 성과는 오히려 확대되어 갔다.

2.5. 주체의학의 성립과 전개

북한에서는 사회주의를 북한의 실정에 맞게 적용하는 과정에서 김일성이 주창한 '주체화' 패러다임이 만들어졌으며, 이를 바탕으로 '우리식 사회주의' 시스템이 구축되었다(최선주, 2005: 7). 1960년대 후반 주체사상이 확립되면서 보건의료 분야에서도 주체사상의 자립·자주·자위 정신이 강조되었다. 최선주는 주체의학의 전개과정을 주체의학 형성 전기(1945~1956), 주체의학 형성기(1957~1970), 주체의학 정착기(1971~1990), 주체의학 공고기(1991~현재) 등으로 구분하였다(최선주, 2005: 48-63).

주체의학의 개념은 외국 것을 그대로 받아들이지 말고 조선식으로 적극적으로 바꾸어 개량한다는 의미가 있어서 민족적 독창성을 강조한다. 따라서 주체의학은 기본적으로 고려의학에서 출발한다(최선주, 2005: 12). 고려의학은 북한에서 처음에는 동의학으로 불리다가 1993년 민족주체성을 살린 다는 취지에서 개칭되었다. 최선주는 주체의학에 대하여 "북한에서 주체사 상에서 강조되는 북한의 사상적 독자성과 통합성을 의학 영역에 적용하여 기존 고려의학의 전통을 강조하고, 거기에 신의학적 지식과 개념을 수용하 여 새롭게 통합된 북한적 의학 사상과 체계를 지칭하는 용어"라고 규정하고 있다(최선주, 2005: 15). 전통의학을 사회주의 보건의료 제도 건설의 중요한 수단으로 보고 국가 차원에서 정책적으로 육성하고자 한 것인데, 신의학에 비하여 동의학이 가진 장점을 다음과 같이 파악하였다.

> 신의학은 주로 수술을 하거나 균을 죽이는 방법으로 병을 치료하 지만, 동의학은 사람의 건강을 보호하여 병을 걸리지 않게 하며, 병을 치료하는 것도 사람의 원기를 돋구어 병을 이겨 내도록 하는 방법으 로 합니다. (김동연, 〈위대한 수령 김일성 동지께서 밝히신 동의학 발 전시킬 데 대한 독창적인 사상은 주체적인 민족의학 건설의 성과를 확고히 담보하는 지도적 지침〉, 1983)[24]

즉 고려의학(동의학)은 자연과 인간의 관계 속에서 생로병사를 생명의 순환으로 바라보는 관점을 바탕으로 단지 증세를 호전시키는 치료가 아니 라 자연의 생명력을 키우는 근본적인 치유법을 지향하고 있다는 것이다. 이 러한 고려의학의 장점을 살리기 위하여 김일성은 "보건부문 일군들은 동의 학에 대한 옳은 관점을 가지고 이 부문 사업에 큰 힘을 넣어 동의학을 하루 빨리 세계적 수준에 올려 세워야 하겠습니다"라고 하여(승창호, 1986) 고려

---

[24] 김동연. 1983. 〈위대한 수령 김일성 동지께서 밝히신 동의학 발전시킬 데 대한 독창적인 사상은 주체적인 민족 의학 건설의 성과를 확고히 담보하는 지도적 지침〉. 《주체의학》. (2). pp. 2-6. 과학백과사전출판사.

의학에 대한 인식 전환을 역설하였다. 주체의학에서 바라본 고려의학의 의학적·과학적 가치는 다음과 같이 정리된다. 첫째 유구한 역사 속에서 인민의 손에 의해 만들어진 인민의 의학이라는 점, 둘째 유물론적변증법의 관점에서 모든 사물을 대립물의 모순 속에 존재하는 동시에 연결되어 영향을 주고받는 통일체로 인식한다는 점, 셋째 우수한 치료 경험을 축적하여 현대의학이 해결하지 못하는 부분까지 해결하는 풍부한 자원을 가지고 있다는 점 등이다(최선주, 2005: 54). 특히 한의학의 음양오행론이나 생리·병리 이론이 관념적이고 유신론적이라는 비판을 받고 있으나, 이를 오히려 사회주의적 유물변증법의 관점으로 바라보아야 한다는 생각은 이미 1950년대 말 주체의학 형성 초기에 주장되었다. 서의 출신 김효선은 1957년 글에서 기, 음양, 오행 등이 비록 현대과학적 개념과 일치하지는 않으나 자연적이고 실체를 가정했다는 점에서 유신론적인 것이 아니며, 한의학은 소박한 변증법적 유물론의 성격을 가지고 있다고 하였다(김효선b, 1957).[25]

한편 고려의학에 대하여 서양의학은 보완하는 차원에서 결합하여 활용하게 된다. 예를 들어 북한의 의과대학에서 가장 중심적인 역할을 담당하는 것은 고려의학부이며, 병원에서도 고려의학에 우위를 둔 양·한방 협진이 이루어진다(최선주, 2005: 20).

> 처방을 정확히 하려면 신의학과 동의학을 배합해야 합니다. 지금 동의사들이 진단할 때 주로 맥을 짚어 보고 하는데 맥만 짚어 보아서는 병을 정확히 알 수 없으며 옳은 처방을 낼 수 없습니다. 그러므로 현대적 방법으로 피도 검사하고 오줌도 검사하고 혈압도 재 보아야

---

[25] 김근배의 글(1999: 199)에서 재인용.

합니다. 그래야 진단을 바로 할 수 있습니다. (김일성, 〈전력 생산을 늘이며 보건 사업을 개선하는 데서 나서는 몇 가지 문제에 대하여〉, 1987)[26]

주체의학 형성 이전 동의학에 대한 인식은 단지 오랜 기간 축적된 경험의 산물로서 현대과학적으로 증명해야 할 대상이며, 그 효용성을 적극적으로 활용해야 한다는 것이었다. 예를 들어 봉한학설도 경락의 실체를 과학적으로 증명하려는 노력의 결과였으며, 봉한학설을 기반으로 유전학이나 단백질대사, 생체 활동 등을 설명하여 인류의 건강, 장수 등의 문제를 해결하고 산업 경제에도 파급효과가 클 것으로 기대하였다. 그러나 봉한학설의 사례와 같은 일회성 이벤트의 선전이 전통의학의 위상을 높이는 데 일부분 기여할 수는 있겠으나, 본질적으로 그 발전을 반드시 담보해 내는 동력이 될 수는 없다. 고려의학과 현대의학의 결합도 마찬가지다. 서로 내용적으로 융합하지 못하는 형식적 수준의 결합은 양자의 시너지 효과를 가져올 수 없으며, 따라서 고려의학의 본질에 대한 깊은 인식과 이해가 선행되어야 그 성과를 거둘 수 있다. 이러한 점에서 주체의학의 성립과 전개는 고려의학에 대하여 다양한 측면에서 그리고 본질적 차원에서 접근하고 탐구하고 활용하는 데 도움을 주었다고 할 수 있다.

---

[26] 김일성a. 1987. 〈전력 생산을 늘이며 보건 사업을 개선하는 데서 나서는 몇 가지 문제에 대하여〉. 《김일성 저작집 33(1978.1~1978.12)》. p. 144. 조선로동당출판사.; 최선주의 글(2005: 27)에서 재인용.

2.6. 분야별 고려의학의 특징

고려의학이 주체의학의 중심에 자리 잡고 발전하는 과정에서 북한 정부는 교육제도를 정비하고 학술을 진흥하며 보건의료 서비스를 확충하는 등 지원을 지속하였다. 김일성은 1979년 2월 27일 보건부문 책임일군협의회에서 〈동의학을 발전시킬 데 대하여〉(고려의학대사전편찬위원회, 2005: 178-179)라는 지침을 발표하는데, 내용은 고려의학을 발전시켜야 할 필요성과 당면 과업 및 방도의 두 가지 체계로 되어 있다. 동의학이 가지고 있는 우수성으로 신의학에서 고치지 못하는 병을 치료하며 세계 의학의 발전 추세에 따라 동의학을 발전시켜야 한다고 강조하였다. 구체적인 방법론으로는 우선 동의사의 수준을 높여서 동의학연구소와 약학연구소에서 연구를 담당하게 하고, 동의학 관련 서적을 많이 출판하며 한자로 된 옛날 동의학 책과 학술어를 우리말로 알기 쉽게 번역하여야 한다고 하였다. 다음 과업으로 의학대학 내 동의학부 설치를 확대하여 동의사를 많이 양성해야 하며 동의학부에는 침구학과, 보약학과 등을 비롯한 전문과를 두게 하였다. 셋째 과업으로는 동의학과 신의학을 배합하는 것인데 특히 진찰을 과학적으로 해야 하며, 기존 도·시·군의 인민병원과 리의 진료소에 동의치료과와 동의사를 두도록 하였다. 마지막으로 약초를 많이 재배하며, 보건부 제약공업총국에 수매 기관을 두어 수매 체계를 바로 세우도록 하였다.

이러한 조치의 결과로 1979년 말까지 모든 의학대학에 동의학부가 설치되고, 약학대학과 의학대학 약학부에 동약제약과가 설립되었다(최선주, 2005: 62). 또한 1961년 의학과학연구원 내에 설립된 동의학연구소는 1989년 동의과학원으로 독립 승격하였고(석영환, 2006),[27] 1993년에는 동의학이 고려의학으로 명칭이 바뀌면서 다시 고려의학과학원으로 개칭되었다

(최선주, 2005: 42). 고려의학과학원은 1994년에 고려의학종합병원으로 통합하여 불리다가 2003년부터 임상과 연구 분야에서 각각 고려의학종합병원과 고려의학과학원으로 나누어졌으며(김동수 외, 2020), 최근에는 다시 통합 운영하는 것으로 추정된다. 참고로 고려의학종합병원은 2001년 400여 병상과 부속 연구기관으로 시설을 확장하였다(최선영, 2001.5.9). 북한 정부가 시행한 일련의 동의학 혹은 고려의학 지원 정책 결과, 1990년대부터 2000년대로 넘어오면서 그 성과가 축적되기 시작하였다. 본 글에서는 북한의 정기간행 학술지와 저서, 언론매체 등에 실린 내용을 근거로 고려의학의 세부 분야별 특징을 간단히 정리하였다.

2.6.1. 기초 이론 분야

북한에서 1961년 동의학연구소를 설립하여 기초 분야 연구를 시작한 이후 1964년에 한상모 등이 지은 《동의학개론》이 간행되었다(김동일 외a, 1988: 225). 1960년대 주체의학 발전 시기부터 북한에서 진행된 한의학 원리 연구 성과 가운데 가장 주목해야 할 것으로 지만석 등의 〈동의학의 원리에 관한 몇 가지 리론적 연구(1)〉가 있는데, 1969년 8월 북한의 대학과 과학 연구기관에서 발표되었고 1982년 12월에는 인민대학습당에서 공개 발표되었으며, 1983년 6월 김책공업대학에서 《동의학원리》라는 단행본으로 출간되었다(지만석·박태제·고정부, 1985). 이후 2002년에 출간된 《고려의학원리》(지만석·지성광, 2002)는 《동의학원리》의 내용을 기반으로 개편한 서적이다. 《동의학원리》의 내용을 요약한 1985년의 〈동의학의 원리에 관한 몇

---

27 최선주의 글(2005: 42)에서는 재일 조총련계 상공인들의 지원을 받아 1987년 동의과학원이 설립된 것으로 되어 있으며, 연합뉴스(2007.9.20) 보도에는 1989년에 동의과학원이 분리 독립한 것으로 되어 있다.

가지 리론적 연구(1)〉에서는 기에 대하여 다음과 같이 설명하고 있다.

> 기는 우리나라를 비롯한 동방 나라들에서 세계의 시원 및 자연계의 구성 요소와 현상들의 운동을 설명하기 위한 철학적 개념으로 써 왔다. …그러나 기에 대한 문제는 오늘까지 미지의 문제로서 명확한 개념과 그 속성을 밝히지 못하고 있기 때문에 적지 않은 사람들은 한갓 막연한 추상적 개념으로, 철학적 공담의 대상으로 여기고 있다. 동의학의 과학화가 일정에 오르고 있는 최근 시기 여러 가지로 기에 대하여 론의하고 있으나 어디까지나 의학적 테두리를 벗어나지 못하고 있다. 이렇게 하여서는 기 문제를 원만히 해결할 수 없다. 그 리유는 기가 모든 사물과 현상 속에 내재하고 발현되는 실제로서 철학적 범주로 취급되어 왔기 때문이다. 그러므로 우리는 먼저 기의 일반적 속성을 고찰하여 그 의미를 밝히려고 한다. (지만석·박태제·고정부, 〈동의학의 원리에 관한 몇 가지 리론적 연구(1)〉, 1985)[28]

한의학 원리의 기반이 되는 기철학의 패러다임은 춘추전국시대를 거치며 형성되었는데, 기는 우주와 만물이 기로 형성되어 있다는 우주론적 개념뿐만 아니라 현실의 삶에서 느끼고 활용하는 현상학적 인식의 대상이기도 하였다. 이러한 기의 개념은 고대 동아시아 여러 학문 분야 가운데 특히 인체의 생명현상을 다루는 의학에서 더욱 발전해 왔으며, 그 의학적 활용이 진한시대에 《황제내경》으로 집약되었다. 《동의학원리》에서는 기를 철학적 개념이 아니라 물질로 인식하고 그 실체를 밝히려 하였다. 그 결과 기의 실체

---

[28] 지만석, 박태제, 고정부. 1985. 〈동의학의 원리에 관한 몇 가지 리론적 연구(1)〉. 《주체의학》. (2). p. 5. 과학백과사전출판사.

는 곧 "렌소르 량으로도 되며(수학적 의미), 유형의 기로는 소립자, 전자, 원자, 분자, 이온 등을 의미하며, 무형의 기로는 에네르기, 힘, 마당(물리적 의미) 등을 의미하는 포괄적 개념"이 되었고, "사물과 현상 및 기능적 작용의 내외적 발현 양상과 그 원인 등을 가리키는 정보적 의미"라고도 하였다(지만석·박태제·고정부, 1985: 5). 이와 같이 기를 이미 규명된 물리화학적 실체로 치환하여 설명하는 시도는 형이상학적 대상에 대한 논의는 자체로 무의미하며, 오직 객관적이고 과학적 방법으로 현상을 경험하고 검증함으로써 진실에 접근할 수 있다는 20세기 초반 논리실증주의(logical positivism)의 입장과 궤를 같이한다. 정치사상적으로는 물질세계가 마음이나 정신에서 독립하여 객관적인 실재성을 가지고 있고, 관념은 물질적 조건의 산물 또는 반영으로서만 생겨날 수 있다는 변증법적유물론의 영향을 받은 것이다.[29] 이러한 관점은 인체를 바라볼 때 환원주의(reductionism)로 흐를 가능성이 높다. 1993년 간행된 《고려의학참고자료》에서도 기의 일반 속성을 전자론과 연결하며, 기의 운동을 화학열역학으로 설명하여 기를 현대 생체 전자론의 대상으로 보고 있다(지만석·지성광, 2002: 9-17).

동양 기철학의 패러다임 위에 정립된 음양오행설에 대해서도 〈동의학의 원리에 관한 몇 가지 리론적 연구(1)〉는 "오늘 동의학이 확고한 과학적 지위에 서지 못한 중요한 원인의 하나는 수천 년 동안 내려오면서도 동의 기초개념들을 명백히 규정하지 않은 데 있다"라며, 연관성 속에서만 성립되는 사물과 현상의 대립관계를 음양으로 보았고, 오행에 대해서는 "태양-지구계에 의하여 이루어지는 계절의 교체, 물성들의 호상 관계(정상적 관계로서 상생, 상극과 이상 관계로서 상승, 상모), 천체운동 등의 존재와 그 관계를 추

[29] 김동일 외. 1988. 〈음양설〉, 〈오행설〉. 《동의학사전》. pp. 1169, 1122. 과학백과사전종합출판사.; 음양오행설을 고대와 중세 동양에 널리 퍼진 소박한 유물론과 자연발생적인 변증법적 요소를 가진 철학 사조의 하나로 보고 있다.

상화하여 5행성의 이름을 따서 부호화한 것"이라고 규정하였다(지만석·박태제·고정부, 1985: 3-5). 《고려의학참고자료》도 음양오행을 자연계에서 진행되는 현상의 경험을 통일적으로 이론화하고 다시 자연계 현상을 통해 실현하려는 것으로 보면서(김수홍, 1993), "음양오행설은 관념론에 기초하고 있습니다. 그러나 동의학부 학생들이 음양오행설 같은 것을 알고 있어야 옛날 사람들이 쓴 동의학 책을 볼 수 있습니다"(김수홍, 1993; 김일성b, 1987)라고 하여 과거 동의학 책을 이해하기 위하여 불가피하게 알고 있어야 하는 대상 정도로 치부하고 있다.

《동의학원리》의 저자 지만석은 위의 입장을 견지하여 1994년 발표한 〈고려의학 고전에 제시된 음양5행설에 대한 현대과학적 고찰〉에서 고려의학의 철학적 기초는 음양오행설인데, 이에 대한 현대과학적 파악이 부족하여 고려의학의 과학화가 지장을 받고 있다면서 오행의 속성에 대하여 철학적 계, 수학적 계, 천문학적 계, 물리적 계, 화학적 계, 생리적 계 등의 측면에서 분석하였다(지만석, 1994: 9-11). 또한 이를 통하여 고려의학 고전에 제시된 음양의 동적평형, 승강출입, 지화지변 등의 의미는 현대과학에서 항상성, 부반 결합 조절 등의 개념과 일치하였고, 오행과 상극 관계는 물질과 현상의 다섯 가지 요소가 부반 결합 조절 형식으로 음양의 동적평형(항상성)을 이루는 운동 경로의 규칙이라고 규정하였다(지만석, 1994: 12-13). 이러한 주장의 배경에는 주체의학 형성 초기 서의 출신인 김효선 등이 음양오행 등 한의학의 원리를 소박한 유물론적변증법의 하나로 보았던 관점이 깔려 있다고 할 수 있다.

한의학 기초 분야 가운데 경락 연구를 살펴보면 1961년 설립된 동의학연구소 내 침구연구실에서 침구학 연구가 진행되었으며, 봉한학설이 각광받던 1964년에는 김봉한이 속해 있던 평양의학대학 부설 의학연구소 경락연구실이 경락연구원으로 확장 개편되었다가 봉한학설의 몰락과 함께 1966년 폐쇄되기도 하였다. 1960년대 이후 경락 연구에서 주목할 만한 것은 1993년에 발표된 평양의학대학 박사 조성균, 차길평의 〈경락의 물질적 실재를 밝히기 위한 최근 연구 동향〉이다. 이 논문은 경락 현상에 대한 전기 저저항 특성과 순경감전 현상, 고진동 소리 전달 현상 등 생물물리학적 연구를 통하여 경락의 실체를 밝혀낼 수 있다는 내용으로, 경락 연구에 대해 다음과 같은 입장을 제시하고 있다.

> 고려의학은 유기체의 주위 환경 적응 현상이 경락에 의해 조절된다는 데 기초하고 있다. 이 경락 리론은 2,000여 년간의 실천적 경험에 토대하여 확립된 것으로서 고려의학의 핵이 되고 있다. …경락 연구의 초점으로 되고 있는 것은 경락의 물질적 기초에 관한 문제이다. …현대 물리학적 개념으로 그것을 리해하는 데서는 원자, 립자 및 물질이 가지는 량자성, 파동성과 각종 물리적 마당을 배제하지 말아야 한다고 보고 있다. 바로 이런 관점에 기초하여 연구하기 시작한 경락의 생물물리학적 연구는 경락의 객관적 실재를 증명해 주는 많은 사실들을 밝혀냈다. (조성균·차길평, 〈경락의 물질적 실재를 밝히기 위한 최근 연구 동향〉, 1993)[30]

경락의 실체를 궁구하는 이러한 태도는 기를 철학적 개념이 아니라 물질로 인식하고 그 실체를 밝히려 한 지만석 등의 1985년 〈동의학의 원리에 관한 몇 가지 리론적 연구(1)〉의 그것과 일치한다. 즉 봉한 체계의 실존 여부나

---

[30] 조성균, 차길평. 1993. 〈경락의 물질적 실재를 밝히기 위한 최근 연구 동향〉. 《기초의학》. (4). pp. 55-56. 의학과학출판사.

그 학술적 성패와 상관없이 한의학 원리의 실체적 대상을 기대하고 확인하려는 북한 한의계와 과학계의 입장은 1960년대부터 1990년대까지 큰 변화가 없음을 말해 준다. 단 논문 가운데 김봉한과 봉한학설의 내용이 전혀 없는 것을 보면 여전히 그에 대한 언급조차 금기시되고 있음을 알 수 있다.

위와 같은 1990년대 초반까지 북한 과학계의 동의학 연구 흐름은 당시 한의학의 중요 특징 중 하나인 변증론치 개념에도 이어졌다. 1989년에 량병무의 《동의 변증과 증후 감별진단》이 간행되어(김동일 외, 2005: 176) 동의학의 아홉 가지 변증 방법과 주요 증후의 감별진단을 기술하였는데, 리지태는 1993년 〈고려의학적 변증론치의 계산기화를 위한 진단 론리 개발에 대한 연구〉에서 변증의 각 결정 요소를 벡터값으로 표현하고 환자의 정보를 이에 대입하여 변증의 적중률을 높이는 방법을 제시하였다(리지태, 1993). 이에 대한 후속 작업으로 리지태 등은 이러한 변증론치 논리구조를 바탕으로 1994년 자동 진단 체계 개발을 구상하기도 하였다(리지태·리윤호, 1994). 2000년대 이후로도 한의학 원리에 대하여 그 실체를 규명하려는 흐름이 이어져, 김승일 등은 〈고려의학의 6음에 대한 리해에서 제기되는 몇 가지 문제에 대하여〉에서 한의학에서 외부 병인을 설명하는 육음의 실체를 온도, 습도, 기류, 기압, 조도 등 여러 기상인자와 세균 바이러스 등 생물성 발병인자 두 가지로 해석하기도 하였다(김승일·김정철, 2017).

2.6.2. 임상 치료 분야

1956년 취해진 내각명령 제37호 〈한의학을 발전시키며 한방 치료 사업을 개선 강화할 데 관하여〉에 따라 의학과학연구원 내에 한방의학연구실이 설치되어 한의 임상 및 한약 연구가 시작되었으며, 1961년 동의학연구소,

1989년 동의과학원으로 이어지면서 한의학 치료와 한약의 효능에 대한 많은 과학적 연구 성과가 축적되었다. 여기서는 제한된 자료에서 특징적인 내용만 다루고자 한다.

우선 한의와 서의의 결합 연구가 시작되어 1962년에 위와 십이지장 궤양에 대한 경혈 약침 치료법을 동의사와 의사가 공동으로 연구하였고(로동신문사, 1962.3.11), 1963년에는 평양의학대학의 동의사와 의사, 교원 10여 명이 공동으로 '칠보환'을 이용해 임파선 결핵, 피부 결핵 등 결핵 질환을 연구하였다(로동신문사, 1963.10.20). 이러한 협력 연구는 꾸준히 지속되어(강명호 외, 1994; 채도현 외, 1999) 2000년대 이후 최근까지 고려약과 신약의 병합 치료 연구가 진행되고 있다(원려현 외, 2010; 김성찬 외, 2024; 김금영 외, 2025). 한편 암 치료에 고려약을 사용하는 연구도 1990년대 이후 진행되어 항암성 고려약제에 대한 실험 결과가 보고되었다(유용상, 1994; 김경호 외, 1996; 원항일, 2010).

방제학 분야에서는 1964년 《향약집성방》, 《동의보감》, 《방약합편》 등을 기본으로 900여 종의 처방을 실은 《동의처방학》[31]이 간행되었고, 1978년 《동의처방집》에서는 120종의 현대의학 질병을 내과, 소아과, 부인과, 외과 등 네 가지 분류로 나누고 각각 동의 처방을 기재하였다(김동일 외, 2005: 177). 1981년에는 동의학연구소에서 《동약처방집》을 발간하여 처방 3,500여 개와 단방 및 민간요법 1,600여 개를 실었으며(김동일 외a, 1988: 221), 같은 해 처방학 교과서로 대표 동약 처방 366개와 현대 질병에 사용하는 167개 처방을 실은 리기남의 《동약처방학》이 간행되었다(김동일 외a, 1988: 221). 최근 연구는 한정우 등이 처방에 속한 개별 약재 간의 협력과 길항작용을 수

---

[31] 조선의학과학원 동의학연구소 고전연구실. 1964. 《동의처방학》, 의학출판사; 1992년 남한 여강출판사에서 다시 간행하였다.

학적으로 분석하였으며(한정우·리승철, 2003), 고문헌에 기재된 처방 자료 조사와 최근 연구 동향에 대한 리뷰도 진행되고 있다(김은숙 외, 2020; 우남철 외, 2021).

1950년대 말 북한 정부는 약학 연구에 대한 지원을 강화하여(한표남, 1957), 1958년에는 의학과학연구원 내에 한방의학연구실을 설치하여 인삼을 비롯한 여러 가지 보약에 대한 성분과 약리작용을 해명하였고(김동일 외b, 1988: 232), 1961년에 설립된 동의학연구소와 의학과학연구원 약학연구소, 평양의학대학연구소 동약연구실 등에서 한약의 약학 연구를 진행하여 이후 관련 성과를 담은 서적이 출간되었다. 《동약의 법제》(구정회, 1964),《동약학개론》(구정회·김운애·류경희·정형도, 1965)에 이어 교과서인 차진헌의 《동약학》이 1968년에 간행되었다(김동일 외, 2005: 174). 특히 1975년에 간행된 《동약연구자료집》에는 1820년대부터 1970년대까지 국내외 370여 종의 정기간행물, 논문집, 단행본에 실린 370여 종 동약의 현대적 연구(기원, 성분, 약리, 제제, 임상 응용 등)와 관련된 4,000여 건의 초록이 있어서, 당시 북한이 동약의 과학적 연구에 집중하였음을 알 수 있다(김동일 외, 2005: 174-175). 1984년에는 《실용동약학》[32]이 간행되었으며, 1992년에는 《동물성동약》(고순구)과 권영재 등의 《동물성동약과 그 리용》이 출간되어(김동일 외, 2005: 171), 동물성 약재의 기원, 성분, 약리작용 등을 설명하였다. 한편 동약의 제형 개발에서는 남한에서 약침으로 불리는 고려약 주사제의 연구가 진행되어 최근까지 주사약 관련 연구가 활발하다(림충혁 외, 2022; 김혁진 외, 2023).

북한은 해방 직후부터 한약 연구 못지않게 한약재의 생산 증대에 많은

---

[32] 차진헌. 1984. 《실용동약학》. 과학백과사전출판사. 419종의 동약을 성분에 따라 14개 장으로 분류하였고, 흔히 쓰이지 않지만 알아 두어야 할 동약 105종을 부록에 실었다.

관심을 기울여, 야생 약초 채취 및 보호 증식 사업과 재배 사업을 전개하였다. 1947년에 김일성이 약초 재배의 필요성을 언급하였고, 1956년 내각명령 제37호에서는 생약 자원을 적극 탐사하여 채취와 수매 사업을 확대·강화하고 자연 약초림을 조성하여 약초를 보호·증식하며, 국영 건재약국을 설치하고 생약 수출 사업을 강화하도록 하였다. 이러한 노력의 일환으로 1959년에는 녹용 생산을 위한 사슴 사육과 꿀벌 사육을 시작하고, 1960년에는 압록강 변과 산에 다년생 약초를 심고 인삼 재배를 늘리며, 1963년에는 국내에 나지 않는 약초까지 재배하였다. 약초 재배를 촉진하기 위하여 매년 4~5월과 9~10월을 '약초 재배 월간'으로 정해 일반인도 약초밭을 조성하게 하는 등 700여 종의 약초를 의무적으로 재배하게 하였다(유영구, 1991.5.29). 이 결과 1966년 무렵에는 기준 960종의 약초와 100여 종의 동물성·광물성 동약을 찾아냈으며, 1988년에 발간된 《동의학사전》에는 900여 종의 동약이 실려 있다. 한편 고려약의 표준화 내용은 《조선민주주의인민공화국약전》에 실려 있으며, 제2판을 1967년과 1968년에 각각 제1부(신약편)와 제2부(고려약편)으로 나누어 발간하였는데, 제2부에는 고려약제와 그 제제 649종을 수재하였다(정혜주 외, 2020). 가장 최근 2018년 제정된 제8판에는 고려약 관련 고려약 총칙, 고려약제, 고려약 제제, 고려약 시험법 등이 포함되어 있다.

침구학 분야에서는 침구학 교과서인 리명영의 《침구학》이 1975년에 간행되었고(김동일 외, 2005: 656), 이어서 1989년 리윤혁의 《침구변증치료》(김동일 외, 2005: 655), 1994년 장문경의 《침구치료경험》(김동일 외, 2005: 655), 채만수의 《침구처방학》(1994) 등이 출간되었다. 북한 경락 체계와 침구학 연구는 최근 다양한 연구 방법론을 채택하는데 fMRI 기술(림광수, 2020), 적외선열영상 기술, 레이저도플러혈류검측 기술 등을 활용하고 있다(림광수, 2019). 전일체적 관점에서 근막의 결합조직망과 경락을 연결하여 바라본 연구도 보고되었다(장동준·박철혁, 2020). 침구 효능 연구에서는 전통적인 침구 치료와 함께 다양한 치료 기술을 병행한 것이 특징인데, 이러한 경향은 특히 2000년대 이후 두드러졌다. 예를 들어 경혈점에 대한 레이저 자극 치료(심봉남 외, 2009; 최영주 외, 2010)나 맥동빛(pulsed light) 자극 치료(최혁 외, 2023; 안윤영 외, 2025)가 그것인데 고려맥동빛치료기를 개발하여 치료에 사용하고 있다. 또한 고려약 주사제, 즉 약침의 효과 연구도 1990년대부터 시작하여 최근까지 진행되었으며(유용상 외, 1995; 리찬 외, 2022; 민정남 외, 2022; 김세철 외, 2024), 최근 남한에서도 사용이 늘어나고 있는 도치료법과 장선매몰료법[33] 연구도 2010년대부터 활발하게 진행되었다(박원일, 2024; 유태진 외, 2024). 기타 2000년대 초반부터 귀침 치료 연구가 시작되었고(량덕일, 2003: 12), 현대 약물과 병행 치료 연구도 진행되었다(박명혁·류성, 2024).

2.6.3. 사상의학 분야

1956년 4월 개최된 노동당 제3차 대회에서 나온 내각명령 제37호 〈한의학을 발전시키며 한방 치료 사업을 개선 강화할 데 관하여〉의 내용 가운데 과학원 의학연구소 내에 동방의학연구실을 설치하게 하였는데, 이듬해 과학원 의학연구소 주최로 '동무공 리제마 선생 탄생 120주년 기념 보고회'가 개최되었다(민주조선편집위원회, 1957.4.21). 북한 정부가 한의학을 체계적으로 지원하기 시작한 초기부터 사상의학에 관심을 가지게 된 이유는 구한말에 활동한 의가 이제마가 북한 함흥에서 태어나 여러 관직을 지내고 은퇴

---

[33] 남한에서는 도침과 매선 요법으로 불린다.
[34] 로동신문사. 〈우리나라의 탁월한 의학자 리제마의 《동의수세보원》 저작 60주년 기념 학술토론회 진행〉. 《로동신문》. 1961.8.5. 5면.; 동의학연구소가 1961년에 설립되었으므로, 이 기사 이후 연구소가 설립되었거나 당시 한의학연구소와 동의학연구소의 명칭이 혼용되었을 가능성이 있다.

한 이후에도 함흥에서 활동하였고, 이제마 사후 함흥에서 율동계를 중심으로 학맥이 이어졌다(안상우·이경성·김종덕, 2002)는 지리적 조건뿐만 아니라, 우리나라에서 처음 내놓은 독창적인 학설로 동의학 발전의 면모를 보여주고 있어서(김동일 외a, 1988: 224) 조선이 낳은 19세기의 탁월한 의학자로 평가했기 때문이다(민주조선편집위원회, 1957.4.21).

1960년 6월에는 전국 규모의 '한의 경험 교환회'가 열렸는데, 이제마 서거 60주년 기념행사로 한의 200여 명과 서의 140여 명이 참석하여 119건의 연구 논문을 발표하였고(로동신문사, 1960.6.21; 김동일 외, 1990), 이듬해인 1961년 8월에는 《동의수세보원》 저작 60주년 기념 학술토론회'가 의학과학연구원 한의학연구소 주최로 개최되었다.[34] 당시는 북한 과학계에 봉한학설이 등장하기 시작하는 때다. 봉한학설 파동을 지나고 1960년대 말 주체의학이 형성되는 시기의 사상의학 연구를 살펴보면, 1966년에 '사상인 분류지표'가 발표되었고(동의학편집부, 1966)[35] 같은 해에 남자 771명, 여자 223명을 대상으로 약물을 피하주사 하여 사상체질별 반응을 조사한 연구가 보고되었으며(김종세·윤창영, 1966),[36] 이어서 1967년에는 사상형별 생체 계측지에 대한 연구가 발표되었다(김종세·윤창영, 1967).[37] 이 시기 의학과학원 내 동의학연구소와 함흥임상의학연구소에 사상의학연구실이 만들어졌고, 보건소 간부양성소에 사상의학반이 신설되어 사상의사를 육성하였으며, 각 의학대학에서 사상 강의가 이루어졌다(최원석, 1966).[38]

북한은 다양한 과학적 방법론을 활용하여 사상의학을 연구하였는데, 1961년에 이미 이제마의 학설을 파블로프의 네 가지 신경형(다혈질, 담즙질, 점액질, 우울질)과 비교하였다(량진홍, 1961). 1990년대 말부터 최근까

---

[35] 여인석의 글(2019: 8-9)에서 재인용. 간행물 발행 주체는 저자의 추정.
[36] 여인석의 글(2019: 9)에서 재인용. 간행물 발행 주체는 저자의 추정.
[37] 여인석의 글(2019: 9)에서 재인용. 간행물 발행 주체는 저자의 추정.
[38] 여인석의 글(2019: 5)에서 재인용. 간행물 발행 주체는 저자의 추정.

지 유전인자, 뇌파, 음성정보, 약물 반응, 심전도, 영상의학 이미지, 생물전기량 등을 활용한 사상체질 분류 연구가 이어졌는데(표광호 외, 1996; 오복실, 2000; 리철남 외, 2006; 리광희, 2006; 조옥희, 2006; 최현준 외, 2018; 현금성 외, 2022), 이러한 성과를 바탕으로 현재 객관적인 사상체질 분류체계 구축을 진행하였다(리기승 외, 2018; 리현웅 외, 2023; 주승혁 외, 2023). 또한 임상 치료의 기반이 되는 사상 처방의 문헌적 연구(민홍기·강덕도·리영성, 2004: 7-10)와 사상의학을 활용한 다양한 병증 치료의 임상 연구가 진행되었다(조정민, 2005; 김혁성 외, 2010; 박재봉 외, 2016; 김강석 외, 2019; 박철, 2019).

2.6.4. 예방의학과 대체의학 분야

북한은 국가 수립 초기부터 보건의료 상황을 개선하기 위하여 예방의학적 방침을 보건정책의 기본으로 채택하여 '치료의학으로부터 예방의학으로'라는 구호를 내걸었다. 1953년 8월 당중앙위원회 제6차 전원회의에서 예방 사업 강화 지시가 있었고, 1966년 10월에는 김일성이 〈사회주의 의학은 예방의학이다〉를 발표하면서(최선주, 2005: 35-36) 예방의학 제도가 자리 잡게 되었다. 주체의학이 발전하면서 중요한 역할을 담당했던 동의학은 전통적으로 병증이 발생하기 이전의 미병 상태에서 건강을 관리하여 질병을 예방하는 특징을 가지고 있어서, 당시 북한 보건의료 환경의 수요에 부합하였다. 예를 들어 고려의학의 세부 분야 가운데 내과학, 외과학, 침구학 등과 함께 보약학이 포함되어 있는 것을 보면(지만석·지성광, 2002: 3) 예방의학을 중시하였음을 알 수 있다. 보약은 건강 정도가 낮아서 질병이 발생할 가능성이 높을 때, 질병에 걸리더라도 회복을 도울 필요가 있을 때 사용하는 처방을 말한다. 1983년에 보약에 대한 기초지식, 보약의 성분과 약리, 보약 처방 등을 종합한 교과서로 《보약학》이 출간되었고(리기남·성명원, 2005: 295), 같은 해 보약에 속하는 약재와 124개 보약 처방을 수록한 최태섭의 《보약》[39]이 간행되었다.

　　한편 북한은 해방 직후부터 비과학적이라고 치부되어 오던 민간요법을 널리 이용하도록 권장하였다. 1961년 9월 조선로동당 제4차 대회에서 김일성이 "근로자들의 건강과 수명 연장에 이바지하기 위하여 현대의학과 함께 한방 의학을 발전시키고 선조들이 물려준 민간료법을 리론적으로 체계화하는 등 의학 부문의 연구 사업을 강화하여야 하겠습니다"(김일성, 1961.9.12)라고 지도하였으며, 같은 해 개편된 동의학연구소 내에 민간요법연구실이 포함되었다. 이후 1965년에 이미 전국적으로 수만 건의 민간요법을 수집하고 과학적으로 검토하여 그중 실효성 있는 9,000여 건을 보건부 명의의 책자로 만들어 출판·보급하여 보건 사업에 이용하였다(최선주, 2005: 21; 윤창렬, 2004: 179). 1982년에는 110여 개 병증에 따라 민간요법을 수록한 최태섭의 《민간료법》이 출간되었고(윤창렬, 2004: 170-171), 최근에는 《민간료법과 건강》(김시렬·김종성·리경재, 2005)이 간행되었다. 또한 전문 진료가 아닌 가정에서 대처 가능한 고려약 사용에 대하여 2012년 《가정에서 고려약 활용》(천은주·전의성, 2012)이 간행되었다. 민간요법 정리와 함께 동의학 경험치료 방법도 정리되어 1977년 량병무의 《동의치료경험자료집》과 1988년 장도선 등의 《동의치료경험집》이 출간되었고, 1978년에는 경험 처방을 모은 리병섭의 《동의치료경험방》이 간행되었다(고려의학대사전편찬위원회, 2005: 178).

---

[39] 최태섭. 1983. 《보약》. 과학백과사전출판사.; 1990년 남한에서 《한국의 보약》(안덕균 해설, 열린책들)으로 재편집·출간하였다.

대체의학이란 주류 의학에서 벗어난 다양한 의료체계를 말하는데, 본 글에서는 전통적인 한의학의 한약 및 침구 치료 이외 치료법으로 의미를 한정하였다. 민간요법이나 한의학 경험치료뿐만 아니라 온천(민주조선편집위원회, 1957.2.14; 김금희·김철진, 2020; 공명성, 2021), 약수(주체의학편집위원회, 1995; 엄명옥 외, 2017), 한증(최기봉·한계영, 2013), 감탕(리만국 외, 1998; 김진철 외, 2023), 안마(김성희·허학봉·장금철, 2009), 수법치료(신석룡·윤창수, 2012) 등 다양한 치료법 연구가 현재까지 이어지고 있다. 이와 관련하여 《감탕치료》(김무진, 1986), 《내과질병의 수법치료》(주학철·안태순·강영근, 2014), 《림상침구 및 수법치료》(김숙영 외, 2015) 등이 출간되었다.

2.6.5. 정보화 분야

북한은 한의학 기초연구를 지원하기 위하여 이른 시기부터 한의학 고전연구를 시작하였는데 1958년 내각명령 제42호에 의하여 대규모 동의 고전번역 사업이 추진되고, 같은 해 의학과학연구원 내에 한방의학연구실을 설치하면서 한의학 고전을 번역하기 시작하였다. 이후 설립된 동의학연구소에도 고전연구실이 포함되었다. 이러한 노력의 결과로 많은 한의학 고문헌이 번역·출간되었는데 주요 서적을 살펴보면, 1961년에 《동의보감》(조선의학서적출판사)이 번역·출간되었다가 1963년(조선의학출판)과 1982년에 다시 간행되었으며, 《의방류취》는 1976년부터 1980년에 걸쳐 번역·출간되었고, 《향약집성방》은 1960년대에 번역·출간되었다가 1985년부터 1986년까지 다시 간행되었다(윤창렬, 2004: 178-231). 북한에서는 이 3종의 한국 의서를 3대 고려의학 고전으로 보고 있다(민주조선편집위원회, 1998.2.20). 기타 북한의 한의학 고전 주요 번역서는 1999년 남한에서 총 15권의 《국역한의학대

계》로 출간되었다.[40]

고전 번역의 후속 작업으로 동의학 용어를 풀이한 사전으로 1985년에 박위근 등의 《동의용어해설집》, 1989년에 박영철 등의 《동의용어사전》이 간행되어(고려의학대사전편찬위원회, 2005: 179) 용어 표준화의 기반이 마련되었다. 백과사전류 편찬도 진행되어 1988년에 기본올림말 1만 4,690개, 보조올림말 8,310개를 수록한 김동일 외의 《동의학사전》이 간행되었고, 2005년에는 평양의학대학, 고려의학과학원, 신의주의학대학, 해주의학대학, 과학백과사전출판사 등이 편찬위원회를 구성하여 3만여 개 표제어가 수록된 《고려의학대사전》이 간행되었다(대한한의사협회·한국한의학연구원, 2021).

2000년대 이후 고려의학 분야 정보를 전산화하여 활용할 수 있도록 프로그램 개발이 진행되었는데, 2015년에 전자 다매체 《고려의학대사전》이 제작·보급되었고(의학과학출판사, 2016), 2016년에는 전자사전 프로그램 《고려의학대사전》이 개발되었으며, 2019년에는 《고려의학대사전 1.0》의 전자화 및 서비스가 시행되었다(대한한의사협회·한국한의학연구원, 2021). 그 밖에 고려의학 정보화 사업 성과를 살펴보면, 2017년에는 고려의학 정보학 분야를 개척하여 성과를 내었고(의학과학출판사, 2018), 2018년에 《향약집성방》 전 85권에 대한 전자도서화를 실현하고 검색 열람 프로그램을 개발·완성하였다(의학과학출판사, 2019). 침구경혈학 분야에서는 정보기술을 이용하여 침구 이론 학습과 침 치료 처방을 종합적으로 할 수 있는 경혈신경도 전자침구모형체계를 2018년에 개발·완성하였으며(의학과학출판사, 2019; 전일·김숙영, 2020), 침혈 정보를 자동 측정하는 컴퓨터 침혈진단장치도 개발하였다(최정도·백학양·량덕일, 2007; 최득룡·김숙영, 2016). 또한 이러한

---

[40] 김동일 외. 1999. 《국역한의학대계》. 해동의학사.; 《의문보감》(김동일 역), 《의림활요》(조헌영·태창득·리성희·김동일 공역), 《의방신감》(리복현 역), 《동의사상신편》(량병무 역), 《금궤비방》(장문경 역), 《동무유고》(량병무·차광석 공역) 등으로 구성되어 있다.

침구경혈 분야 정보화에 기초가 되는 표준화 작업으로, 국제표준 보건의료 용어체계인 SNOMED CT 구조에 침혈 자료를 정합하고 그 정합 관계를 분석·평가한 연구가 최근 보고되었다(리은아·박금룡, 2022). 한편 임상진료지원시스템 구축의 일환으로 2016년에 '고려의술 3.0'을 개발하고 전국의 보건기관에 보급하여 먼거리 영상의료협의체계를 구축하였으며(의학과학출판사, 2017), 2018년에는 이를 확대하여 원거리 병원들과 건강관리를 위한 의료상담을 진행할 수 있도록 먼거리영상협의체계 '정성'을 개발·완성하였다(의학과학출판사, 2019).

2.6.6. 교육 분야

일반적으로 교육과정과 교육 시스템은 다루어야 할 내용의 범위와 자료의 양이 방대함에 비하여 고려의학 교육체계가 지역별·시기별로 차이가 있으며 관련 정보도 매우 제한적이다. 그러므로 본 글에서는 교육 분야 전반을 다루기 어려워 현재까지 알려진 고려의학 교육체계를 간단히 정리하였다.

1954년 한방 의사 자격시험이 실시된 이후 1960년 평양의학대학에 120명 입학정원의 한의학과가 독립적으로 설치되면서 이에 맞추어 1960년부터 1971년까지 90여 종의 동의학 교재 수십만 부가 보급되었다(김동일 외, 1988: 233). 당시 동의학 교재의 서명은 윤창렬의 《북한의 고려의학 연구》에 기술되어 있다(윤창렬, 2004: 178-231). 1970년대 초부터 말까지 모든 의학부에 동의학부가 설치되고 약학대학과 의학대학 약학부에 동약제약과가 설립되었다(박재형·김옥주·황상익, 2003). 최근 2010년대 중반 기준 북한의 고려의학부는 각 도의 11개 의학대학과 1개 군의대학에 있는데(북한연구소, 1994),[41] 평양직할시, 함경남도 함흥시, 함경북도 청진시, 황해남도 해주시, 평안북도 신의주시, 자강도 강계시, 강원도 원산시, 황해북도 사리원시, 양강도 혜산시, 평안남도 평성시, 남포특별시 등에 소재하고, 평양직할시에 김형직군의대학이 위치하고 있다(신희영 외, 2017: 29).[42] 2015년 상반기에 신의주의학대학이 평북종합대학 의학대학으로, 강건사리원의학대학이 황북종합대학 강건의학대학으로 개편되는 등 고등교육기관 체제의 일부 변화가 있었으나(신희영 외, 2017: 42), 2019년 이후 종합대학 환원 조치에 따라 종합대학 산하에서 벗어나 다시 개별 의학대학으로 전환되었다(엄주현, 2024: 159).

고려의사 양성 기간은 5년 6개월로 알려져 있고,[43] 의사, 구강의사, 약제사 등과 함께 상등보건일군으로 분류되며, 고려약제사도 별도로 양성되고 있다(신희영·안경수, 2017). 고려의학 교육과정을 보면 학과가 의과대학에 소속되어서 현대의학 내용이 많이 교육되고 있으며, 반대로 의학대학 일반임상학부 1학년 과정에는 기초학 과목으로 고려의학이 포함되어 있다(최희란, 2020: 68). 별도의 국가고시 없이 졸업 후 바로 고려의사 자격이 주어지며, 2012년 발행된 북한 보건성과 WHO 보고서에 의하면 당시 4,300여 명의 고려의사가 활동 중으로 파악된다(신희영 외, 2017: 39).

최근에는 일반적인 의학 교육 변화 추세에 맞추어 고려의학 교육에서 새로운 교수법을 활용하는데, 기본적으로 PBL(윤릉섭, 2016; 조영일·안영근, 2023; 계현숙, 2025)과 CPX(박준혁, 2022) 교육을 수행하고 있다. 특히 PBL을 시행하면서 학생들이 직접 응용 연구 결과물을 산출하도록 하는 교수법을 사용하고 있다(최광철, 2007; 박태임, 2024; 교육신문사, 2024). 또한 보

---

[41] 박윤재·박형우의 글(1998: 68)에서 재인용.

[42] 염규현. 2009. 〈다양한 교육 통해 21세기 허준 양성—고려의학은 北 의료인의 필수 교육과정〉.《민족21》. 12. pp. 42-43. 민족21.; 이 자료에는 평양, 함흥, 청진, 해주, 신의주, 강계, 원산, 평남, 사리원, 혜산, 개성, 평성, 남포 의학대학과 인민무력성 산하 김형직군의대학 등 13개 의학대학과 1개 군의대학에 고려의학부가 설치된 것으로 되어 있다.

[43] 염규현(2009)의 글에서는 고려의사 교육 학제가 예비과 1년을 포함해 7년 6개월이며 이 가운데 6개월이 실습 기간이라 설명하였고, 서울대학교의과대학통일의학센터(2013)의 글에서는 6년으로 설명하였다.

건부문 인재로서 의료행위의 결심채택 능력[44]을 중시하며(백현우, 2017), 고려의학 이론 강의에서 반드시 현대의학 자료를 함께 참고하도록 권고하고 있다(최창수, 2014). 고려의학의 특성에 맞는 교육 지원 도구로 경혈 진단과 침구 교육을 위한 인체 실습모형 및 프로그램이 개발되었으며(길용석, 2022; 김명철, 2022) 첨단 가상현실 기술도 교육에 적용되었다(정순철, 2024).

2.7. 남한의 한의학 발전 양상 및 북한과의 비교

해방 직후부터 북한은 정부 주도로 한의학 지원 정책을 펴 나간 반면, 남한은 민간 주도로 한의학을 발전시켜 나갔다. 일제강점기에 한의사 제도 제정과 고등교육기관 설립이 절실했던 한의계는 해방 직후인 1945년 11월 전국 단위 조선의사회를 결성하자마자 동양의학전문학교 건립을 결의하였고, 1946년 10월 미군정으로부터 인가를 받아 서울에 동양의학전문학원을 설립하였다. 이후 1947년 미군정으로부터 인가를 받은 교육재단 행림학원은 다시 1948년 3월에 동양의학관을 설립한다. 1951년 남한에서 한국전쟁 동안 국민의료법이 제정되어 한의사 제도가 만들어지기 전에 고등교육기관이 건립된 것이다. 이후 동양의학관은 서울한의과대학, 동양의학대학, 동양의약대학 등으로 바뀌었다가 1961년 5·16군사정변이 발생하여 이듬해 3월 폐교되었다. 1963년 12월 개정된 의료법에 따라 형식상 6년제 동양의과대학으로 인가받아 한의학 고등교육기관이 부활하는 듯하였으나, 의과대학 설치 기준을 충족하지 못하여 인가 취소에 직면하게 되었고, 우여곡절 끝에 1965년 경

---

[44] 질문, 분석, 종합, 해석, 추측, 귀납, 연력, 추리, 직관, 응용 및 창조 등의 사유 과정을 바탕으로 이루어진다고 설명하였다.

희대학교에 흡수합병 되었다(백유상, 2017: 132). 일련의 과정을 보면 북한이 1954년 내각결정 제79호에 의해 한의사 제도를 만든 것에 비해, 남한이 발빠르게 1951년에 국민의료법을 제정하여 한의학 지원에 나선 것처럼 보이나 실상은 그렇지 않았다. 제헌국회에서 보건부가 제출한 국민의료법 초안에는 한의사 제도 관련 내용이 빠져 있었으며, 제헌의원 조헌영을 비롯한 당시 한의계의 반대와 이에 호응하는 여론에 밀려 제2대 국회에서 의료인의 범주에 한의사를 포함하여(정기룡, 2007) 면허를 부여하는 간단한 개정을 통하여 한의사 제도가 만들어진 것이다. 즉 한의학 체계를 뒷받침하는 법률 및 규정과 유·무형 인프라가 거의 갖추어지지 않았고, 이러한 방치 상태는 1993년 소위 한약 분쟁이 발생할 때까지 지속되었다. 북한이 1956년 내각명령 제37호 〈한의학을 발전시키며 한방 치료 사업을 개선 강화할 데 관하여〉를 발표하고, 1960년대 이후 주체의학이 발전하던 1979년에 〈동의학을 발전시킬 데 대하여〉라는 지침을 발표하면서 동의학 교육기관과 연구기관을 설립하여 기초와 임상 각 분야에서 체계적으로 동의학을 육성해 나갔던 것과 비교하면, 당시 남한의 사정은 매우 대조적이었다. 남한은 해방 이후 1948년 11월 사회부에 한방과가 설치되었으나 불과 8개월 후 폐지되었고, 한방 관련 행정 업무는 의무국의 의무과, 의정과, 의료제도 담당관, 의료제도과 등을 전전하였다. 1975년에야 보건사회부 직제 개편과 함께 의정국 내에 한방의약을 담당하는 의정3과가 신설되었다(기창덕·신좌섭, 1999).

남한에서는 한의학의 과학화 작업도 더디게 진행되어 공인된 국가의 연구기관이 없는 상태에서 민간 한의과대학 연구실을 중심으로 1980년대 말까지 과학적 방법론을 활용한 연구가 일부 진행되었을 뿐이었다. 단 해방 후 경희대학교 한의과대학에서 한방생리학을 연구한 윤길영 교수가 일제강점기 조헌영의 동서 의학 절충의 입장을 이어받아 한의학의 현대화·과학화에 노력하였다(이충열, 2009). 1970년대 초반까지 이어진 윤길영의 연구는 비슷한 시기에 북한에서 지만석 등이 시작하여 1980년대 초반 발표한 〈동의학의 원리에 관한 몇 가지 리론적 연구(1)〉의 내용과 일견 유사해 보이나, 본질적으로 차이가 있었다. 즉 전자는 정체론에 입각하여 인체를 바라보는 한의학의 관점을 유지하면서 그것을 과학적 연구 성과를 통하여 설명하려는 입장이었으며, 후자는 한의학 원리를 대상으로 먼저 그 물리적 실체를 규정하고 특성을 파악함으로써 인체의 생명현상을 설명하며 나아가 대상을 조작할 수 있다고 생각하였다. 이는 논리실증주의 입장과 비슷하며 환원주의로 빠져 한의학의 본질에서 벗어날 가능성이 있는 관점이다. 한편 1990년대 말부터 2000년대로 들어오면서 민간 영역에서 한의학의 과학적 연구는 두 가지 방향으로 진행되었는데, 하나는 기초의학 분야에서 주로 분자생물학 연구 방법론을 사용하여 한약물의 성분 특성 연구에 치중한 것이고, 다른 하나는 임상의학과 연계하여 근거중심의학(evidence based medicine, EBM) 연구를 진행한 것이다. 양자 모두 외부 환경 변화에 대응하여 한의학의 원리와 치료 효능을 입증해 보이거나 연구 성과를 극대화하려는 시도라고 할 수 있으며, 이러한 노력이 실제 한의학의 발전 동력에 얼마나 기여하였는가 하는 냉정한 평가는 아직 진행 중이다.

한의학과 현대의학의 결합 부분도 다른 이슈와 마찬가지로 민간 주도로 진행되었는데, 먼저 1965년 경희대학교가 동양의과대학을 합병하고 1971년에 경희의료원을 설립하면서 '제3의학의 창출'이라는 슬로건을 내걸었다. 이후 최근까지 경희의료원을 중심으로 양·한방 협진 시스템을 구축하여 운영해 왔으나, 양자의 시너지 효과와 새로운 치료 기술 개발의 성과는 기대만큼 크지 않았다. 이는 화학적 결합을 바탕으로 한 융합이 제대로 이루어지지 않는 것으로, 새로운 패러다임에 대한 탐구와 담론 없이 두 의학 체계가 결합하는 것이 매우 어렵다는 점을 보여 준다. 단 2000년대 이후 민간 의료기관을 중심으로 한의학과 현대의학의 협진이 늘어나고 있는 점은 향후 교육, 임상, 연구 모든 분야에서 실질적인 협력이 이루어질 수 있는 분위기를 조성한다는 점에서 고무적이라 할 수 있다. 최근 정부에서도 양·한방 협력 모델 개발을 지원하고 양자 협진에 대한 제도적 뒷받침을 모색하는 중이다. 기타 임상의학 분야의 한약물에 대한 제반 연구와 처방 제형 및 침구 치료 관련 연구는 해방 이후 1990년대까지 체계적으로 이루어지지 못하였으며, 그 성과물도 산발적으로 만들어졌다.

남한에서 한의학 발전의 전환점은 1993년에 발생한 소위 한약 분쟁이었다. 표면적으로 약사의 한약 사용에 대한 한의사의 반발로 일어난 분쟁이나, 그 배경에는 당시 사회 변화 요인이 있었다. 한의약 수요가 1970년대 이후 꾸준히 높아지고 있었으며 이에 맞추어 1980년대 말까지 한의과대학이 신설되고 한의사의 배출이 늘어나면서 한의계의 규모가 커졌고, 따라서 한의학에 대한 사회적 관심도 집중되고 있었다. 1993년부터 1996년까지 이어진 1·2차 한약 분쟁의 결과 그 승패와 상관없이 한의학을 체계적으로 육성해야 한다는 여론이 형성되었으며, 이에 정부가 대응하여 움직이기 시작하였다. 한의학의 체계적인 과학적 연구를 담당하는 공공기관으로 한국한의학연구원이 1994년에 설립되었고, 1996년 복지부에 정책, 연구, 교육, 표준화, 국제협력 등 대부분의 한의약 사업을 관장하는 한방정책관이 신설되었으며, 2000년대 초반까지 한방전문의(2000년), 한의군의관(2000년), 공중보건한의사(2002년) 등의 제도가 차례로 만들어졌다(대한한의사협회, 2012). 이어서 2003년에는 한의약육성법이 제정되어 정부 지원의 법적 근거가 마련되었고, 이에 따라 5년 단위 한의약육성발전종합계획이 수립되어 2006년부터 제1차 계획이 시행되었다(한라은, 2018). 2016년에는 한약진흥재단이 설립되었다가 2018년 한의약육성법이 개정되면서 2019년에 한방 산업을 진흥하고 보건복지부 한방 사업을 지원하는 목적으로 한국한의약진흥원이 출범하였다. 한약 분쟁 이후 10여 년 동안 정부의 한의학 지원을 위한 기본적인 여건이 마련되었다고 평가할 수 있으며, 그 중심에는 연구·개발 위주의 한국한의학연구원과 산업 진흥 및 정책 지원 위주의 한국한의약진흥원이 핵심 역할을 하고 있다.

2000년대 이후 한의약 기초연구 분야에서는 주로 한국한의학연구원과 대학의 연구센터(MRC, SRC)를 중심으로 연구가 진행되어 많은 성과가 축적되었다. 한편 경락의 실체 연구에서 소광섭은 2002년 서울대학교 한의학물리연구실에서 새로운 염색법을 통하여 봉한관의 일부 구조를 확인하였고(소광섭, 2003), 이후 봉한관 네트워크를 프리모순환계(primo vascular system, PVS)로 개칭하면서 2010년대 중반까지 국내외 많은 후속 연구를 이끌어 냈다(Kwang-Sup Soh, Kyung A. Kang, Yeon Hee Ryu, 2013). 1960년대 중반 북한에서 자취를 감춘 봉한학설이, 비록 아직 그 실체와 기능이 완전하게 밝혀지지는 않았으나 40여 년이 지난 남한에서 다시 일부가 재현되었다는 점에 의미가 있다.

임상의학 분야에서는 표준화 사업으로 한의약진흥원을 중심으로 2016년부터 한의표준임상진료지침(clinical practice guideline, CPG) 개발사업이 진행되었다. 2021년까지 진행된 한의약선도기술 개발사업에서 30건의 CPG가 개발 완료되었고, 이후 한의약혁신기술 개발사업으로 73건이 개발 예정이다. 또한 한방 의료기관의 임상정보를 분석·활용하기 위한 한의임상정보 빅데이터 사업도 진행 중이다. 한의약 관련 국가 통계 분야는 한국한의약진흥원에서 2008~2009년부터 한방의료이용 실태조사와 한약 소비 실태조사가 시행되어 현재는 격년으로 대규모 조사가 이루어지며, 조사된 데이터는 복지부와 국가통계포털(KOSIS)에 공표되고 있다(보건복지부, 2022). 북한에서는 아직 고려의학의 임상 진료 지침 개발이나 국가 통계 관리에 대한 공개된 보고가 없는 것으로 보인다.

최근에 한방병원 수가 예전보다 빠르게 늘어나고 있으나, 다른 나라와 달리 한국 한의학의 임상 현장에서는 개인 한의원 수가 여전히 압도적으로 많다. 한의원을 중심으로 한 많은 임상 한의사는 환자 치료 시《동의보감》을 참고하고 있어서 여전히 한국 실정에 적합한 처방과 치료 기술을 선호하고 있음을 알 수 있다. 이제마의 사상의학도 전적으로 의존하지는 않더라도 일부 활용하는 한의사가 적지 않다. 이러한 경향은 북한에서《동의보감》과《동의수세보원》을 중요하게 생각하는 것과 동일하다. 사상의학의 경우 남한에서는 북한보다 늦은 1970년에 대한사상의학회가 창립되고 1989년에 경희의료원 한방병원 내에 사상의학진료실이 개설되면서 이후 임상·교육·연구 방면에서 발전이 이루어졌다(고병희 외, 2010). 또한 사상의학 연구에 대한 정부의 지원으로 한국한의학연구원에서는 2006년부터 2015년까지 사상체질 진단 도구 개발을 위한 대규모 프로젝트를 진행하기도 하였는데, 유전체 정보 등 통합체질정보은행을 구축한 것은 다양한 방법론을 통하여 체질 분류 연구를 진행하고 있는 북한의 최근 경향과 유사하다.

대체의학 분야의 경우 남한에서는 현재 정규 교육과정에 그 내용이 많이 편입되어 있지 않은데, 그 이유는 한의사가 제도적으로 소외되면서 오랫동안 스스로 의료인으로서 권위를 높이는 데 노력해 왔으며, 그 과정에서 유사 의료업자의 한방 의료행위를 경계하다 보니 대체의학을 수용하여 체계적으로 육성하지 못한 것이다. 이는 북한이 정부 차원에서 민간요법과 대체의학 치료술을 적극적으로 지원해 온 점과 비교된다. 남한에서는 지금부터라도 사라져 가는 민간요법을 정리하고 대체의학을 체계적으로 연구하여 치료의학 영역과 연계하는 기초 작업이 필요하다.

　정보화 분야에서는 1999년 경희대학교출판국에서 5만 2,000여 항목이 수록된 《동양의학대사전》(동양의학대사전편찬위원회, 1999) 총 12권을 출판하였고, 대한한의사협회에서는 한의학 용어 표준화 작업을 결과물로 2006년에 8,000여 개 표제어가 담긴 《표준한의학용어집》(한의학용어제정위원회, 2006)을 간행하였다. 2021년에는 《동양의학대사전》, 《표준한의학용어집》 등과 북한 《고려의학대사전》의 용어를 비교한 《남북 전통의학용어 비교 정리집》(대한한의사협회·한국한의학연구원, 2021)이 출간되기도 하였다. 또한 한의학 고전에 담긴 지식 정보를 DB로 구축한 '한의학고전DB'가 한국한의학연구원에서 2016년부터 오픈되었다. 참고로 현재 한국한의학연구원은 전통의학정보포털 OASIS를, 한국한의약진흥원은 한의약지식정보포털 한의iN을 운영 중이다. 한편 북한이 개발한 임상진료지원시스템은 최근 한국한의학연구원에서 연구를 진행하였고, 원거리 진료 시스템은 아직 법적 제한으로 남한에서는 개발이 안 되고 있다.

　교육 분야를 살펴보면 남한에서는 경희대학교 다음으로 원광대학교에서 1972년 말에 한의과대학이 신설되었으며, 이후 순차적으로 설립되다가 1980년대 말부터 한의과대학 수가 크게 늘었다. 2008년에는 국립 부산대학교에 한의학전문대학원이 개원하였는데, 1905년 대한제국 시기에 세워진 최초의 근대식 한의학 고등교육기관인 동제의학교(백유상, 2017: 125-126) 이후 한의계의 유일한 국립 고등교육기관이다. 2025년 현재 전국에 지역별로 총 12개 한의과대학과 한의학전문대학원이 설립되어 있으며, 매년 700여 명의 졸업생을 배출하고 있다. 한편 1993년 한약 분쟁 이후 한약사 제도가 만들어지면서 약학대학 내에 4년 학제의 한약학과가 설립되고 한약사가 배출되기 시작하였다.

남한의 한의과대학은 1963년 6년 학제 동양의과대학이 인가를 받으면서 교육과정에 서양의학 과목이 대폭 늘어나게 되는데, 이후 지금까지 서양의학 교육의 양은 큰 변화가 없었으며 질적인 면에서도 크게 향상되지 않았다. 이는 북한에서 이미 1960년에 의과대학 내에 한의학과를 두어 안정적으로 교차 교육을 진행해 온 것과 대조적이다. 또한 1980년대부터 기초 분야 교실이 만들어지고 분과 학회가 설립되어 1990년대 들어서 비로소 체계적인 교재가 간행되었으며 연구 성과가 학술지를 통해 보고되었다. 북한에서는 1960년부터 정부 주도하에 수십 종의 동의학 교재가 출간되었다. 남한은 학회별로 교재를 제작하였기 때문에 상호 일관성이 부족한 것이 단점이다.

3. 나오기

본론 앞부분에서 설명한 대로 한국 한의학의 정체성은 과거부터 이어져 온 일정한 형식과 내용을 유지하는 것으로 확보되는 것이 아니라, 역사적으로 한국의 환경에서 발생하는 질병에 대하여 어떻게 효과적으로 대처하고 성과를 도출해 왔는가로 정해진다. 왜냐하면 의학은 단순히 학술적 판단과 증명을 통하여 성립되는 것이 아니며, 인간의 특성과 주변 환경의 조건에 따라 형성되는 문화적 측면이 있기 때문이다. 한국 한의학은 외부로부터 침입하는 병적 요소를 제거하는 치료법보다 상대적으로 인체의 생명력을 강화하여 질병을 예방하고 치료하는 데 주력하면서 그 정체성을 형성해 왔다.

북한의 고려의학은 정부 수립 초기부터 "우리나라의 기후와 풍토, 인민들의 체질, 생활 조건들을 고려하여 생약들을 백방으로 리용하는 고귀한 경험들이 있다"는 점에서 중시되어 왔다(리병남, 1956). 북한 정부가 예방의학 분야의 지원을 강화해 온 것도 이러한 흐름과 관련이 있다. 해방 이후 민간 주도로 발전해 온 남한도 지금까지 큰 변화 없이 이러한 한의학의 정체성을 잃지 않고 있는 것으로 보인다. 단, 남북한 전통의학 모두 현재까지 국민 보건의료 향상에 얼마나 기여하고 의미 있는 성과를 내 왔는지는 깊은 성찰이 필요하다.

전통의학의 과학화·현대화 측면에서 보면 북한은 해방 직후 소련 과학의 영향과 철저한 유물론적변증법의 관점에 따라,[45] 한의학 원리가 물질적 실체에 기반한다고 보고 과학적 방법론으로 그것을 규명하려 시도하였다. 그런데 한의학뿐만 아니라 일반적인 의학의 발전도 단순히 물질적 실체를 발견하고 그 특성을 규명하는 것만으로 이루어지지 않으며, 아직도 온전히 밝혀지지 않은 인간의 정신적·육체적 생명현상의 변화를 종합적으로 인식하고 그 과정에서 일정한 규율을 발견해 내는 방법론을 필요로 해 왔다. 이러한 의미에서 음양, 오행, 정기신혈 등 한의학 원리와 개념을 현실에서 나타나는 생명현상과 연결하여 종합적으로 고찰하는 노력이 필요한 것이다. 또한 정부 주도로 고려의학의 지식 정보를 생산하고 의료의 시행을 지도하는 방식보다 연구와 임상 현장에서 벌어지는 각자의 실천에서 자유롭게 새로운 의학 정보와 기술을 창출하고 발전시키는 것이 중요하다. 정부 주도의 의학 발전은 정치적 상황에 따라 부침을 겪게 되는 한계점을 가지고 있다는 점을 역사가 증명해 주고 있다. 반면 남한은 1990년대부터 정부의 지원으로 한의학의 과학화와 표준화 등이 추진되었는데, 여전히 한의학 발전을 이끌어 낼 과학적 방법론 모델이 명확하게 설정되지 못하였으며, 갈수록 권위가 높아지는 과학주의에 대한 콤플렉스에서 벗어나지 못하고 있다.

---

[45] 고려의학대사전편찬위원회. 2005. 〈황제내경〉. 《고려의학대사전》. p. 796. 의학과학출판사.; 음양, 오행, 정기신혈, 장상, 경락 등 한의학 원리의 기초가 담긴 《황제내경》에 대하여 "당시 소박한 유물론의 관점에서 중의학의 기초 리론들과 변증, 치료 원칙, 병증 등 다방면적인 내용이 서술되어 중의학 리론의 기초를 닦아 놓았다"라고 평가하였다.

남한과 북한 모두 1950년대 초에 한의사 제도가 만들어졌는데, 북한 정권 초기부터 고려의학은 제도적 뒷받침과 정부의 지원 속에서 비교적 안정적이고 체계적으로 발전해 왔다. 반면 남한에서는 조금씩 개선되고 있으나 지금도 국가 보건의료 체계에서 소외된 부분이 많으며, 한의계도 단기적으로 이를 해결하는 데 힘을 쏟다 보니 장기적인 한의학 발전 동력을 찾기보다 한의학 제도의 확충이 곧바로 발전을 가져올 것이라는 막연한 기대에 머물러 있는 실정이다.

근세 일제강점기와 해방을 거치면서 남북한 전통의학이 직면했던 서양의학과 협력, 과학화, 현대화, 제도화 등의 이슈에 대하여 북한은 지금까지 노력한 만큼 외형적인 면에서 어느 정도 성공을 거둔 듯 보인다. 남한도 늦게나마 이러한 문제를 조금씩 해결해 나가고 있는 상황이다. 그러나 본질적으로 한의학 고유의 특성을 살리고 새로운 시대적 요구에 부응함으로써 조선 말 이후 명실상부하게 한의학 부흥과 발전을 이루었다고 보기에는 남북한 모두 부족한 점이 많다. 밖으로는 정치적·이데올로기적 제약이나 사회적 갈등 요소에서 자유로워야 하며, 안으로는 교육과 연구, 임상 각 분야에서 명확한 비전을 가지고 역량을 키워 나가야 한다.

남북한 전통의학의 교류와 협력은, 우선 각자 안고 있는 그리고 공동으로 직면하고 있는 문제를 해결하기 위한 담론의 장을 만들 수 있다. 나아가 기존의 틀을 깨고 통일 이후 한반도 건강공동체 형성을 위한 패러다임의 전환까지 모색해 볼 수 있다는 점에서도 이러한 노력과 실행이 필요하다. 이 과정에서 실무 수준의 양자 협진을 벗어나 전통의학과 현대의학의 실질적인 협력과 융합을 담아낼 새로운 제도적 틀도 마련될 수 있을 것이다. 물론 단기적으로 남북 전통의학의 관심이 서로 만나는 주제, 예를 들면 전통의학 표준 전자의무기록(electronic medical record, EMR) 개발, AI 기반 임상의

사결정지원시스템(clinical decision support system, CDSS) 개발, 3D와 가상현실 기술 적용 교육 도구 개발 등 정보인프라 구축이나 첨단 기술 적용 분야에서 협력이 가능하며(백유상, 2020; 전우택·김신곤 외, 2021), 경제적 수익성을 고려하여 한약 자원의 공동 개발, 한약 관련 산업시설 설립 및 운영, 전통의학 신치료 기술 및 의료기기 개발 등에서도 협력할 수 있다(김동수 외, 2020: 146-148). 또한 미래 전통의학 인력 양성을 위한 공동의 교육 시스템 구축도 논의할 수 있다.

이러한 단기 교류와 협력 방안에도 불구하고 장기적으로 한반도 통일의 미래를 내다본다면, 역사적·사회문화적으로 남북한의 보건의료와 사회 환경에 적합한 서비스 체계를 구현함으로써 한의학의 정체성을 다시 확립해 나가는 공동의 노력이 절실해 보인다. 앞으로 남북한 전 분야에서 동질성 회복과 교류 협력을 강화해 나가는 데, 많은 부분 역사적 경험을 공유하며 정체성을 이어온 남북의 전통의학 분야가 물꼬를 트는 역할을 할 수 있을 것으로 기대한다.

한국의 근현대사를 보면 격변의 역사적 사건이 벌어진 이후에야 나타난 문제점을 수습하는 전철을 반복해 왔으나, 미래 통일 한국의 준비는 이와 달라야 할 것이다. 통일 시대 새로운 보건의료의 지평을 열어 나가기 위하여 그동안 남북한 전통의학이 맞닥뜨려 온 여러 이슈를 온전히 극복해야 하며, 이는 여전히 현재의 과제로 남아 있다. 이러한 관점에서 근현대 남북한 전통의학의 계승과 변화는 아직 일단락되지 않은 진행형이라 할 수 있다.

참고 문헌

강명호, 강기연, 김종립. 1994. 〈저산성위염의 신의 진단과 고려치료의 결합에 대한 림상적 연구〉. 《주체의학》. (3). pp. 5-7. 과학백과사전출판사.

경락연구소a. 1963. 〈경락 계통에 관하여〉. 《과학원통보》. (5). pp. 6-35. 과학기술출판사.

경락연구소b. 1963. 〈경락 계통에 관하여〉. 《조선의학》. (12). pp. 3-24. 의학과학출판사.

경락연구소a. 1965. 〈경락 체계〉. 《과학원통보》. (2). pp. 1-38. 과학기술출판사.

경락연구소b. 1965. 〈산알 학설〉. 《과학원통보》. (2). pp. 39-62. 과학기술출판사.

경락연구소c. 1965. 〈경락 체계〉. 《조선의학》. (6). pp. 5-31. 의학과학출판사.

경락연구소d. 1965. 〈산알 학설〉. 《조선의학》. (6). pp. 32-47. 의학과학출판사.

경락연구소e. 1965. 〈혈구의 '봉한산알-세포 환'〉. 《조선의학》. (12). pp. 1-6. 의학과학출판사.

계현숙. 2025. 〈교수내용의 순차성에 따르는 문제점 설정과 그 해결과정을 통하여〉. 《고등교육》. (2). pp. 38-39. 교육신문사.

고려의학대사전편찬위원회. 2005. 《고려의학대사전》. pp. 178-179, 295. 의학과학출판사.

고병희 외. 2010. 《사상체질의학회 40년사》. pp. 81-119. 한미의학.

고순구. 1992. 《동물성동약》. 의학과학출판사.

공동철. 2019. 《소설김봉한》. pp. 437-441. 문학의문학.

공명성. 2021. 〈우리나라 온천에서의 전통적인 치료방법과 치료시설에 대하여〉. 《민족유산》. (1). pp. 48-50. 과학백과사전출판사.

교육신문사. 2024. 〈교수수단들의 합리적 리용과 교수효과〉. 《고등교육》. (5). p. 23. 교육신문사.

구정회. 1964. 《동약의 법제》. 의학출판사.

구정회, 김운애, 류경희, 정형도. 1965. 《동약학개론》. 의학출판사.

기광서. 2014. 〈해방 전 소련의 대한반도 정책 구상과 조선 정치세력에 대한 입장〉. 《슬라브 연구》. 30(4). pp. 51-52. 한국외국어대학교러시아연구소.

기창덕. 1993. 〈개명기 동의와 동의학강습소〉. 《의사학》. 2(2). p. 16. 대한의사학회.

기창덕, 신좌섭. 1999. 〈20세기 우리나라 전통의학의 발자취〉. 《대한의사협회지》. 42(12). pp. 1164-1165. 대한의사협회.

길용석. 2022. 〈배유혈압통진단실기모형의 제작 리용과 높아진 진단 능력〉. 《고등교육》. (10). p. 49. 교육신문사.

김강석, 리명건. 2019. 〈4상체질형에 따르는 병후보균자의 몇 가지 면역학적 특성을 밝히기 위한 연구〉. 《고려의학》. (1). p. 31. 의학과학출판사.

김경호, 김도빈. 1996. 〈암 전이에 미치는 몇 가지 고려약제들의 영향에 대한 실험적 연구〉. 《주체의학》. (1). pp. 18-20. 과학백과사전출판사.

김근배. 1999. 〈과학과 이데올로기 사이에서: 북한 '봉한학설'의 부침〉. 《한국과학사학회지》. 21(2). pp. 196-197, 199-203, 206-209, 213, 217-218. 한국과학사학회.

김금영, 정광석. 2025. 〈팔미환과 레보티록신의 배합이 갑상선기능저하증에 미치는 영향을 밝히기 위한 실험적 연구〉. 《조선약학》. (1). pp. 59-60. 의학과학출판사.

김금희, 김철진. 2020. 〈룡천온천의 온몸욕으로 건선을 치료〉. 《내과》. (2). p. 49. 의학과학출판사.

김남일. 1990. 〈북한의 의료체계에 관한 연구〉. pp. 30, 74. 경희대학교대학원.

김동수 외. 2020. 《고려의학 현황과 남북 전통의학 교류·협력 방안》. pp. 14-15, 38, 146-148. 한국한의학연구원.

김동연. 1983. 〈위대한 수령 김일성 동지께서 밝히신 동의학 발전시킬 데 대한 독창적인 사상은 주체적인 민족의학 건설의 성과를 확고히 담보하는 지도적 지침〉. 《주체의학》. (2). pp. 2-6. 과학백과사전출판사.

김동일 외a. 1988. 《동의학사전》. pp. 221, 224-225, 1122, 1169. 과학백과사전종합출판사.

김동일 외b. 1988. 〈동의학의 발전 력사〉. 《동의학사전》. pp. 231-233. 과학백과사전종합출판사.

김동일 외. 1990. 《재편집 동의학사전》. p. 260. 까치(과학백과사전종합출판사).

김동일 외. 1999. 《국역한의학대계》. 해동의학사.

김동일 외. 2005. 《고려의학대사전》. pp. 171, 174-177, 655-656. 의학과학출판사.

김명철. 2022. 〈3차원 인체침혈 학습지원 프로그람의 제작 리용과 교수효과〉. 《고등교육》. (6). p. 55. 교육신문사.

김무진. 1986. 《감탕치료》. 과학백과사전출판사.

김봉한. 1962. 〈경락 실태에 관한 연구〉. 《조선의학》. 9(1). pp. 5-13. 의학과학출판사.

김봉한. 1966. 〈귀중한 것은 신념이다〉. 《대중과학》. (1). pp. 5-6. 과학지식보급출판사.

김선호. 2017. 〈1945~1947년 북·중 관계의 형성과 북·중 혈맹의 근원〉.《동북아역사론총》. 57, pp. 240-241. 동북아역사재단.

김성찬, 김금동. 2024. 〈고려약과 초단파병합료법에 의한 유선증의 치료효과〉.《조선의학》. (3). p. 45. 의학과학출판사.

김성희, 허학봉, 장금철. 2009. 〈불면증 환자들에서 잠의 질을 높이기 위한 발바닥 안마와 침료법 결합 효과〉.《의학과학통보》. (6). pp. 22-23. 의학과학정보쎈터.

김세철, 허초은. 2024. 〈천종혈약침료법에 의한 심장신경증의 치료방법〉.《기술혁신》. (8). p. 43. 중앙과학기술통보사.

김수홍. 1993.《고려의학참고자료》. p. 8. 의학과학출판사.

김숙영 외. 2015.《림상침구 및 수법치료》. 의학과학출판사.

김승일, 김정철. 2017. 〈고려의학의 6음에 대한 리해에서 제기되는 몇 가지 문제에 대하여〉. 《고려의학》. (4). pp. 60-61. 의학과학출판사.

김시렬, 김종성, 리경재. 2005.《민간료법과 건강》. 의학과학출판사.

김은숙, 리창주. 2020. 〈향약집성방을 통한 사물탕과 그의 변처방에 대한 문헌사료적 연구〉.《조선약학》. (3). pp. 52-54. 의학과학출판사.

김일성. 1956. 〈조선로동당 제3차 대회에서 진술한 중앙위원회 사업 총결 보고〉.《근로자》. (5). p. 86. 근로자사.

김일성. 〈조선로동당 제4차 대회에서 한 중앙위원회 사업총화보고〉.《로동신문》, 1961.9.12. 5면.

김일성. 1980. 〈조선로동당 제3차 대회에서 한 중앙위원회 사업총화보고〉.《김일성 저작집 10(1956.1~1956.12)》. p. 244. 조선로동당출판사.

김일성a. 1987. 〈전력 생산을 늘이며 보건 사업을 개선하는 데서 나서는 몇 가지 문제에 대하여〉.《김일성 저작집 33(1978.1~1978.12)》. p. 144. 조선로동당출판사.

김일성b. 1987.《김일성 저작집 34(1979.1~1979.12)》. p. 124. 조선로동당출판사.

김종세, 윤창영. 1966. 〈4상형 분류에 있어서 몇 가지 약물반응에 관한 연구〉.《동의학》. (1). pp. 2-9. 동의학편집부.

김종세, 윤창영. 1967. 〈조선 사람 4상형별 생체 계측지에 관한 연구〉.《동의학》. (1). p. 1. 동의학편집부.

김진철, 윤철민. 2023. 〈무계호감탕추출액이 위액 분비에 미치는 영향〉.《기초의학》. (3). p.

18. 의학과학출판사.

김태윤. 2016. 〈해방 직후 북한 과학기술 교육체계의 형성과 성격(1945~1950)〉. pp. 45-52, 63-66. 서울시립대학교대학원.

김혁성, 권영재. 2010. 〈고혈압 환자에게서 4상체질형에 따르는 ACE유전자 I/D다형의 출현빈도〉. 《예방의학》. (1). p. 54. 의학과학출판사.

김혁진, 문성범. 2023. 〈소간 추출물에 의한 간주사약 생산〉. 《기술혁신》. (7). p. 36. 중앙과학기술통보사.

김효선a. 1957. 〈중국에서의 중의(한의) 정책과 그의 성과〉. 《인민보건》. (12). pp. 14-18. 인민보건사.

김효선b. 1957. 〈한의학에 대한 서의가 본 관점〉. 《인민보건》. (2). pp. 23-26. 인민보건사.

김효선. 1960. 〈해방 후 15년간 한의학을 계승 발전시키는 사업에서 거둔 성과〉. 《인민보건》. (10). pp. 12-13. 인민보건사.

김훈기. 2017. 〈새로운 생명학설의 거부 과정에서 정치적 이념의 영향—봉한학설에 대한 소련 과학계의 입장을 중심으로〉. 《열린정신인문학연구》. 18(2). pp. 77-79. 원광대학교인문학연구소.

노정우. 1968. 〈한국 의학사〉. 《한국문화사대계(Ⅲ)》. p. 859. 고대민족문화연구소.

대한한의사협회. 2012. 《(1898~2011) 대한한의사협회사》. pp. 373-379. 유천문화사.

대한한의사협회, 한국한의학연구원. 2021. 《남북 전통의학용어 비교 정리집》. p. 25. 우공출판사.

동양의학대사전편찬위원회. 1999. 《동양의학대사전》. 경희대학교출판국.

동의문헌연구실. 2012. 《동의보감》. p. 63. 법인문화사.

동의학편집부. 1966. 〈사상인 분류지표〉. 《동의학》. (1). 표지2. 동의학편집부.

량덕일. 2003. 〈귀침혈침감의 림상생리적 특성에 대한 연구〉. 《조선의학》. (1). p. 12. 의학과학출판사.

량진홍. 1961. 〈명의 리제마〉. 《천리마》. (3). pp. 80-82. 천리마사.

로동신문사. 〈전국 한의 경험 교환회 진행〉. 《로동신문》. 1960.6.21. 2면.

로동신문사. 〈우리나라의 탁월한 의학자 리제마의 《동의수세보원》. 저작 60주년 기념 학술 토론회 진행〉. 《로동신문》. 1961.8.5. 5면.

로동신문사. 〈김일성 수상께서 김봉한 교수를 비롯한 경락 연구 집단 동지들에게〉. 《로동신문》. 1962.2.2. 1면.

로동신문사. 〈동의학 연구 분야에서 이룩한 또 하나의 혁신적 성과〉.《로동신문》. 1962.3.11.
　　1면.

로동신문사. 〈림파절 결핵과 피부 결핵을 완치하는 데 성공〉.《로동신문》. 1963.10.20. 3면.

로동신문사. 〈경락 계통에 관하여〉.《로동신문》. 1963.12.1. 1-4면.

로동신문사a. 〈경락 체계〉.《로동신문》. 1965.4.16. 별보 1-5면.

로동신문사b. 〈산알 학설〉.《로동신문》. 1965.4.16. 별보 6-8면.

로동신문사. 〈혈구의 '봉한산알-세포 환'〉.《로동신문》. 1965.10.9. 2면.

리광희. 2006. 〈4상체질형에 따르는 아스피린과 프레드니졸론의 림상약물반응 특성에 대
　　한 연구〉.《조선의학》. (1). p. 52. 의학과학출판사.

리기승, 김명수. 2018. 〈형질, 기질, 소질에 의한 고려 4상체질 분류의 객관화를 위한 림상
　　적 연구〉.《고려의학》. (4). pp. 19-20. 의학과학출판사.

리만국, 강원혁. 1998. 〈광량만 류황감탕이 염증에 미치는 영향에 대한 실험 치료학적 연
　　구〉.《조선의학》. (2). p. 24. 의학과학출판사.

리병남. 1956. 〈인민 보건 사업의 개선 강화를 위한 당면 과업〉.《인민》. (11). p. 67. 민주조선사.

리은아, 박금룡. 2022. 〈림상학술용어체계(SNOMED CT)에 침혈정보를 구축하여 고려치
　　료의 정보화를 실현하기 위한 연구〉.《조선의학》. (2). pp. 43-44. 과학백과사전출
　　판사.

리지태. 1993. 〈고려의학적 변증론치의 계산기화를 위한 진단 론리 개발에 대한 연구〉.《주
　　체의학》. (4). pp. 6-8. 과학백과사전출판사.

리지태, 리윤호. 1994. 〈변증론치의 계산기화를 실현한 변증론치체계(Byonjung Ronchi
　　system)에 대하여〉.《주체의학》. (4). pp. 29-30. 과학백과사전출판사.

리찬, 남향민. 2022. 〈인삼복방면역활성 주사약의 항종양 작용을 밝히기 위한 실험적 연
　　구〉.《기초의학》. (3). pp. 39-40. 의학과학출판사.

리철남, 안원모, 전민철. 2006. 〈음성정보를 리용하여 체질분류 방법을 확립하기 위한 연
　　구〉.《조선의학》. (1). p. 46. 의학과학출판사.

리현웅, 김승남. 2023. 〈문진 및 시진에 의한 4상체질 분류에서 류사도추론과 개념자료 해
　　석〉.《정보과학》. (4). pp. 35-37. 과학기술출판사.

림광수. 2019. 〈최근 경락연구에서 널리 리용되고 있는 기술〉.《고려의학》. (4). pp. 63-64.

의학과학출판사.

림광수. 2020. 〈경락연구와 침구연구에서 fMRI 기술의 응용〉. 《고려의학》. (1). pp. 63-64. 의학과학출판사.

림영주. 1965. 〈위대한 공적〉. 《대중과학》. (6). pp. 59-61. 과학지식보급출판사.

림충혁, 라영호. 2022. 〈십전대보주사약의 제조에 대한 연구〉. 《조선약학》. (4). pp. 26-27. 의학과학출판사.

민정남, 신찬재. 2022. 〈신유, 삼음교혈 알라신나노은주사약침이 신우콩팥염에 미치는 영향을 밝히기 위한 실험적 연구〉. 《기초의학》. (1). p. 61. 의학과학출판사.

민주조선편집위원회. 〈각지 온천과 약수에 대한 과학적인 연구〉. 《민주조선》. 1957.2.14. 3면.

민주조선편집위원회. 〈동무공 리제마 탄생 120주년을 기념〉. 《민주조선》. 1957.4.21. 6면.

민주조선편집위원회, 〈자랑스러운 민족유산 '3대 고려의학 고전'〉. 《민주조선》. 1998.2.20. 4면.

민홍기, 강덕도, 리영성. 2004. 〈우리나라 4상의학 문헌들에 씌여진 처방들의 합리적인 분류와 4상인약을 바로 정하기 위한 문헌적 연구〉. 《조선의학》. (2). pp. 7-10. 의학과학출판사.

박명혁, 류성. 2024. 〈관원혈뜸과 프로세미드배합으로 홍문수술후 배뇨장애 치료〉. 《기술혁신》. (9). pp. 49-50. 중앙과학기술통보사.

박미용. 2006. 〈봉한학설의 전개과정과 북한의 정치·사회·과학적 상황〉. pp. 6-9, 66. 서울대학교대학원.

박원일. 2024. 〈장선매몰과 도치료법으로 원형탈모증을 치료〉. 《조선의학》. (1). p. 52. 의학과학출판사.

박위근 외. 1985. 《동의용어해설집》. 과학백과사전출판사.

박윤재, 박형우. 1998. 〈북한의 의학교육제도 연구〉. 《의사학》. 7(1). p. 68. 대한의사학회.

박재봉, 권영재. 2016. 〈4상체질형과 유선증과의 호상관계에 대한 림상적 연구〉. 《소아,산부인과》. (1). p. 23. 의학과학출판사.

박재형, 김옥주, 황상익. 2003. 《북한의 의학교육》. p. 11. 서울대학교출판부.

박준혁. 2022. 〈학생들이 의사, 환자 대역을 진행하는 시험방법을 통하여〉. 《고등교육》. (6). p. 54. 교육신문사.

박철, 림승남. 2019. 〈소화성궤양과 위축성위염의 4상체질 련관성을 밝히기 위한 연구〉. 《고려의학》. (4). p. 24. 의학과학출판사.

박태임. 2024. 〈학생들의 과학연구 활동능력을 높이기 위한 연구형 교수방법〉. 《고등교육》. (4). pp. 40-41. 교육신문사.

백유상. 2009. 〈사상의학이 가진 한국 한의학적 특성에 대한 고찰〉. 《대한한의학원전학회지》. 22(1). p. 141. 대한한의학원전학회.

백유상. 2010. 〈한의학 정체성 논의에 대한 연구〉. 《대한한의학원전학회지》. 23(5). p. 132. 대한한의학원전학회.

백유상. 2017. 〈근현대 한의학 고등교육기관의 교육과정 분석〉. 《대한한의학원전학회지》. 30(4). pp. 127-129, 132, 135, 142. 대한한의학원전학회.

백유상. 2019. 〈조헌영의 생애와 의학사상〉. 《대한한의학원전학회지》. 32(3). pp. 108, 116-117. 대한한의학원전학회.

백유상. 2020. 〈남북 전통의학 협력체계 구축을 통한 한의약 발전 방안 제언〉. 《정책리포트》. 5(2). pp. 97-101. 한국한의약진흥원.

백현우. 2017. 〈의학교육의 질표준에 대한 일반적 리해〉. 《고등교육》. (8). pp. 56-57. 교육신문사.

보건복지부. 2022. 《한방의료이용 및 한약소비실태조사 통계정보보고서》. pp. 106-107. 보건복지부.

북한연구소. 1983. 《북한총람》. p. 1022. 북한연구소.

북한연구소. 1994. 《북한총람》. p. 1289. 북한연구소.

서울대학교의과대학통일의학센터. 2013. 《북한 보건의료 백서》. pp. 166-167. 한국국제보건의료재단.

석영환. 2006. 《북한의 의료 실태》. p. 9. 통일부 통일교육원.

소광섭. 2003. 〈봉한학설에서의 경혈과 경락의 실체〉. 《과학사상》. (11). pp. 79-80. 범양사.

승창호. 1986. 《인민 보건 사업 경험》. pp. 132-133. 사회과학출판사.

신동원a. 2003. 〈1960년대 이후 북한 한의학의 변천과 성격〉. 《한국과학사학회지》. 25(1). pp. 46-47. 한국과학사학회.

신동원b. 2003. 〈해방 이후 북한 한의학의 변천, 1945~1960〉. 《한국과학사학회지》. 25(2). pp. 151-153. 한국과학사학회.

신동원c. 2003. 〈조선총독부의 한의학 정책—1930년대 이후의 변화를 중심으로〉.《의사학》. 12(2). p. 126. 대한의사학회.

신석룡, 윤창수. 2012. 〈수법치료로 위성설사증을 치료하기 위한 림상적연구〉.《내과》. (1). pp. 28-29. 의학과학출판사.

신재용. 1992.《북한 한의학》. p. 64. 동화문화사.

신희영, 안경수. 2017. 〈고등교육에 나타난 북한의 의학교육 현황 분석〉.《통일정책연구》. 26(2). pp. 122-123. 통일연구원.

신희영 외. 2017.《통일 의료—남북한 보건의료 협력과 통합》. pp. 29, 39, 42. 서울대학교출판문화원.

심봉남, 김희오. 2009. 〈족삼리혈에 대한 반도체레이자침자극이 몇 가지 면역기능에 미치는 영향에 대한 연구〉.《기초의학》. (4). pp. 49-50. 의학과학출판사.

안상우, 이경성, 김종덕. 2002.《이제마평전》. p. 317. 한국방송출판.

안윤영, 조은옥. 2025. 〈맥동빛침혈자극기〉.《기초의학》. (1). p. 64. 의학과학출판사.

엄명옥, 김송희. 2017. 〈위생선전이 옥류약수—약물을 배합한 만성감염성세뇨관간질성콩팥염 치료에 미치는 영향에 대한 연구〉.《예방의학》. (3). pp. 35-36. 의학과학출판사.

엄주현. 2024.《북조선 보건의료 체계 구축사Ⅱ (2012~2013)—김정은 정권의 보건의료 발전 전략》. p. 159. 선인.

여인석. 1999. 〈조선 개항 이후 한의의 동태〉.《동방학지》. 104. p. 307. 연세대학교국학연구원.

여인석. 2019. 〈1960년대 북한의 전통의학 연구—사상의학을 중심으로〉.《2019연세의대 인문사회학교실심포지움자료집》. pp. 5, 8-9. 연세대학교의과대학인문사회학교실.

연합뉴스. 〈정상회담 南 참관 北 후보지들은 어떤 곳?〉. 연합뉴스, 2007.9.20. https://v.daum.net/v/20070920153312704(검색일 2025.8.1)

염규현. 2009. 〈다양한 교육 통해 21세기 허준 양성—고려의학은 北 의료인의 필수 교육과정〉.《민족21》. 12. pp. 42-43. 민족21.

오복실. 2000. 〈고려 4상체질형의 뇌파학적 특성〉.《조선의학》. (3). p. 30. 의학과학출판사.

우남철, 윤학남. 2021. 〈고려약 복방제제를 구성하는 처방약재 연구의 최근추세〉.《조선약학》. (1). pp. 68-70. 의학과학출판사.

원려현, 장금련. 2010. 〈십전대보탕과 플루코나졸이 전신 칸디다증 흰 생쥐의 몇 가지 면역기능에 미치는 영향〉.《기초의학》. (3). p. 45. 의학과학출판사.

원항일. 2010. 〈활혈화어 작용이 있는 몇 가지 고려약의 항종양 작용에 대한 연구〉. 《기초의학》. (4). pp. 17-18. 의학과학출판사.

유영구. 〈전통의학 동의학 '외과적 질환까지 치료'〉. 《중앙일보》. 1991.5.29. 9면.

유용상. 1994. 〈항암성 고려약에 대한 실험생물학적 연구〉. 《주체의학》. 2. pp. 15-17. 과학백과사전출판사.

유용상, 리동화, 조성룡. 1995. 〈항암성 고려약 주사제의 복강 내 대량 주입방법에 의한 암성 복수 환자의 치료 성적〉. 《주체의학》. 1. pp. 18-20. 과학백과사전출판사.

유태진, 박철혁, 리철. 2024. 〈몇 개 침혈의 장선매물료법으로 갱년기증후군을 치료〉. 《기술혁신》. (6). pp. 49-50. 중앙과학기술통보사.

윤릉섭. 2016. 〈효과적인 물음 제시방법의 적용〉. 《고등교육》. (3). p. 49. 교육신문사.

윤창열 외. 1998. 《남북한 의료제도의 통합 및 활용방안에 관한 연구(별책부록)》. pp. 5, 14, 155, 165, 177, 187, 359. 한국한의학연구원.

윤창렬. 2004. 《북한의 고려의학 연구》. pp. 170-171, 178-231. 주민출판사.

의학과학출판사. 1960. 〈학계 소식〉. 《조선의학》. 7(4). pp. 51-52. 의학과학출판사.

의학과학출판사. 1961. 〈학계 소식〉. 《조선의학》. 8(1). pp. 46-47. 의학과학출판사.

의학과학출판사. 1962. 〈세계 과학의 보물고에 탁월한 기여를 한 우리나라 의학 과학의 빛나는 성과〉. 《조선의학》. 9(1). pp. 3-4. 의학과학출판사.

의학과학출판사. 2016. 〈올해 고려 의료봉사에서 획기적인 전환을 일으켜 강성국가 건설의 최전성기를 열어 나가는 데 적극 이바지하자〉. 《고려의학》. (1). p. 3. 의학과학출판사.

의학과학출판사. 2017. 〈자력자강의 위력으로 올해 고려의학의 과학화, 현대화에서 새로운 혁명적 앙양을 일으키자〉. 《고려의학》. (1). p. 3. 의학과학출판사.

의학과학출판사. 2018. 〈위대한 당의 령도 따라 혁명적인 총공세로 올해 고려 의료봉사 사업에서 새로운 전환을 일으키자〉. 《고려의학》. (1). p. 3. 의학과학출판사.

의학과학출판사. 2019. 〈고려의학을 과학화하며 고려의료 봉사 수준을 높여 사회주의 문명 건설을 다그치는 데 적극 이바지하자〉. 《고려의학》. (1). p. 3. 의학과학출판사.

이종형. 1977. 〈한국 동의학사〉. 《한국현대문화사대계(Ⅲ)》. p. 296. 고대민족문화연구소.

이충열. 2009. 〈현곡 윤길영의 '한방생리학의 방법론 연구' 재조명〉. 《동의생리병리학회지》. 23(4). p. 752. 대한동의생리학회·한의병리학회.

인민보건사. 1957. 〈한의 기술 일군들의 재등록 및 자격 심사 요강〉. 《인민보건》. (7). p. 66.

인민보건사.

장동준, 박철혁. 2020. 〈근막과 경락〉. 《고려의학》. (2). p. 61. 의학과학출판사.

전국한의과대학사상의학교실. 1997. 《사상의학》. p. 442. 집문당.

전우택, 김신곤 외. 2021. 《한반도 건강공동체 준비(제2판)》, pp. 270-274. 박영사.

전일, 김숙영. 2020. 〈침구경혈도학습―치료지원 프로그람 작성에 대한 연구〉. 《고려의학》. (2). pp. 5-6. 의학과학출판사.

정기룡. 2007. 〈해방 후 한의사 제도 성립 과정〉. pp. 70-71. 경원대학교대학원.

정순철. 2024. 〈침구학 실습에서 가상현실 기술의 적용과 그 효과〉. 《고등교육》. (12). p. 36. 교육신문사.

정혜주 외. 2020. 〈남북한 약전 비교 연구(1)―약전 구성(편집) 및 명칭〉. 《KFDC규제과학회지》. 15(1). pp. 19-64. KFDC규제과학회.

조선의학과학원 동의학연구소 고전연구실. 1964. 《동의처방학》. 의학출판사.

조선의학서적출판사. 1961. 《동의보감》. 조선의학서적출판사.

조선의학출판. 1963. 《동의보감》. 조선의학출판.

조선중앙통신사. 1957. 《조선중앙년감 1957》. p. 104. 조선중앙통신사.

조선중앙통신사. 1961. 《조선중앙년감 1961》. p. 229. 조선중앙통신사.

조선중앙통신사. 1964. 《조선중앙년감 1964》. p. 206. 조선중앙통신사.

조선중앙통신사. 1965. 《조선중앙년감 1965》. p. 170. 조선중앙통신사.

조성균, 차길평. 1993. 〈경락의 물질적 실재를 밝히기 위한 최근 연구 동향〉. 《기초의학》. (4). pp. 55-56. 의학과학출판사.

조영일, 안영근. 2023. 〈고려내과학 과목교수에서 학생들이 주동적인 학습자, 탐구자가 되게 하는 교수수법〉. 《고등교육》. (6). p. 40. 교육신문사.

조옥희. 2006. 〈심전도 유도분석으로 고려 4상체질 분류방법을 확립하기 위한 연구〉. 《조선의학》. (3). p. 22. 의학과학출판사.

조정민. 2005. 〈고려 4상체질에 따르는 B형간염 치료법〉. 《예방의학》. (3). p. 19. 의학과학출판사.

조헌영. 〈동서 의학의 비교 비판의 필요(2)〉. 《조선일보》. 1934.5.4. 특간 3면.

조헌영. 1957. 〈동방 의학의 중요성과 그 발전 전망에 대하여〉. 《조선과학원통보》. (3). pp. 21-25. 조선과학원통보편집부.

주승혁, 김덕윤, 박철홍. 2023. 〈4상체질 분류지원체계의 개발과 그의 효과성에 대한 연구〉. 《조선의학》. (1). pp. 37-38. 의학과학출판사.

주체의학편집위원회. 1995. 〈옥류약수가 실험 고지혈증에 미치는 영향에 관한 연구〉. 《주체의학》. (1). pp. 29-30. 과학백과사전출판사.

주학철, 안태순, 강영근. 2014. 《내과질병의 수법치료》. 인민보건사.

주홍재. 1957. 〈한의학 발전을 위한 몇 가지 문제〉. 《인민보건》. (7). pp. 9-10. 보건성.

지만석. 1994. 〈고려의학 고전에 제시된 음양5행설에 대한 현대과학적 고찰—특히 5행에 대하여〉. 《주체의학》. (1). pp. 9-13. 과학백과사전출판사.

지만석, 박태제, 고정부. 1985. 〈동의학의 원리에 관한 몇 가지 리론적 연구(1)〉. 《주체의학》. (2). pp. 3-5. 과학백과사전출판사.

지만석, 지성광. 2002. 《고려의학원리》. pp. 3, 9-17. 과학백과사전출판사.

차진헌. 1984. 《실용동약학》. 과학백과사전출판사.

채도현, 서금숙. 1999. 〈고려약과 신약 병합에 의한 결절성 갑상선종 치료에 대한 림상적 연구〉. 《조선의학》. (3). p. 35. 의학과학출판사.

채만수. 1994. 《침구처방학》. 과학백과사전종합출판사.

천은주, 전의성. 2012. 《가정에서 고려약 활용》. 의학과학출판사.

최광철. 2007. 〈다매체 편집물을 만들어〉. 《고등교육》. (1). p. 51. 교육신문사.

최기봉, 한계영. 2013. 〈먼적외선 음압한증료법이 고지혈증에 미치는 영향에 대한 림상적 연구〉. 《내과》. (2). pp. 12-13. 의학과학출판사.

최득룡, 김숙영. 2016. 〈침혈진단의 정보화에 대한 연구〉. 《고려의학》. (2). pp. 4-5. 의학과학출판사.

최선영. 〈北 고려의학병원 최고 한의학연구 단지〉. 연합뉴스. 2001.5.9. https://www.tongilnews.com/news/articleView.html?idxno=6599(검색일 2025.8.1.)

최선주. 2005. 〈북한의 주체의학에 관한 연구—특징과 형성 및 전개과정을 중심으로〉. pp. 7, 12, 14-15, 20-21, 26-27, 35-36, 42, 48-63. 이화여자대학교대학원.

최영주, 최명진. 2010. 〈명문혈에 대한 저출력반도체레이자자극이 뇌하수체, 신상선피질에 미치는 영향〉. 《기초의학》. (3). pp. 45-46. 의학과학출판사.

최원석. 1966. 〈사상의학을 더욱더 발전시키자〉. 《동의학》. (1). p. 1. 동의학편집부.

최정도, 백학양, 량덕일. 2007. 〈새로운 컴퓨터침혈진단장치의 특성〉. 《기초의학》. (4). p.

32. 의학과학출판사.

최창석. 1963. 〈경락 계통의 발견은 현대 생물학과 의학에서의 일대 혁명이다〉.《근로자》. (24). pp. 4-8. 근로자사.

최창수. 2014. 〈고려의학 과목교수에 현대의학 자료를 안받침하여〉.《고등교육》. (1). p. 67. 교육신문사.

최태섭. 1983.《보약》. 과학백과사전출판사.

최혁, 문순결. 2023. 〈삼음교혈에 대한 맥동빛자극이 음릉천혈부위의 조직산소분압 및 심부온도에 미치는 영향을 밝히기 위한 실험적 연구〉.《기초의학》. (1). p. 10. 의학과학출판사.

최현준, 리덕윤. 2018. 〈콤퓨터렌트겐화상으로 4상체질을 분류하기 위한 연구〉.《고려의학》. (2). p. 18. 의학과학출판사.

최희란. 2020. 〈남북한 의사 양성체계 비교에 관한 연구—북한 출신 의사의 한국 의사면허 취득에 관한 질적 다방법 연구 과정을 중심으로〉. p. 68. 서울대학교대학원.

표광호, 리복희, 김명희. 1996. 〈4상체질형과 몇 가지 유전인자들의 호상관계에 대한 림상 생리적 연구〉.《주체의학》. 3. pp. 12-14. 과학백과사전출판사.

한구영. 〈한방 의학 및 생물학 연구에서의 새로운 과학적 발견〉.《로동신문》. 1961.12.5. 1면.

한라은. 2018. 〈한의약육성법 제정이 한의약 정책에 미친 영향〉. p. 59. 원광대학교대학원.

한정우, 리승철. 2003. 〈고려약 처방 구성을 위한 개별적 고려약들의 효과 판정에 대한 연구〉.《조선의학》. (3). pp. 37-39. 의학과학출판사.

한표남. 1957. 〈우수한 약학 부문 기술 일군 양성을 위하여〉.《인민교육》. (7). pp. 70-72. 교원신문사.

현금성, 원금성. 2022. 〈정혈부위에서의 생물전기량 특성 검토에 의한 4상인 체질분류〉.《기술혁신》. (4). pp. 53-55. 중앙과학기술통보사.

황상익. 2006.《1950년대 사회주의 건설기의 북한 보건의료》. pp. 77, 97. 서울대학교출판부.

황상익, 김수연. 2007. 〈해방 전후부터 정부 수립까지(1945~1948년) 북한 보건의료〉.《의사학》. 16(1). pp. 46, 62. 대한의사학회.

Kwang-Sup Soh, Kyung A. Kang, Yeon Hee Ryu. 2013, "50 Years of Bong-Han Theory and 10 Years of Primo Vascular System". *eCAM* 2013. pp. 1-2. Hindawi Publishing Corporation.

7장

보건의료 용어의 통합 관리를 위한
분류 체계 시고
– 남북 외과 용어 데이터베이스를 중심으로

김숙정 고려대학교 국어국문학과에서 박사학위를 받고, 현재 호남대학교 교양대학 교수로 재직 중
이다. 저서로 《명사 구성 합성어의 의미 구조》(2021)가 있고, 논문 〈잠 관련 상징부사의 의
미 구조 연구〉(2023) 등을 발표했다. 의미론 연구와 더불어 남북 보건의료 용어 데이터베이
스 구축 및 용어집 발간 연구에 관심이 있다.

도원영 고려대학교 국어국문학과에서 박사학위를 받고, 고려대학교 민족문화연구원 교수로 재직하
고 있다. 현재 겨레말큰사전남북공동편찬사업회 남측편찬위원회, 국립국어원 국어규범정비
위원회 위원을 맡고 있다. 의학자들과 함께 《남북의료용어집-내과》(2021), 《남북감염학용
어집》(2021) 《남북의료용어집-외과》(2025) 편찬 사업에 참여하였다.

오남기 성균관대학교 의학과에서 박사학위를 받고, 현재 삼성서울병원 외과에서 간이식·간암 수
술을 하고 있다. 북한 외과 학술지를 분석한 연구 〈Characteristics and Distribution of
Surgical Diseases in North Korean Research Papers Published between 2006 and
2017〉(2021)을 공동으로 수행하였다.

1. 서론

이 연구의 목적은 보건의료 용어 데이터베이스의 효율적인 활용을 위해 필요한 용어 분류 체계를 제안하고, 분류 체계 적용 과정에서 제기되는 문제와 해결 방법을 남북 외과 용어를 중심으로 살펴보는 데 있다.

남북한 보건의료 체계와 용어도 다른 모든 분야와 마찬가지로 단절된 채 각기 발전해 왔다. 그 차이는 진료, 의학 연구, 의약품 관리 등의 실무적 협력이 성사될 때가 되어야 확인되고는 한다. 서로 다른 체계와 표현 수단은 언어적 문제를 넘어 행정이나 정책 차원의 실질적인 문제로 이어질 수 있다. 그렇기에 남북 의료 협력의 효율성과 안정성을 확보하기 위해서는 상호 이해 가능한 형태로 보건의료 용어를 확보하고 통합하여 관리하는 작업이 선행되어야 한다.

남북 교류의 제약과 그로 인한 지원 축소 같은 연구 환경의 제약에도 불구하고, 남북 보건의료 용어 연구는 꾸준히 진행해 왔다. 그러나 대조와 대응에 집중되어, 체계적이고 구조적인 접근은 부족한 실정이다. 안정적인 지원 없이 산발적으로 연구를 진행하였기에 당연한 결과라 할 수 있다. 그로 인해 용어집 형태의 결과물은 축적되었으나, 연구 성과 간의 연계성을 파악하거나 더 나아가 새로운 연구에 적용하는 데까지는 이르지 못하였다.

이 논문에서는 남북 보건의료 용어의 통합 관리를 위해 분류 체계 설정이 필수적이라는 점을 강조하고자 한다. 분류 체계는 유개념의 외연에 포함된 종개념을 구분하여 구조적으로 정리하는 방식을 말한다. 이는 용어 간의 구조적 관계를 명확히 드러내어 주므로 학술 연구뿐만 아니라 교육, 산업 등 다양한 영역에서 활용하는 데도 필수적이다. 먼저 보건의료 분야의 분류 체계 연구 성과를 살펴보고, 이를 바탕으로 보건의료 용어를 위한 분류 체계를 제안할 것이다. 그리고 남북 외과 용어 분류 과정에서 제기될 수 있는 문제를 구체적으로 살펴보고자 한다.

2. 보건의료 분야의 분류 체계

현대 보건의료 분야는 국제적인 수준의 체계적인 시스템 내에서 운영된다. 그로 인해 의료 정보의 정량화, 체계적인 연구와 교육, 이를 반영한 행정적 지원 등이 가능하다. 국민건강보험 제도를 운영하는 데 활용되는 한국표준질병·사인분류(Korean Classification of Diseases, KCD), 건강보험요양급여비용코드 등이 대표적인 예다. 이들은 보건의료 분야에서 유의미한 개념 단위를 추출하고 각각에 코드를 부여한 것으로, 일관성 있는 진단과 처방에 활용된다. 특히 의료진의 진단과 약물 처방을 포함한 처치, 보험 체계와 연계를 통한 지원 등을 통합적으로 관리하는 토대가 된다.

2.1. 보건의료 현장에서 활용되는 분류 체계

(1) 한국표준질병·사인분류

KCD는 질병과 사인을 그 특성에 따라 계통적으로 분류한 국가표준 분류 체계다. 국제표준질병·사인분류(International Classification of Diseases, ICD)를 한국의 현실에 맞게 수정한 것으로 통계청과 질병분류정보센터(KOICD)가 관리한다. 현재는 2020년 개정한 KCD-8을 사용하고 있다. 의학 전 분야를 22개 대분류로 나누고, 각각을 세분류하는 방식이다. 22개 대분류는 다음과 같다.

가. KCD 대분류

- A00-B99 I. 특정 감염성 및 기생충성 질환
- C00-D48 II. 신생물
- D50-D89 III. 혈액 및 조혈기관의 질환과 면역 메커니즘을 침범한 특정 장애
- E00-E90 IV. 내분비, 영양 및 대사 질환
- F00-F99 V. 정신 및 행동 장애
- G00-G99 VI. 신경계통의 질환
- H00-H59 VII. 눈 및 눈 부속기의 질환
- H60-H95 VIII. 귀 및 유돌의 질환
- I00-I99 IX. 순환계통의 질환
- J00-J99 X. 호흡계통의 질환
- K00-K93 XI. 소화계통의 질환
- L00-L99 XII. 피부 및 피하조직의 질환
- M00-M99 XIII. 근골격계통 및 결합조직의 질환
- N00-N99 XIV. 비뇨생식계통의 질환
- O00-O99 XV. 임신, 출산 및 산후기
- P00-P96 XVI. 출생 전후기에 기원한 특정 병태
- Q00-Q99 XVII. 선천기형, 변형 및 염색체이상
- R00-R99 XVIII. 달리 분류되지 않은 증상, 징후와 임상 및 검사의 이상 소견
- S00-T98 XIX. 손상, 중독 및 외인에 의한 특정 기타 결과
- V01-Y98 XX. 질병 이환 및 사망의 외인
- Z00-Z99 XXI. 건강상태 및 보건 서비스 접촉에 영향을 주는 요인

- U00–U99 XXII. 특수 목적 코드
- U22–U98 XXIII. 한의분류

이 체계는 의무 기록 작성, 건강보험 청구, 국가 통계 구축 등에서 핵심적인 기준으로 기능한다. 예를 들어 의료진이 환자의 증상을 '간성 혼수가 있는 A형 간염'으로 진단한다면 의료 전산 시스템에 코드 'B15.0'로 기록하고, 이 코드를 바탕으로 이후 치료와 지원 행위가 연계되는 방식이다. 분류표는 질병분류정보센터 홈페이지(https://www.koicd.kr/kcd.do)에서 검색할 수 있다.

(2) 건강보험요양급여비용코드

건강보험요양급여비용코드는 진료 현장에서 이루어지는 다양한 의료행위를 규정하고, 그 비용을 청구하기 위해 마련한 체계다. 수술, 검사, 처치, 진료, 관리 등의 개념뿐 아니라 실제 사용하는 도구명까지 포함하며 KCD와 연계하여 활용한다. 건강보험요양급여비용코드에서 규정한 행위 급여 목록의 유형은 아래와 같다.

나. 건강보험요양급여비용코드 행위 급여 목록

- 기본진료료
- 검사료
- 영상진단 및 방사선치료료
- 투약 및 조제료
- 주사료
- 마취료
- 이학요법료
- 조산료
- 보건기관의 진료수가
- 한방 검사료
- 한방 시술 및 처치료
- 약국 약제비
- 전혈 및 혈액성분제제료
- 입원환자 식대

- 정신요법료
- 처치 및 수술료
- 치과 처치·수술료

- 치과의 보철료
- 응급의료수가
- 치과의 교정치료료

(3) 국제 표준 임상 용어 체계(Systematized Nomenclature of Medicine—
Clinical Terms, SNOMED CT)

임상소견, 증상, 진단, 처치, 신체 구조, 약물, 기기 등 의료 전반의 개념 단위를 전산화한 체계다. 자동 분류와 다국어 매핑이 가능하며, 전자 건강 기록과 연계할 수 있도록 구축된 국제 표준 체계로 80여 개국에서 사용한다. 보건의료정보표준관리(HINS) 홈페이지(https://www.hins.or.kr/menu/viewMenu.do)에서 검색할 수 있다.

다. SNOMED CT의 대분류

- 임상소견(clinical finding)
- 진단(diagnoses)
- 신체 구조(body structures)
- 기타 병인(other etiologies)
- 약재(pharmaceuticals)
- 검체(specimens)

- 증상(symptoms)
- 처치(procedures)
- 유기체(organisms)
- 물질(substances)
- 기기(devices)

2.2. 의학의 학술 표준 분류

한국연구재단은 연구비 지원과 학문적 연구 성과의 집계를 위해 학술 표준 분류 체계를 제시하고 있다. 대범주인 의약학 분야는 39개 중범주로 하위분류 한다. 해당 분류는 학문 간의 명확한 구분을 목표로 하여 학술 연구와 교육 체계의 범주로 쓰이면서 의료와 연계된 분과를 포함하고 있다.

라. 한국연구재단 학술 표준 분류(2023): 의약학의 하위분류

• 의학일반	• 산부인과학	• 재활의학
• 해부학	• 정신과학	• 물리치료학
• 생리학	• 정형외과학	• 작업치료학
• 생화학	• 신경외과학	• 신경과학
• 병리학	• 흉부외과학	• 임상병리학
• 약리학	• 성형외과학	• 가정의학
• 미생물학	• 안과학	• 응급의학
• 기생충학	• 임상안광학	• 치의학
• 예방의학/직업환경	• 이비인후과학	• 수의학
• 의학	• 피부과학	• 간호학
• 면역학	• 비뇨기과학	• 한의학
• 내과학	• 방사선과학	• 약학
• 일반외과학	• 마취과학	• 기타의약학
• 소아과학		

지금까지 실용적인 보건의료 분류 체계가 구축되어 있으며, 실제 활용 중이라는 것을 확인하였다. 앞서 예를 들었던 KCD 코드 'B15.0: 간성 혼수가 있는 A형 간염'을 다시 살펴보자. 다음은 '간성 혼수' 검색 결과다.

	코드	한글
1	B15.9	間 **간성 혼수가** 없는 A형간염
2	B15.0	間 **간성 혼수가** 있는 A형간염
4	B19.9	間 **간성 혼수가** 없는 상세불명의 바이러스간염
5	B19.0	間 **간성 혼수가** 있는 상세불명의 바이러스간염

이상의 체계를 보건의료 용어 데이터베이스에 그대로 적용하는 것은 불가능하다. 병인과 증상으로 구성된 통사적 구성으로, '용어성'이 떨어지기 때문이다. 보건의료 용어 데이터베이스를 구축한다면 코드 규정어 '간성 혼수가 있는 A형 간염'을 그대로 수록하는 것이 아니라, '간성 혼수'와 'A형 간염'을 추출하여 수록해야 한다.[1] 그렇기에 한국어 번역의 문제를 차치하더라도, 보건의료 용어 데이터베이스를 구축하기 위해서는 보건의료 용어로서 유의미한 단위의 용어 추출, 추출된 용어에 부여할 수 있는 별도의 분류 체계 설정이 필요하다. 의학의 개념 체계가 아니라, 용어를 중심으로 하는 분류 체계가 연구되어야 한다는 뜻이다.

3. 보건의료 용어의 분류를 위한 기준

보건의료 용어를 위한 별도의 독자적인 분류 체계를 설정하는 데 초점을 둔 연구도 있다. 2005년 한국한의학연구원은 통계청의 지원을 받아, 한의학

---

[1] '간성 혼수'는 질병으로 나타나는 증상을 가리키는 용어로, 〈그림 1〉에 보이듯이 관련된 질병을 가리키는 코드에서 중복적으로 발견되는 중요한 개념이다. 아래는 표준국어대사전에 나오는 '간성 혼수(肝性昏睡)' 뜻풀이다.
　[의학] 간의 병 때문에 간세포가 많이 죽거나 약해져서 간 기능 상실이 생겨 정신이 혼미해지는 증상. 간병(肝病)의 말기에 자주 나타난다.

의 개념 단위를 분류하는 체계를 연구한 바 있다. 한의학 고유의 개념 틀을 활용하였는데 분류 체계는 아래와 같다.

〈표 1〉 한의학 용어 분류 체계 시안(한국한의학연구원 2005: 3-1)

대분류	중분류	대분류	중분류
기초이론 (基礎理論)	형체(形體)	진단(診斷)	망진(望診)
	장상(臟象)		문진(問診)
	음양오행(陰陽五行)		문진(聞診)
	정신기혈진액(精神氣血津液)		맥진(脈診)
	병인(病因)		안진(按診)
	병기(病機)	치료(治療)	치료원칙(治療原則)
의사문헌 (醫史文獻)	의가(醫家)		본초(本草)
	의적(醫籍)		방제(方劑)
	의사제도(醫史制度)		경혈(經穴)
변증(辨證)	육경변증(六經辨證)		침구(鍼灸)
	장부변증(臟腑辨證)		재활추나(再活推拿)
	팔강변증(八剛辨證)		기공양생(氣功養生)
	기혈진액변증(氣血津液辨證)		사상체질(四象體質)
	위기영혈변증(衛氣營血辨證)	임상병증 (臨床病證)	내과(內科)
			부인과(婦人科)
			소아과(小兒科)
			오관과(五管科)
			피부외과(皮膚外科)
			신경정신과(神經精神科)

한의학은 인체를 유기적 전체로 보고, 기(氣), 혈(血), 음양(陰陽), 오행(五行) 등의 개념을 통해 신체의 조화와 균형 상태를 유지하고자 한다. 그러나 현대 의학은 해부학과 생리학을 바탕으로 원인과 발생 위치에 따라 질병을 개념화한다. 그렇기에 한의학과 현대 의학은 개념 구조와 진단, 치료 체

계에서 근본적인 차이를 보여 현대 보건의료 용어 데이터베이스에 적용 가능한 분류 체계를 설정하는 데 그대로 적용하기에는 어려움이 있다. 이에 본 연구진은 현대 보건의료 용어 데이터베이스에 적용 가능한 분류 체계를 설정하기 위해 그간 현대 보건의료와 한의학 분야의 성과를 반영하여 '진료과'와 '의료 스크립트'를 분류 기준으로 활용하였다.

첫째, 진료과 기반 분류는 일반인이 보건의료계에 접근할 때 활성화되는 개념 체계다. 그간 남측의 의학자와 국어학자가 모여 2020년 내과 용어, 2021년 감염내과 용어, 2023년부터 현재까지 외과 용어에 대한 데이터베이스를 구축하고 용어집을 발간하는 작업을 진행해 왔다. 각각의 연구 성과는 보건의학 용어 데이터베이스로 통합 관리되는데, 이때 각 용어의 진료과 분류 정보에 '내과/감염내과, 외과, 기타 과'를 표시하였다. 연구 성과가 축적되면 대분류뿐만 아니라 '흉부외과, 신경외과, 정형외과' 등과 같이 세분화한 정보를 부여할 수 있을 것이라 기대한다. 아래는 보건복지부에서 고시한 진료 분야와 진료과의 구분이다.

〈표 2〉 상급종합병원, 종합병원, 치과대학부속치과병원 및 한방병원의 진료 분야 구분 (보건복지부 고시 제2017-106호 6)

진료 분야	진료과
내과 분야	내과, 정신건강의학과, 신경과, 결핵과, 영상의학과, 방사선종양의학과, 가정의학과, 직업환경의학과, 병리과, 진단검사의학과, 핵의학과, 예방의학과
외과 분야	외과, 흉부외과, 신경외과, 정형외과, 성형외과, 재활의학과, 마취통증의학과, 응급의학과
산·소아청소년 분야	산부인과, 소아청소년과
안·이비인후과 분야	안과, 이비인후과
피부·비뇨의학과 분야	피부과, 비뇨의학과
치과	치과
한의학	한의과

둘째, 의료 스크립트 기반 분류는 진료의 흐름에 따라 의료 용어를 구분하는 방식이다. 박주원·김숙정·도원영(2021)은 보건의료 스크립트를 '증상 자각 → 진단 → 치료'의 구조로 분석하고, 이 과정에서 병인, 증상, 진단, 치료, 예방 등 각 단계에 해당하는 전문용어가 사용된다고 설명하였다. 예컨대 감염성 질환의 경우 병인 '바이러스', 증상 '발열', '기침', 진단 'PCR 검사', 치료 '항바이러스제', 예방 '백신 접종'의 용어가 사용되는 식이다. 《남북의료용어집-내과》(2021)에서는 '상병,[2] 검사, 처치,[3] 수술'의 4종 분류를 사용하였고, 《남북감염학용어집》(2021)에서는 '병인, 증상, 상병, 진단, 치료, 예방'의 6종 분류를 사용하였다. 분야에 따라 용어의 세분화·전문화 양상을 반영한 결과다.

4. 남북 외과 용어 분류의 실제

외과 용어 분류는 아래의 단계로 진행하였다.

〈그림 2〉 외과 용어 분류 과정

시범 분류	1차 분류 : 국어학 용어 전문가	2차 분류 : 외과학 전문가
• 분류 대상: 무작위 선정 목록(500개) • 분류 체계: 병인, 증상, 상병, 진단, 치료, 예방, 해부 • 분류상 논점 정리	• 분류 대상: 용어집 수록 1차 선정 목록(6,391개) • 분류 체계: 병인, 증상, 상병, 진단, 치료, 해부, 진료과 • 분류 정보의 체계화에 집중	• 분류 대상: 용어집 수록 2차 선정 목록(6,263개) • 분류 체계: 병인, 증상, 상병, 진단, 치료, 해부, 진료과 • 분류 정보의 정밀화에 집중

---

2 '상병'은 병원체에 의한 질병뿐만 아니라 물리적인 충격으로 발생한 상처까지 포함하고자 선택한 용어다.

3 환자에게 가하는 모든 개입으로, 영어 용어로는 'intervention'에 해당한다. intervention은 최근 혈관을 이용한 치료와 중재 시술에 한해 좁게 사용되기도 한다.

4.1. 시범 분류

외과 용어의 의료 스크립트 분류 체계 가안은 《남북감염학용어집》에 '해부'를 추가하는 것으로 출발하였다. 외과는 인체의 구조적 실체를 직접 다루는 분야이기 때문에 다른 분야에 비해 해부학 용어가 차지하는 위상이 큰 편이다. 이에 '병인, 증상, 상병, 진단, 치료, 예방, 해부'의 7종 분류를 시도하였다.

이 분류 기준을 무작위로 선별한 일부 용어에 적용하여 시범 작업을 한 뒤 연구진이 모여 예상되는 문제점을 확인하였다. 시범 분류 후 논의에서 가장 중요하게 다루어진 문제는 예방 범주의 유지 여부였다. '백신, 면역, 소독' 등은 감염병의 발생 자체를 차단하기 위한 개념을 나타내는데, 감염학에서는 별도의 범주로 분류해야 할 만큼 핵심적인 용어로, 《남북감염학용어집》에 실린 2,845개 용어 중 225개(7.91%)가 예방 범주에 속한다. 그러나 외과학의 주된 관심은 수술을 포함한 치료에 있다. 수술 후 관리나 감염성 합병증 방지 측면에서 예방에 속하는 용어가 사용되기는 하지만, 이 용어는 '병인'이나 '치료'의 범주로도 볼 수 있다. 이 문제는 예방 범주에 속하는 용어의 비중을 바탕으로 재평가하기로 하였다.

4.2. 1차 분류

1차 분류는 국어학을 전공한 용어 전문가가 사전의 기술 내용을 참고하며 진행하였다. 외과학 전문가의 분류 작업에 앞서 국어학 용어 전문가가 1차 분류 작업을 진행한 것은 효율성을 고려한 선택이었다. 분류는 지식 체계를 반영한 결과로, 모든 연구자가 완전히 동의할 수 있는 분류 결과를 도출하는 것은 불가능하다. 용어 데이터베이스의 관리와 활용을 위한 최선의 분류 결과에 합의한다는 것이 적절한 표현이다.

해당 분야의 전문적인 정보를 구체적으로 알수록 하나의 답을 선택하기 어려울 때가 많은데, 외과 용어에 대해 범주를 판정하는 일 역시 그러하다. 이에 국어학자가 용어의 형식과 각종 사전의 의미 정보를 바탕으로 분류를 진행한 뒤, 2차 분류에서 외과학 전문가가 해당 결과의 적절성을 판정하는 방식을 선택하였다.[4]

결과의 일관성을 확보하고자 후행 음절을 기준으로 용어를 정렬한 뒤 분류하였다. 예를 들어 '결석'을 상병으로 분류하면 '간 결석, 관절 결석, 무증상 결석, 방광 결석 등'도 함께 검색하여 분류하는 방식이다.

4.2.1. '예방' 범주 제외

1차 분류 이후, 외과 용어 6,391개 중 예방 관련 용어가 53개(0.83%)로 매우 적은 것을 확인하였다. 이에 예방을 제외한 분류 체계를 적용하여 해당 용어를 재분류하였다.

〈표 3〉 예방 범주의 재분류

용어	재분류
간접감염, 감염, 감염경로, 감염기, 감염력, 감염성, 건강보균자, 단순확산, 세균 오염 등	병인
면역학, 신경면역학, 화학면역학	진료과
BCG 접종, 면역접종, 무균, 무균 소독, 바이러스 살균제, 생백신, 예방접종, 재접종, 항균물질	치료

---

[4] 도원영(2025: 20)은 전문용어 사전에서 용어에 대한 정확한 기술을 위해 분야 전문가와 언어 전문가의 협업이 필요하다는 점을 국내외 사례를 들어 강조하였다.

해방 이후 민족 공통성 유지와 분화의 80년

'간접감염, 건강보균자, 세균 오염' 등은 병인으로 분류하였다. '단순확산, 잠복기'는 질병의 원인적 경로나 병리적 경과를 설명하므로 병인으로 귀속하는 것에 무리가 없다고 판단하여 모두 병인으로 분류하였다.[5] '면역학, 신경면역학, 화학면역학'은 진료과로 분류하였다. 치료로 분류하는 것도 고민하였으나, 면역학은 치료 방법이 아니라 치료의 기전을 연구하는 분야이므로 전공으로 보아 진료과로 분류하였다. 'BCG 접종, 무균 소독, 바이러스 살균제, 생백신' 등은 치료로 분류하였다.

4.2.2. '치료' 범주의 세분

치료로 범주화된 용어에는 수술, 시술, 약물, 도구 등이 포함되어 있다. 외과는 몸의 상처나 질병을 수술이나 그에 준하는 방법으로 치료하는 의학 분야로, 관련 용어가 상당히 분화되어 쓰이고 있다.[6] 6,391개 용어 중 1,276개 (19.97%) 용어가 치료로 분류되었다. 이에 치료에 속하는 용어를 수술, 시술, 약물, 도구로 나누어 재분류하였다.

치료는 시술과 수술을 아우르는 용어로 대범주명으로 선택하고,[7] 시술과 수술은 소범주명으로 사용하였다. 수술은 절개를 동반하거나 깊이 침습하는 처치를 말하고, 시술은 비교적 비침습적이거나 국소적인 처치를 말한다. 그렇기에 수술은 전신마취나 척수마취가 필요하나, 시술은 국소마취나 진정 요법으로도 시행이 가능하다.

문제는 수술과 시술을 구분할 수 없는 용어가 상당하다는 것이다. 예를 들어 '결석 제거술'은 절개하여 결석을 제거하는 행위뿐만 아니라, 체외 충

---

[5] '단순확산'은 병리학에서는 감염이나 염증, 종양 세포 등이 국소적으로 확산하는 기전을, '잠복기'는 병원체가 체내에 들어온 후 증상이 나타나기 전까지 시간을 말한다.
[6] 《남북감염학용어집》에서 치료 용어가 155개(5.49%) 발견되는 것과 비교된다.
[7] 동위의 개념으로 '처치'도 널리 쓰인다.

격파 쇄석술(ESWL)과 같이 비침습적인 행위도 아울러 지시하는 용어다. 실제 외과학 교과서에서도 일관되게 정의하지 않고 시술과 수술을 혼용하는 예가 상당하다. 다수의 연구자가 각자 용어를 분류한 뒤, 분류 결과가 일치하지 않는 용어를 '수술/시술'이라는 제3의 범주로 구분하였다.

<표 4> 치료의 하위 범주

소범주	용어
수술	가로절단, 가슴막 박리, 가슴막 절개, 가슴절개술, 간담관 공장 연결, 간 봉합, 간이식, 간 절제, 개두 등
시술	BCG 접종, 가슴막천자, 감압, 강내 방사선 요법, 거미막밑 마취, 경구삽관, 교정, 교환수혈, 구강외영양 등
수술/시술	간 결석 제거, 갑상 성형, 개방배액, 교감신경 차단, 난관결찰, 데브리망, 봉합, 천공술 등
도구	감는붕대, 거즈, 견인기, 겸자, 국소피판, 기구, 깔때기, 다루개, 도관, 레이저, 면망사, 베레스바늘, 봉합고정드레싱 등
약물	각성제, 결핵약, 글루칸, 네비라핀, 다나졸, 민감화주사, 생리식염수, 생백신, 엽산 등

약물과 도구는 소수이기는 하지만 진단 범주에서도 확인된다. 소범주가 설정되면 치료의 약물과 진단의 약물을 '약물' 범주로 묶어 연구하거나 활용하는 것이 가능해진다. 이에 진단에 대해서도 도구와 약물의 소범주를 분류하여 해당 정보를 데이터베이스에 수록하였다.

4.2.3. '진료과' 범주의 설정

외과 용어 데이터베이스에는 '진단학, 해부학'을 비롯하여 '마취과학, 내분비학'과 같은 진료과명/전공명이 다수 포함되어 있다. 분류 작업 후, 이들 용어의 규모가 독립된 범주의 자격을 부여할 정도가 되며(54개), 의료 스크립트 측면에서도 환자가 자신이 느낀 증상을 바탕으로 진료과를 선택하는 과정이 포함되는 것이 자연스럽다고 판단하여 해당 범주를 분류 체계에 포함하였다. 단, 범주명으로 여러 단어가 나열된 형식보다 하나의 단어가 적합하다고 판단하여 '진료과'를 범주명으로 선택하였다.

이상의 용어 외에 분류가 모호한 일부 용어가 남았다. 먼저 '고혈압환자, 당뇨병환자, 중환자, 출혈경향자, 출혈 체질, 혈우병환자, 환자' 등이 있었다. 용어의 규모를 고려할 때 별도의 범주명을 설정하는 것이 용어집 편찬과 활용 관점에서 유의미하지 않다고 판단하였다. 각 용어는 진단 뒤에 부여받는 명칭이므로 상병으로 분류하였다. 다음으로 '중복'과 '건강보험'이 있었다. '중복'은 여러 질환 또는 증후군이 동시에 존재하거나 겹치는 임상적 상태를 나타내고, '건강보험'은 진단에 따라 부여된 상병명을 기준으로 운영되므로 모두 상병으로 처리하였다. 1차 분류 결과는 아래와 같다.

〈표 5〉 1차 분류 결과

대분류	소분류	개수
해부		1,676
병인		135
증상		347
진단 (504)	일반	468
	도구	35
	약물	1
상병		2,397
치료 (1,278)	도구	98
	수술	726
	시술	247
	수술/시술	94
	약물	113
진료과		54
합계		6,391

4.3. 2차 분류

2차 분류는 외과학 전문가가 1차 분류 결과를 검토하는 방식으로 진행하고 있다. 국어학 용어 전문가의 분류에는 정밀성의 한계가 있을 수 있으므로, 이 점을 보완하는 단계다. 특히 소범주의 분류는 2차 분류에서 새로운 논점이 제기될 것이라 예상된다. 실제로 시범 분류와 1차 분류에서 '증상'은 '징후(sign)'와 '증상(symptom)'으로 구분할 수 있는데, '증상' 하나로 묶는 것이 적절한가에 대한 문제 제기가 있었다. 이러한 쟁점은 외과학 전문가 외에도 보건의료 전문가의 논의와 자문을 통해 결정되어야 한다.

5. 결론

이 연구에서는 남북 의료 용어의 통합 관리에 필요한 분류 체계 설정 문제를 논의하였다. 분류 체계에 기반한 용어 데이터베이스는 의료 현장에서 원활한 의사소통을 도모할 뿐 아니라, 학술 교류의 정확성과 효율성을 높이며, 장기적으로는 통일 이후 의료 인프라 통합을 준비하는 데 핵심적인 역할을 할 수 있다.

향후 연구에서는 분류 체계의 적용 범위를 확대하고, 남북 각각의 용어 체계와 실제 의료 현장의 언어 사용 실태를 더욱 정밀하게 분석할 필요가 있다. 또한 의료 교육과 연구, 정책 수립 등 다양한 분야에 특화된 하위 분류 체계 개발과 용어 정비 작업이 병행되어야 하며, 인공지능 기반 언어 처리 기술을 활용한 자동 분류 및 번역 시스템 구축에도 활용 가능한 결과물이 도출되어야 할 것이다.

해방 이후 민족 공통성 유지와 분화의 80년

참고 문헌

김영훈. 2018. 〈보건·의료 분야의 남북 전문용어 연구 현황과 과제〉. 《제15차 남북 언어 통합을 위한 국제학술회의 발표자료집》. 국립국어원.

김영훈. 2019. 〈남북 의료 통합을 위한 과제: 《남북의학용어사전》 편찬 사업〉. 《'남북의학용어사전' 편찬 사업 추진을 위한 포럼 발표 자료집》. 남북보건의료교육재단.

김영훈 외. 2020. 《남북의료용어집 발간 연구》. 건강보험심사평가원.

도원영. 2025. 〈전문용어의 사전학적 쟁점과 과제―전문용어에 대한 사전 기술에 나타난 문제와 해결 방향을 중심으로〉. 《한국어학》. 107. pp. 1-29. 한국어학회.

도원영, 김영훈. 2023. 〈남북 의학 용어 통합의 현황과 과제〉. 《북한 보건의료 연구와 교류 협력》. 고려대학교 출판문화원.

도원영, 박주원, 하신, 김숙정. 2025. 〈남북 감염학 용어의 언어적 분석과 향후 연구의 시사점―《남북감염학용어집》을 중심으로〉. 《인문학연구》. 63. pp. 7-36. 경희대학교 인문학연구원.

박주원, 김숙정, 도원영. 2021. 〈남북 의료용어 데이터베이스 구축의 쟁점과 실제〉. 《한국사전학》. 38. pp. 136-166. 한국사전학회.

하신, 이요한. 2018. 〈북한 내과 학술지 논문에서 다루어진 질환들의 분포〉. 《보건사회연구》. 38(2). pp. 589-610. 한국보건사회연구원.

건강보험심사평가원. 2017. 《요양급여비용 청구방법, 심사청구서·명세서서식 및 작성요령》.

고려대학교. 2021. 《남북감염학용어집》. 통일부.

고려대학교. 2021. 《남북의료용어집-내과》. 건강보험심사평가원.

공공수가정책실 수가개발부. 2024. 《건강보험요양급여비용》. 건강보험심사평가원.

(재)한국보건의료정보원. 2017. 《SNOMED CT 스타터 가이드》.

한국한의학연구원. 2005. 《한의학 용어 분류 체계에 대한 연구(최종보고서)》. 특허청.

통계청. 2020. '한국표준질병·사인분류'. https://www.koicd.kr/kcd.do.

한국연구재단. 2023. '학술표준분류표'. https://www.nrf.re.kr/biz/doc/class.

8장

《남북의료용어집 – 외과》 편찬을 위한
통합 DB 구축 방법론

하신 고려대학교 한반도보건사회연구소에서 연구위원으로 활동 중이다. 영문학과 문헌정보학 이해를 기반으로 북한 보건의료에 집중, 보건학 석사와 박사학위를 받았다. 북한 의료·보건 영역에서 용어, 교육, 정책과 장애인을 포함한 다양한 주제를 연구하고 있다. 대한의학학술지 편집인협의회 홍보위원회 위원, 남북장애인치료지원협의체 자문위원과 통일보건의료학회 대외협력이사로도 활동하고 있다.

박주원 고려대학교 국어국문학과를 졸업하고 국어학 전공으로 석사와 박사학위를 받았다. 현재 동 대학에서 강의하며, 부설 민족문화연구원에서 사전을 편찬·연구하는 일을 하고 있다.

양소영 고려대학교 보건대학원에서 석사학위를 받고, 현재 남북보건의료교육재단에 재직하고 있다. 보건의료 교육을 통해 지속 가능한 남북 교류 협력에 주력하고 있다.

1. 머리말

보건의료 영역에서 남북 간 소통 가능성을 높이고 정보 공유 상황에 실제적 활용이 가능한 자료를 마련해야 한다는 필요성 아래 2021년 《남북의료용어집-내과》가 발간되었다.[1] 내과 분야로 범위가 한정된 것은 내과가 다른 의료 영역의 근간이 되고 여타 진료과와 연계가 깊다고 보았기 때문이다. 그리고 이를 남북 의료 용어 표준화의 시발점으로 삼아 향후 연구를 지속하고자 한 가운데, 갑작스러운 코로나19 팬데믹을 계기로 하여 2021년 《남북감염학용어집》이 발간되었다.[2] 지리적으로 연결된 남과 북이 감염병 확산에 맞서 중장기적 협의가 가능하도록 뒷받침하고자 만든 용어집이다.

남북관계의 경색 국면이 풀리지 않고 오히려 심화되면서 남북 의료 용어 비교 연구와 용어집 발간 사업도 오랜 교착 상태에 머물 뻔하였다. 그러나 다행히 남북보건의료교육재단 주관으로 사업이 재개되어 《남북의료용어집-외과》 발간에 이르렀다. 이 용어집은 외과 분야 남북 의료 용어의 준거를 마련하고, 남북 의료 현장에서 신속하고 정확한 소통을 도우며 학술 연구와 남북 의료인 교육에도 이바지하는 것을 목표로 한다.

《남북의료용어집-외과》는 갑자기 새롭게 나온 것이 아니라 남북 의료용어 비교 연구의 연속선상에서 기존 성과를 계승하고 한계를 개선하면서 만들었다. 앞의 두 용어집의 가장 큰 특징은 용어집 편찬에 앞서 통합 데이터베이스를 구축했다는 점이다. 이는 수집·정비한 용어를 체계적으로 관리하여 용어집 편찬의 토대로 활용할 뿐만 아니라, 이후 웹 서비스를 비롯해 다양한 방식으로 자료를 가공·활용할 수 있도록 하기 위함이다.

---

[1] 《남북의료용어집-내과》는 건강보험심사평가원의 지원을 받아 고려대학교 주관으로 2021년에 편찬되었다. 내과에서 널리 쓰이는 증상, 질병, 검사, 처치, 수술과 관련된 용어 중 4,880개 표제어가 수록되어 있다.
[2] 《남북감염학용어집》은 통일부의 지원을 받아 고려대학교 주관으로 2021년에 편찬되었다. 감염학 용어는 다양한 미생물에 의한 감염 질환의 진단, 치료, 예방 상황에서 사용하는 말이다. 용어집에는 총 1,591개 표제어가 수록되어 있다.

《남북의료용어집-외과》역시 데이터베이스를 기반으로 삼아 편찬되었다. 이 연구는 데이터베이스를 어떻게 구축하였는지 소개하는 것을 목적으로 하며, 거시적 차원과 미시적 차원으로 나누어 살필 것이다. 이에 따라 2장에서는 데이터베이스의 요건과 구조 전반을 논하고, 3장에서는 항목에 따라 실제로 어떻게 작성하였는지 살피며, 4장에서는 용어집에 반영되는 과정을 간단히 확인해 볼 것이다.

2. 외과 용어 데이터베이스의 구축

2.1. 데이터베이스의 요건

전문 용어 데이터베이스는 특정 분야의 용어를 체계적으로 수집·정리·관리할 수 있기 때문에 학문 간 소통의 기반이 되고 지식 공유의 기초를 제공하며 연구의 정확성과 효율성, 정보 접근성을 높인다. 무엇보다 용어 간 관계를 확인할 수 있으며, 표준화를 추구하여 용어 사용의 혼란을 줄인다. 분야 간 융복합이 활발하게 이루어지고 있기 때문에 관련 분야 간 연구나 공공에서 활용도 유의미하다.

전문 용어 데이터베이스를 구축하기 위해서는 먼저 구축 대상의 범주를 확인해야 한다. 우리의 대상은 외과 용어로, 외과에서 널리 쓰이는 상병, 처치, 도구, 검사 관련 용어를 포함한다. 외과 용어는 외과학을 기반으로 하지만 '의료'라는 적용 범위에서 중요한 분야이며 보건의료라는 범주로 볼 때도 한의료, 약료, 보건복지, 간호 등과 관련된다. '의료 용어'는 증상 자각, 진단, 치료 상황에서 사용되는 용어 중 공공의료 체계에 수렴된 정제된 형식의 용어로 규정할 수 있다(박주원·김숙정·도원영, 2021). 의학 용어와 개념적으로 유사하나 학술 목적 외에 보건 정책과 관리를 위해 사용되고 일상적인 의료 관련 발화 상황에도 동시에 사용된다. 사용역이나 사용 목적에서 다소 차이를 보이는 것이다. 우리가 기존 '의학용어집' 대신 '의료용어집'이라는 명칭을 사용하는 이유가 이 때문이다.

구축 대상이 정해졌다면 기본 작업은 '자료 수집'과 '데이터베이스 구조 설계'로 이루어진다. 보다 효율적이면서 외과 분야 데이터베이스 구축에 적합한 방식을 찾고자 이전 용어집 편찬 사례를 참고하였다. 두 번 모두 용어집 편찬에 앞서 자료를 모으고 데이터베이스를 설계하는 과정을 거쳤다.

《남북의료용어집-내과》(2021)의 경우 기존 의학 사전에서 용어를 수집하지 않고 '한국표준질병·사인분류(Korean Classification of Diseases, KCD)', '건강보험 행위 목록표(건강보험 EDI)'를 1차 자료로 삼아 이로부터 용어 데이터를 하나하나 추출하였다.[3] 그러나 질병 코드와 건강보험요양급여비용코드에 대한 규정어 성격이 있어서 일관된 형식을 갖추지 못하고 단순한 개념어의 나열에 불과한 예가 많았다. 그 결과 용어집의 표제어로 다듬기 위해 여러 단계 정제 작업이 필요하였고, 북측의 대응어를 확인하는 데도 복잡한 과정을 거쳐야 했다. 저본이 없는 상태에서 수집한 자료를 세밀하게 정제해야 했기에 남측 용어를 확정하기까지 어려움이 있었다.

《남북감염학용어집》(2021)은 감염내과 분야에서 널리 사용하는 교과서가 존재하였고 그로부터 용어를 주로 추출하였다.[4] 상위 범주를 다룬 용어집에서도 감염학이라는 세부 분야에 해당하는 용어를 선별·추출하였다. 용어

---

[3] 기존 의학 사전을 사용하지 않은 이유는 '의학'이 아니라 '의료'에 더 부합하는 목록을 얻고자 한 데 있다. 참고할 만한, 내과 전반을 아우르는 최신 내과학 용어집이 부재하기도 했다. KCD와 건강보험 EDI는 국민의 보건의료 정책을 수립·수행·평가하는 데 근거 자료가 되는 주요한 메타데이터로, 의료 현장에서 실제 쓰임을 반영한 자료다. 이에 대한 자세한 사항은 박주원·김숙정·도원영(2021)을 참고할 수 있다.

[4] 대한감염학회에서 나온 《감염학》(2014), 《성인예방접종》(2019), 대한예방의학회에서 나온 《예방의학과 공중 보건학》(2015) 등으로부터 용어를 추출하였다.

정제 과정이 필요하기는 했으나 대상 범위가 넓지 않고 이미 교과서에 쓰이거나 용어집에 수록된 데서 나온 것이므로 정제가 비교적 용이하였다.

이전의 경험으로 확인한 바는 신뢰할 수 있는 저본을 확보하는 것이 중요하다는 점이다. 외과 분야 용어집 편찬에 착수하였을 때는 대한의사협회에서 나온 《의학용어집(제6판)》(2020)과 대한외과학회에서 비교적 최근에 나온 《외과학용어집(제2판)》(2022)을 비롯하여 여러 세부 진료과 용어집과 교과서가 있었다. 따라서 의학 전문가나 외과 전문의 자문을 거쳐 적절한 저본을 선정하였고, 공신력 있는 저본으로부터 비교적 잘 정제된 상태의 용어를 추출하여 남측 용어 목록을 확보할 수 있었다. 물론 이들 외과학 용어 역시 정비가 필요하였으나, 1차 자료에서 데이터를 추출하고 여러 단계 용어화가 요구되던 이전 시기 작업에 비하면 자료 수집이 효율적으로 이루어진 것이다.

남북 용어 대응에서 가장 이상적인 방식은 당연히 남측 용어와 북측 용어를 각각 수집한 뒤 목록을 만들고 그 결과를 비교하는 것이다. 하지만 현재 연구 환경에서 이는 실효성이 거의 없기에 남측 용어를 기준 용어로 잡고 이를 준거로 삼아 나머지를 수합하는 방식을 택해 왔다. 이 경우 기준점이자 후에 용어집의 표제어가 되는 남측 용어가 양적으로나 질적으로 잘 정비되어 있어야 한다.

2.2. 데이터베이스의 구조

자료를 수집하고 정비하는 일과 더불어 이를 관리하기에 알맞은 정교하게 짜인 틀이 필요하다. 데이터베이스란 관련 정보를 유기적으로 결합하여 저장한 집합체다. 남북 외과 의료용어 통합 DB(이하 '남북 외과 DB')를 구축하려면 용어의 정보 중 어떤 것을, 어떠한 방식으로 수록할 것인지 구조를 만들 필요가 있다. 이는 그 자체로 체계성을 지녀야 함은 물론 용어집을 만드는 데도 적합하고 유용한 방식이어야 한다.

내과 분야 의료용어집을 위한 DB 구축을 처음 수행했을 때는 앞서 밝힌 대로 1차 자료로부터 추출한 용어를 여러 단계를 거쳐 정제하였고, 각 단계 정보를 DB에 수록하였다. 그 결과 항목이 15개에 이르는 다소 복잡한 구조가 완성되었다. 그러나 남북 외과 DB는 저본으로부터 이미 정제된 용어를 확보할 수 있어서 상대적으로 간결한 구조를 짤 수 있었다.

외과 용어의 범주는 상당히 방대하다. 보건복지부 고시에 따르면 외과, 심장혈관흉부외과, 신경외과, 정형외과, 성형외과, 재활의학과, 마취통증의학과, 응급의학과가 있고 대장항문외과, 간담췌외과, 위장관외과, 유방외과 등 더 세분되기도 한다. 넓은 범위의 용어를 모아 효율적으로 구조화할 수 있도록 다음과 같이 외과 DB를 설계하였다.

〈표 1〉 남북 외과 DB 구조

	항목	정의
①	표제어 번호	개별 표제어의 인식 번호
②	용어 등급	총 5개 등급으로 분류
③	남측 한글 용어	남측 용어의 표준화 결과
④	남측 영문 용어	남측 영문 용어의 표준화 결과
⑤	북측 한글 용어	북측 의학 자료로부터 추출된 한글 표기형
⑥	북측 영문 용어	북측 의학 자료로부터 추출된 영문 표기형
⑦	분류	병인, 증상, 진단, 진료과, 상병, 치료, 해부의 7개 분류
⑧	비고	데이터베이스 구축 중 발생한 협의 사항, 추가 정보

남북 외과 DB는 총 8개 항목으로 구성되어 있으며, 남측 한글 용어를 준거로 삼아 각 항목에 필요한 정보가 입력된다. 기본 요소라고 할 수 있는 남

측 용어(한글/영문)와 북측 용어(한글/영문) 외에 주목되는 항목은 '용어 등급'과 '분류'다. 남측 용어 중 북측 대응형이 확인된 용어에 대하여 5개로 나누어 등급을 부여하였다. 이는 해당 용어의 중요도와 빈도에 대한 지표가 되고, 후에 용어집 수록 대상을 선정하는 데 활용된다. '분류' 항목에는 외과 분야에 적합한 분류 체계 정보를 입력하여 표제어 간 관련성을 보여 줄 수 있도록 하였다. 이 둘은 용어집에는 실리지 않는 정보지만 DB 활용 가치를 높이는 요소라고 할 수 있다.

3. 데이터베이스 항목별 기준과 작성의 실제

3.1. 남측 용어

남측 용어, 특히 남측 한글 용어는 다른 모든 항목의 준거가 된다. 기본 목록은 《의학용어집(제6판)》(2020), 《외과학용어집(2판)》(2022)으로부터 용어를 추출하여 완성되었다. 여기에 외과학 교과서의 색인을 중심으로 용어 목록을 작성하여 누락된 용어가 있는지 비교·대조·보완을 거쳤다.

그런데 기존 용어집은 영문 용어를 중심으로 한글 용어가 대응을 이루거나 영문 용어와 한글 용어가 일대일이 아닌 일대다 대응을 이루고, 색인이 한글 용어만 있는 등 그 제시 방식이 일관적이지 않다. 남측 한글 용어를 기준으로 다른 용어를 대응시키기 위해서는 전처리 과정이 필요하다. 즉 각각의 한글 용어를 중심으로 영문 용어가 대응되도록 만들어야 하는 것이다. 또한 기존 용어집에는 의학용어에 다수의 접사가 표제어로 포함되고, 용어 내에 괄호를 병기한 예도 있어 이들을 목록에 포함할지 만약 포함한다면 어떤

식으로 다듬을지 등을 결정해야 했다.[5] 최종적으로는 한글 용어 기준으로 만들어진 목록에서 중복 항목을 삭제하고 어형이 동일한 항목은 동형이의 여부를 판단하여 용어 옆에 번호를 달아 구분해 주었다.[6]

이렇게 정제한 남측 한글 용어로 2만 2,140개 항목을 확정하고, 이에 따른 남측 영문 용어도 확정·입력하였다. 용어가 공신력 있는 저본으로부터 추출되었으나 용어집이나 교재 자체에 오류가 있을 수 있으므로 각 항목은 연구진이 모두 교차 검토하였고, 남측 한글 용어와 영문 용어 간 매칭 정확성을 재확인하였다. 실제로 발견된 오류는 즉시 수정하고 수정 사항 중 특이점은 비고에 모두 적어 두었다. 다수는 간샘과리('간샘꽈리'로 바꿈), 호상성샘종('호산성샘종'으로 바꿈) 등과 같이 단순한 표기 오류에 해당하였다. 그러나 'sacrococcygeal sinus'의 한글 용어가 '친미골동'으로 되어 있는 예와 같이 용어 자체가 잘못되어 검토 후 바로잡아야 하기도 했다. 각 사례에 대하여 '외과학 용어집 오류'로 표시하고 수정 사항을 비고에 기록하여 후에 참고할 수 있도록 하였다.

3.2. 북측 용어

현재 확보하여 활용 가능한 북측 자료는 '거울 2.0'으로, 이는 북한 교육성 산하 국가국어사정위원회에서 편찬한 전문 용어 데이터베이스다. 북한 기관에서 공식적으로 편찬한 방대한 사전이므로 정보의 신뢰도에는 큰 문제가 없다고 판단할 수 있다. 여기에 수록된 의학용어와 더불어 북측 의학

---

[5] 접사는 포함하지 않았다. 예를 들어 '간대-: clonus, clonic'라는 접사형 표제어는 넣지 않고 '근간대뇌전증: myoclonic epilepsy, 눈근간대경련: opsomyoclonus' 같은 복합어형만 목록에 넣었다. 괄호 사용 표제어는 최대형과 최소형으로 정리하여 목록에 넣었다.

[6] 예를 들어 '사강'은 무용한 공간을 뜻하는 용어가 있고, 사후경직을 뜻하는 용어도 있다. 전자는 영문 용어 'dead space'와 대응하고, 후자는 'rigor mortis'와 대응한다. 따라서 동형이의로 볼 수 있기에 남측 한글 용어를 '사강1' 과 '사강2'로 나누었다.

논문 및 잡지를 수집하여 자료로 삼았다.

남측 용어를 기준으로 북측 용어와 매칭 작업을 실시하였는데, 총 2만 2,140개 중 대응형 1만 208개를 확인할 수 있었다. 남측 용어와 북측 용어의 대응률은 약 46%다. 매칭 작업 후 대응 확인된 북측 한글 용어 1만 208개와 이에 따른 북측 영문 용어를 입력할 수 있었다. 남측 한글 용어를 중심으로 최대한 모든 관련 정보를 정리하기 위하여 남측 영문 용어의 동일성을 기준 삼아 북측 한글 용어와 영문 용어를 모아서 합치는 방식으로 일관성을 맞추었다.

〈표 2〉 북측 용어 일관성 부여 작업 예시

배	abdomen	배	abdomen
복부	abdomen	복부	
배대동맥	abdominal aorta		
복부대동맥	abdominal aorta	복부대동맥, 복대동맥	
배대동맥류	abdominal aortic aneurysm, AAA		
복부대동맥류	abdominal aortic aneurysm, AAA	복부대동맥류	abdominal aortic aneurysm

⇩

배	abdomen	배, 복부	abdomen
복부	abdomen	배, 복부	abdomen
배대동맥	abdominal aorta	복부대동맥, 복대동맥	
복부대동맥	abdominal aorta	복부대동맥, 복대동맥	
배대동맥류	abdominal aortic aneurysm, AAA	복부대동맥류	abdominal aortic aneurysm
복부대동맥류	abdominal aortic aneurysm, AAA	복부대동맥류	abdominal aortic aneurysm

위의 예에서 '배'와 '복부'는 서로 다른 항목이지만 남측 영문 용어가 'abdomen'으로 동일하고, 실은 동의 관계에 있는 용어다. '배'가 북측의 '배'

와도 대응될 수 있고 '복부'와도 대응될 수 있으며, '복부'도 마찬가지다. 따라서 'abdomen'을 기준 삼아 북측 용어에서는 흩어져 있는 정보를 모아서 '배'와 '복부' 각각에 북측 한글 '배, 복부' 그리고 북측 영문 'abdomen'이 모두 채워질 수 있도록 하였다. 이러한 일관성 부여 작업을 통해 사실은 동의 표제어인 '배-복부'를 비롯하여 '배대동맥-복부대동맥, 배대동맥류-복부대동맥류'가 북측 용어 항목에 동일한 정보를 가질 수 있도록 조정한 것이다.

이후에도 북측 용어 중 일부는 영문 용어가 빈칸으로 남은 경우가 있었다. 이때는 북측 전문가 검토 시 해당 용어에 대응하는 영문형을 추천받고, 이 영문 용어가 북측 논문과 잡지 자료에서 실재성이 확인되는 예에 한하여 입력하였다. 그렇지 않으면 빈칸으로 두었다.

3.3. 용어 등급

남북 용어 매칭 완료 후 대응하는 북측 용어가 있는 1만 208개 항목에 대하여 평가를 실시하였다. 남측 외과학 전문가들이 '외과학에서 중요도, 사용 빈도, 실제 사용에서 익숙함' 등을 고려해 3개 등급(상/중/하)으로 나누어 각 용어를 평가하였다. 그리고 그 결과를 수합·검토하여 등급을 점수화한 뒤에 A부터 E까지 총 5개 등급으로 분류를 완료하여 입력하였다.

〈표 3〉 용어 등급 예

용어 등급	남측 한글 용어	남측 영문 용어
D	당뇨측정기	diabetograph
C	당분해	glucolysis, glycolysis
C	당혈증	glycemia
A	대공탈장	foraminal hernia

A	대뇌	cerebrum
A	대뇌감압	cerebral decompression
A	대뇌거인증	cerebral gigantism
A	대뇌동맥	cerebral artery
C	대다핵구	macropolycyte

이러한 등급 정보는 용어집에는 수록되지 않으나 표제어 선정 기준으로 활용된다. 또한 향후 남북 외과 DB를 이용한 연구와 새로운 자료 기획에 토대로 쓰일 수 있어 유용하다.

8개 항목으로 구성된 남북 외과 DB 전체 모습을 보면 아래와 같다.

〈표 4〉 항목 입력 완료된 남북 외과 DB 예

번호	등급	남측 한글	남측 영문	북측 한글	북측 영문	분류		비고
154	A	간십이지장연결술	hepaticoduo-denostomy	간십이지장문합술	hepaticoduo-denostomy	치료	수술	
155	B	간싹	hepatic diverticulum	간계실	hepatic diverticulum	해부		외과 자문 결과 '간싹'은 잘 쓰지 않는다고 함
156	A	간쓸개관염	hepatochol-angitis	간담관염	hepatochol-angitis	상병		
157	A	간암	hepatoma	간암	hepatocarci-noma	상병		
158	A	간염	hepatitis	간염	hepatitis	상병		
159	A	간우엽	liver right lobe	간우엽	lobus hepatis dexter	해부		
160	A	간원인대	ligamentum teres	간원인대	ligamentum teres hepatis	해부		
161	A	간위고름집	suprahepatic abscess	간상부농양, 간장웃부고름집	suprahepatic abscess	상병		

4. DB 정보를 활용한 용어집 편찬

DB에 있는 정보를 종이책 형태 용어집으로 발간하고자 한다면 이용자를 예상하고 사용 목적과 환경에 맞는 구조를 갖추도록 해야 한다. 일정한 범위에서 표제어를 선별하여 수록해야 하므로 그 준거가 필요하다. 《남북의료용어집-외과》의 표제어는 남북 대응이 이루어진 항목 중에서 '용어 등급'(남측 한글 기준)을 고려하여 선정되었다. 최하위 등급을 제외한 4개 등급 용어를 먼저 선정하고, 최하위 등급 용어를 재검토하여 일부를 추가로 가려 뽑았다.

이렇게 1차로 선정된 용어집 수록 대상 6,398개 항목은 다시 검증 과정을 거쳤다. 북한 이탈 주민 출신 의학 전문가 4명이 북측 용어(한글/영문)의 정확성 및 남측 용어와 매칭 적절성을 판단하고, 북측 용어의 중요도를 평가하였다. 이들은 모두 북한에서 의과대학을 졸업하고 임상 경험이 있으며, 3명은 남한에서 의사로 근무 중이고 1명은 의사국가시험을 준비하고 있다. 남한에 정착한 시기와 거주 기간에 약간씩 차이가 있기는 하나 현재로서는 가장 신뢰할 수 있는 북측 의학 전문가라고 볼 수 있다.

자문 결과, 대체 용어나 추가 용어를 제안하거나 빠진 정보를 제시한 내용이 있었다. 매칭 결과에 대한 정정 혹은 재확인 요청도 있었다. 연구진은 이를 참고하여 검토 목록을 만들고, 북측 자료를 살펴 용어마다 일일이 실재성 여부를 종합적으로 검토하여 최종 북측 용어를 확정하였다.

〈표 5〉 용어집 수록 북측 용어 재검토 예

북측 한글 용어	전문가 추가/대체 용어	자료 확인 결과	최종 결정
표면마취	국소마취	국소마취 ○ 표면마취 ○	국소마취, 표면마취
혈병	혈괴	혈괴 ○ 혈병 ○	혈괴, 혈병

앞의 표를 보면, 예를 들어 '거울 2.0'을 통해 확인한 남측 용어 '국소마취'의 북측 대응어는 '표면마취'였으나 전문가 자문 결과 '국소마취'도 북측에서 충분히 사용된다는 의견을 받았고, 북측 논문을 검색 후 그 실재성을 확인하여 최종 결정을 하였다. 남측 용어 '피떡'의 대응어는 '혈병'만 확인하였으나 '혈괴'도 쓰일 수 있다는 의견을 받아 확인 후 함께 넣기로 결정하였다. 대부분 기존 결과를 철회하기보다 북측 용어를 추가하거나 단순 오류를 수정하는 처리였는데, 이로써 북측 용어 항목의 정확성과 실재성을 보강할 수 있었다.

북측 의학 전문가들은 북측 용어의 중요도 역시 평가해 주었다. 그 결과를 종합해 북측 용어에 대하여 3개로 나누어 임시로 등급을 매겼고, 남측 용어의 등급과 비교하여 얼마나 일치하고 엇갈리는지 살폈다. 서로 등급이 엇갈리는 경우 따로 목록을 만들어 용어집 표제어로 실릴 만한지 재검토를 거쳤다. 북측 용어 등급은 표제어 선정에 활용할 뿐, 따로 DB 항목에 넣지는 않았다. 북측 전문가에게 자문받은 결과이기는 하나 실제 북한 외과 의료 현장의 쓰임을 반영했다고 보기는 어려우므로 내부 검토 시 기준 자료로만 활용한 것이다.

용어집은 사전 형식을 갖추면서도 간단하고 일목요연하게 구성하였다. 표지/머리말/만든 사람들/일러두기/본문/부록/판권지로 이루어졌다. 용어집 본문의 예시를 보면 다음과 같다.

〈표 6〉 용어집 본문 예

남측 한글 용어	남측 영문 용어	북측 한글 용어	북측 영문 용어
동맥관	ductus arteriosus	동맥관	ductus arteriosus
동맥관 개존증	patent ductus arteriosus	동맥관개존증, 동맥관개존	patent ductus arteriosus

해방 이후 민족 공통성 유지와 분화의 80년

동맥관 인대	ligamentum arteriosum	동맥인대	ligamentum arteriosum
동맥 꽈리	aneurysm	동맥류	aneurysm
동맥 내막염	endarteritis, endoarteritis	동맥내막염	endarteritis
동맥 내막 절제	endarterectomy	동맥내막절제, 동맥내막절제술	endarterectomy

위 예에서 '남측 한글 용어'는 앞의 예와 달리 띄어쓰기가 된 형식을 갖추고 있다. DB에는 남측과 북측 한글 용어 모두 띄어쓰기가 되어 있지 않은데, 이는 저본의 형식을 존중한 결과다. 그런데 용어집은 간소화되었기는 하나 사전으로서 요건을 갖추어야 하고, 표제어의 규범성을 반드시 고려해야 한다. 또 두세 개 혹은 그 이상의 단어가 하나의 용어를 이루는 예가 많아서 띄어쓰기 없이 다 붙여 쓰는 방식이 독해와 이해에 방해가 될 수 있다. 따라서 최종 선정된 용어집 수록 항목에 대하여 남측 한글 용어에 띄어쓰기를 적용하였다. 이때 띄어쓰기를 잘못 적용하여 형식과 의미가 어긋나지 않도록 주의하였고, 결과물에 대하여 사전학과 의학 전문가 모두 검토를 거쳤다.

DB에 실린 용어는 오류가 아니라면 저본의 형식을 따랐는데, 그 결과 '1도화상, B세포' 등과 같이 일부 한글 용어에 알파벳이나 숫자 등이 쓰이기도 하였다. 보통 국어사전은 표제어를 '한글로만 표기하는' 원칙을 적용하므로 이를 모두 한글로 바꾸어야 할 필요가 있지만, 저본을 존중하여 예외적으로 허용하고 표제어 배열 순서에서 '기타'로 분류하여 맨 마지막에 두도록 하였다. 그런데 DB에 실린 어형을 용어집 표제어로 인정하기 어려운 예도 있었다. '폴립', '갑상선' 등과 같이 이미 《의학용어집(제6판)》(2020)에서 더 이상 쓰지 않기로 결정한 '전 용어'가 들어간 경우다. 표제어로서 최소한의

규범적 성격을 고려하여 이들은 용어집에 수록하지 않았다.[7]

부록은 용어집 본문 끝에 추가 제시하는 기록이다. 《남북의료용어집-외과》는 남측 용어를 표제어로 삼았기 때문에 이용자의 편의와 활용도를 고려하여 북측 용어(한글)를 기준으로 남측 대응형을 찾아 확인할 수 있도록 만들었다.

5. 맺음말

통합 데이터베이스를 구축하는 일은 그 자체로도 정보 관리 차원에서 중요하고, 용어집 수록 내용의 질을 높이면서 효율적으로 체계를 구성할 수 있다는 점에서 의미가 있다. 우리는 이전 구축·편찬 경험의 교훈을 살려 남북 외과 DB를 만들었다. 여기에 실린 외과 의료 용어는 2만 항목이 넘지만, 그 중 일부가 여러 단계 검증을 거쳐 남북 비교 용어집에 수록되었다. 남북 외과 DB는 추후 연구 상황에 따라 수정·보완이 얼마든지 가능하며 앞으로 이용자와 이용 방식, 목적 등을 달리하는 다양한 유형의 결과물을 도출하는 데 활용될 수 있다.

그리고 내과와 외과, 감염학 외에 다른 세부 분야별 남북 의료 용어 DB 구축, 분류 정보를 활용한 다양한 유형의 용어집 발간, 남북 의학 교육이나 보건의료 정책에 활용될 자료집 발간, 남북 주민의 소통을 돕는 일상 기초 보건의료 용어집 등 여러 방향의 후속 사업을 기대해 볼 수 있다. 이러한 일이 원만히 성사되기 위해서는 기구축 DB의 지속적인 관리와 보완이 필요하

---

[7] '폴립'은 '용종'이라는 동일 용어가 있고 '갑상선'은 '갑상샘'이라는 용어가 있다. 용종과 갑상샘이 쓰인 용어도 용어집에 수록되므로 표제어 선정에서 제외하는 데 큰 문제가 없다고 판단하였다.

다. 무엇보다 완성도를 높이기 위하여 북측의 최신 자료를 확보하고 양적·질적으로 북측 의학 전문가 인력 풀을 확보하는 일이 더 진전되어야 한다.

이 연구의 성과물은 이전 사업의 연속선상에서 이루어졌으며 다시 새 연구와 사업으로 이어지는 토대가 될 수 있다. 실용성과 범용성을 넓힌다면 임상적으로 충분히 의미가 있다고 본다. 앞선 연구에 따르면 북한에서 외과를 연구하는 학자들은 악성 종양보다 항문 질환, 화상, 외상, 염증 질환 등 양성 질환을 높은 빈도로 연구하고 있는 것으로 나타났다. 이는 북한의 보건 환경이 중증 질환을 관리할 수준에 다다르지 못함을 뜻한다고 볼 수 있는데, 남북한 보건의료 종사자들이 해당 분야에서 교류 시 용어 사용에 의한 혼란을 줄이는 데 우리의 연구 결과물이 보탬이 될 것이다.

아울러 남북한 외과 분야 학술 교류, 임상 교육 분야에도 일조할 것으로 기대된다. 일반외과는 1990년대부터 최소침습수술(minimally invasive surgery) 개념이 도입되기 시작하였는데, 복강경 수술이 다양한 분야에서 표준 술식으로 자리 잡았다. 최근에는 로봇을 이용한 수술까지 임상 환경에서 그 중요성을 강화하고 있다. 외과 의사는 도제식으로 교육하는 것이 일반적이다. 교육자(스승)가 훈련자(제자)와 함께 생활하며 오랜 시간을 들여 수술 기술과 노하우를 직접 전수하는 방식이다. 남북한이 기술 난이도가 상대적으로 높다고 평가되는 복강경 수술 방법과 같은 부분에 대해 교류를 활성화한다고 했을 때, 양자 간 용어의 차이로 다양한 문제가 발생할 수 있다. 본 연구와 같은 기초 연구 결과가 의학 교육 분야에서도 필요한 이유다.

참고 문헌

권재일. 2018. 〈남북 소통을 위한 전문용어 통합의 필요성과 방향〉. 《제15차 남북 언어 통합을 위한 국제학술회의 발표자료집》. 국립국어원.

김영훈. 2018. 〈보건·의료 분야의 남북 전문용어 연구 현황과 과제〉. 《제15차 남북 언어 통합을 위한 국제학술회의 발표자료집》. 국립국어원.

김영훈. 2019. 〈남북 의료 통합을 위한 과제: 《남북의학용어사전》 편찬 사업〉. 《'남북의학용어사전' 편찬 사업 추진을 위한 포럼 발표 자료집》. 남북보건의료교육재단.

김영훈 외. 2020. 《남북의료용어집 발간 연구》, 건강보험심사평가원.

김영훈 외. 2021. 《남북감염학용어집 발간 연구》, 통일부.

도원영, 김영훈. 2023. 〈남북 의학용어 통합의 현황과 과제〉. 《북한 보건의료 연구와 교류 협력》. 고려대학교 출판문화원.

박주원, 김숙정, 도원영. 2021. 〈남북 의료용어 데이터베이스 구축의 쟁점과 실제〉. 《한국사전학》. 38. pp. 271-298. 한국사전학회.

신중진. 2020. 《분야별 남북 전문용어 연구 결과 정리 및 자료집 발간》. 국립국어원.

정한데로. 2021. 〈의학 전문용어의 말 다듬기와 단어 형성〉. 《언어와 정보 사회》. 42. pp. 1-37. 서강대학교 언어정보연구소.

홍윤표. 2017. 〈남북한 의학용어 통일의 과제와 방안〉. 고려대학교 민족문화연구원 간담회.

고려대학교. 2021. 《남북의료용어집-내과》. 건강보험심사평가원.

고려대학교. 2021. 《남북감염학용어집》. 통일부.

국립암센터, 통일부. 2020. 《북한이탈주민을 통해 본 남북한 질병언어 소통사례집》.

남북보건의료교육재단. 2025. 《남북의료용어집-외과》. 고려대학교 민족문화연구원.

대한외과학회. 2017. 《외과학(Textbook of Surgery)(제2판)》. 군자출판사.

대한외과학회. 2022. 《외과학용어집(제2판)》. 아카데미아.

대한의사협회 남북한 의학용어 비교연구소위원회. 1996. 《남북한 의학용어》.

대한의사협회. 2020. 《의학용어집(제6판)》. 군자출판사.

국립국어원. 2022. 《우리말샘》. https://opendict.korean.go.kr/main.

나가는 말

민족 공통성 유지와 분화의
새로운 길을 위하여

이상혁 고려대학교 국어국문학과 졸업, 동 대학원에서 박사학위를 받고 현재 한성대학교 글로벌인재대학 한국언어문화교육학과 및 상상력교양대학 교수로 재직 중이다. 2024년부터 국제고려학회 서울지부 회장을 맡고 있다. 주요 논저로《훈민정음과 한글의 세계》(2021),《우리말이 국어가 되기까지》(공저, 2023) 등이 있다.

우리는 본론에서 '해방 이후 민족 공통성 유지와 분화의 80년'이라는 주제로 다양한 한국학 분야를 탐색하고 살펴보았다. 여기서는 남북의 언어, 문학, 역사, 과학, 의학 분야 등에서 중요하게 논의하고 강조한 점을 개괄적으로 다시 정리하고, 향후 우리의 한국학이 나아가야 할 길에 대한 전망으로 맺음말을 대신하고자 한다.

1장에서는 현재 교차로에 서 있는 한국학(Korean Studies)의 진정한 도약을 위해 반성적 성찰이 그 어느 때보다 필요함을 강조하였다. 새로운 분기점을 맞이한 한국학이 외형적 성장을 넘어 질적인 도약을 이루기 위해서는 '고유성'과 '독자성'의 관점에 치중하여 '상대적인 자기상'을 구축하는 데 그치는 연구 방법론을 극복하고, 한국문화를 입체적이며 동태적인 관점에서 고찰해야 함을 역설하였다. 결론적으로 다양한 외래문화와 교섭과 대응, 갈등과 화해, 연속과 불연속, 수용과 변용 과정에서 한국을 고찰할 때, 한국적 경험의 세계사적 의미가 발견되고 한국학의 진정한 세계화가 이뤄지리라고 전망하였다.

2장에서는 분단이 지속되는 현실과 전 세계 코리안의 이산이라는 현실을 직시하기 위해, 통일과 통합이라는 당위를 강조하는 개념 대신 분리와 통합이 길항하는 '이합(離合)' 개념을 도입할 필요성을 제기하였다. 남북 코리아문학의 조급한 당위적 통합을 지양하고, 현실적 이합의 엄존함을 겸허하게 인정해야 새로운 문학사 전망이 열릴 것임을 강조하였다. 또한 당위에 갇힌 기존 남과 북의 통일문학론이 오히려 자기중심적·패권적 욕망을 드러내고, 국가/문명/문화권의 개별적 다양성을 무시하며 서열화하는 경향을 보였다고 날카롭게 지적하면서 상호 이해와 교류 협력, 소통의 극대화를 위해 '코리아 이합문화'의 지평을 여는 것이 무엇보다 중요하다고 역설하였다.

3장에서는 역사학의 시선에서 분단 80년의 역사를 극복하기 위한 비판적 한국학과 한국사가 크게 진전되어 왔음에도 불구하고, 역사 연구가 여전히 분단이라는 근본적인 구조적 제약에서 벗어나지 못하고 있음에 주목하였다. 이는 공간적으로 분리되지 않은 일제강점기에도 영향을 미쳐, 남북 역사학계 모두 각각 구현하고자 하는 식민상에 따라 매우 제한적으로 고찰해 온 한계를 지적하였다. 한반도 북부지역을 대표적인 사례로 제시하며, 한국사와 조선사를 포괄하는 '코리안의 역사'를 쓰기 위해서는 한국을 북한과 중국, 러시아, 일본 등에서 수립된 '복수의 한국학/조선학'의 맥락에서 고찰할 필요성을 강조하였다.

4장에서는 남북의 언어 비교 관점으로 남북 문법에서 '단어'를 통해 품사분류와 체계의 차이와 특징을 상세히 검토하였다. 분단 이후 역사적으로 남과 북이 서로 다른 언어관을 형성해 왔으나, 공통적으로 세계 언어학의 이론을 수용하며 한국어의 고유한 특성을 반영하는 방법론을 보여 왔음을 실증하였다. 그 과정에서 단어 개념과 품사체계의 차이는 문법 기술 방식이 아니라 언어를 바라보는 인식론적 관점에 대한 근본적 태도 차이에서 기인한다는 점을 강조하였다.

5장에서는 광복 이후 남한의 과학기술사가 식민주의와 서구 중심주의를 극복하고, 나아가 남북을 아우르고 역사학과 상보적인 관계를 형성하는 과정을 계보학적으로 보여 주었다. 목록 중심의 과학기술사 서술, 유물 중심의 실증적 연구, 일본과 서구 과학사 연구의 수용 등이 지닌 의의와 한계를 정리하고, 남한의 과학기술사가 글로벌 한국학과 과학기술사 연구의 교차점에서 학문적 위치를 재정리해야 하는 과제를 안고 있음을 역설하였다. 특히 과학기술사의 진전은 사실을 복원하는 학문이나 고정된 학문 영역으로 규정하는 데 있지 않고, 여러 지식의 영역을 넘나들며 '새로운 질문'을 만들기 위한 조건과 맥락을 마련하는 데 있음을 강조하였다.

6장에서는 한의학, 동의학, 고려의학으로 명명해 온 북한의 전통의학인 '고려의학'의 발전 과정과 분야별 특징을 상세히 고찰하였다. 분단 이후 남과 북 모두 명실상부하게 한의학의 부흥과 발전을 이루었다고 볼 수 없다고 지적하며, 이를 넘어서기 위해서는 정치적·이데올로기적 제약이나 사회적 갈등 요소에서 자유로워질 필요가 있음을 강조하였다. 남북의 전통의학이 기존의 틀과 한계를 극복하기 위해서는 교류와 협력이 필요하고, 통일 이후 한반도 건강공동체 형성을 위한 패러다임 전환까지 모색하는 것이 당면 과제라고 역설하였다.

7장에서는 각자 발전한 남북 보건의료가 실질적인 의료 협력을 이루려면 상호 이해를 가능하게 만들기 위한 기초적인 작업이 선행되어야 함을 제기하였다. 남북 의료 협력의 효율성과 안정성을 확보하기 위해 먼저 보건의료 용어를 정리하고, 통합 관리가 필요하다는 점을 전제하였다. 특히 데이터베이스가 장기적으로 의료 인프라 통합에 핵심적인 역할을 하기 위해서는 남북 의학 용어 분류 체계의 적용 범위를 확대하고, 실제 의료 현장에서 쓰이는 언어 사용 실태를 면밀히 분석해야 함을 강조하였다.

8장에서는 2021년《남북의료용어집-내과》가 발간된 뒤 한동안 중단된 남북 의료 용어 비교 연구와 용어집 발간 사업이 다시 진행되어 2025년《남북의료용어집-외과》가 발간된 의의를 분명하게 밝히고 있다. 두 가지 성과는 이후 본격적인 '통합 데이터베이스'를 구축하고 다양한 용어집 편찬의 토대를 마련했다는 점에서 의의가 크다. 아울러 상세한 데이터베이스 구축 방법론은 의료 지식 공유, 연구의 정확성과 효율성, 접근성, 무엇보다 표준화를 높임으로써 용어 사용의 혼란을 줄이는 데 기여하였음을 강조하였다.

이러한 논의를 통해서 우리는 해방 이후 한국학의 전망과 과제를 다시 제기하지 않을 수 없다. 우선 미래의 한국학은 남북의 차이를 강제로 지우려 하는 '당위적 통합'에서 벗어날 필요가 있다. 남북 문학이나 언어에서 확인되듯이, 서로 다른 체계가 존재함을 인정하는 '이합(離合)'의 관점은 한국학을 이해하는 유의미한 접근 방식의 하나가 될 수 있다. 이제 남북을 아우르는 한국학(조선학)을 논의할 때는 분리와 통합의 병행이 결코 모순적이 아니라는 점을 기억할 필요가 있다.

또한 한반도라는 지리적 경계를 넘어 세계사적 맥락에서 재해석될 수 있도록 한국학의 각 분야에서 더욱 각고의 노력을 기울여야 한다. 한국학은 북한, 중국, 러시아, 일본 등 다양한 지역에서 형성된 '조선학'과 '한국학'의 성과를 교차 검증하여, 협소한 한국학이 아니라 광범위한 코리아학으로 재정립될 수 있도록 질적 전환을 고민해야 한다. 이 점 역시 해방 80주년을 맞이한 우리에게 주어진 또 다른 과제다.

결국 미래의 한국학은 차이를 존중하되 연결을 멈추지 않는 학문 영역이어야 한다. 따라서 향후의 연구 과제와 연구 경향은 코리아(Korea)의 분단이라는 제약 조건을 '다양성'이라는 동력으로 치환될 수 있으면서 남과 북이 공유할 미래의 패러다임을 제시하는 방향으로 형성되고 발전되어야 한다. 무엇보다도 한국학 연구자들은 남북이 각자의 길을 걸어온 80년을 일방적으로 부정하지 말고, 그 차이가 만든 독특한 문화적 지층을 한국학의 자산으로 삼아야 한다. 더 풍부한 '자기상'을 구축하는 이러한 작업이 민족 공통성을 유지하고 새롭게 전개되는 긍정적 분화의 시선에서 미래 한국학과 더 나아가 코리아학의 지향점이 될 수 있기 때문이다.